国際取引紛争

紛争解決の基本ルール

［第3版］

中村 達也【著】

成文堂

第３版はしがき

本書は、2014年に刊行した『国際取引－紛争解決の基本ルール』の第３版である。本書は、筆者が大学で担当している「国際民事紛争処理法」の講義に教科書として使用しているが、今回の改訂では、全体を見直し、判例等のアップデイトを含め必要な修正を加えた。

第２版と同様、国際取引法を学ぶ学生のほか、国際取引を新たに始める企業の実務担当者の方々の入門書として少しでもお役に立てれば幸いである。

第２版はしがき

本書は、2014年に刊行した『国際取引紛争－紛争解決の基本ルール－』の第２版である。本書は、筆者が大学で担当している「国際民事紛争処理法」の講義に教科書として使用しているが、今回の改訂では、講義で取り上げているが、教科書でカバーしていない事項について補充するとともに、全体を見直し、必要な修正を加え、内容をアップデイトした。

初版と同様、国際取引紛争の解決の基本ルールについて、法律の知識が十分にないビギナーにも分かり易く解説を試みた。本書が、国際取引法を学ぶ学生はもとより、新たに国際取引や国際展開に乗り出す企業の実務担当者の入門書として少しでも役に立てれば幸いである。

はしがき

本書は、筆者が大学で担当している「国際民事紛争処理法」の講義のために作成したメモをベースにまとめた『国際ビジネス紛争の解決　訴訟・仲裁・ADR』(2008、大学教育出版)を法改正等を反映させ全面的に改訂したものである。国際取引法を学ぶ学生のほか、国際取引の実務を担当するビギナーのために、国際取引紛争の解決のために必要な基本ルールを解説するものである。

国際取引の世界では、国内、国際にかかわらず、ビジネスを成功させることが最優先となり、紛争の解決といった後ろ向きの話には関心が一般に低い。また、国際取引紛争といっても、そのほとんどは、話合いで解決されているので、関心が低いのは当然のことかもしれない。しかし、紛争が話合いで解決できない場合、その解決を諦めない限り、紛争の解決という問題は避けて通ることはできない。

また、国際取引を行うに際しても、万が一の紛争のために、その解決に必要な基本的知識を身に付けておく必要がある。これは、国際民事訴訟法、国際私法、国際商事仲裁のカバーする領域であるが、法律の知識が十分にない学生、また実務担当者にとって、いきなりこれらの分野の教科書、専門書に当たることは容易ではない。本書は、これらの専門知識がないことを前提に、国際取引紛争の解決の基本ルールを分かり易く解説するものである。この基本ルールを理解しておけば、本書で取り上げていない問題についても、自ら解決することができると信じる。インターネットが普及した今日、必要な情報は即座に得られるので、問題を解決する基本ルールを理解することが肝要である。

本書が、将来、国際取引の分野で活躍する学生、また、現在国際取引実務に従事しているビギナーにとって一助となれば望外の喜びである。また、皆様からご意見、ご批判をお寄せいただければ幸いである。

目　次

第３版はしがき ……………………………………………………… i
はしがき ……………………………………………………………… ii

序章　国際取引紛争とその解決方法 ……………………………1

1．国際取引紛争とは何か ……………………………………………1
2．国際取引紛争の解決方法 …………………………………………2
(1) 交渉による解決　2　(2) 自力救済の禁止　4　(3) 紛争解決方法　5
(a) 訴訟（裁判）　5　(b) 仲　　裁　7　(c) ＡＤＲ　8

第１章　国際取引紛争と準拠法 ……………………………………10

1．問題の所在 ……………………………………………………………10
2．国際私法とは何か …………………………………………………10
3．国際私法の法源 ……………………………………………………11
4．準拠法の決定 ………………………………………………………12
(1) 単位法律関係　12　(2) 法律関係の性質決定（法性決定）　13
(3) 先決問題　14　(4) 適応問題　14　(5) 連結点の確定　15
(a) 連結点の解釈　15　(b) 連結点の定め方　15　(c) 法律回避　16
(6) 準拠法の特定　17
(a) 不統一法国　17　(b) 未承認国　18　(c) 反　　致　18
5．公法の属地的適用と絶対的強行法規 ……………………………20
6．実体法と手続法 ……………………………………………………21
7．自然人・法人 ………………………………………………………22

(1) 自然人の権利能力・行為能力 22　(2) 法人の権利能力・行為能力—法人の従属法 23　(3) 外国人の内国における地位 24
(4) 外国会社に対する規制 25
8．契　　約 ……26
(1) 当事者自治の原則 26　(2) 国際契約の準拠法条項 26
(3) 通則法7条—当事者自治の原則 27　(4) 通則法8条—最密接関係地法 27
(a) 特徴的給付による推定 28　(b) 常居所とは 29
(5) 通則法9条—準拠法の事後的変更 29　(6) 分割指定 29
(7) 契約の方式 30
(a) 法律行為 31　(b) 単独行為 31　(c) 契　約 31　(d) 物権契約 31
(8) 消費者契約 31
(a) 消費者契約の成立・効力 32
(i) 当事者が準拠法を選択している場合 32　(ii) 当事者が準拠法を選択していない場合、消費者の常居所地法 33
(b) 消費者契約の方式 33　(c) 消費者保護規定の適用除外 34
(i) 能動的消費者は保護されない 35　(ii) その他の適用除外 35
(9) 労働契約 36
(a) 当事者が準拠法を選択している場合 37　(b) 当事者が準拠法を選択していない場合 38　(c) 絶対的強行法規としての適用 38
(10) ウィーン売買条約 39
(a) CISGの適用範囲 40　(b) 95条の留保宣言との関係 41
(c) 合意によるCISGの適用排除 42
9．代　　理 ……43
10．不法行為 ……44
(1) 一般の不法行為 45　(2) 生産物責任 46　(3) 名誉・信用

毀損 48 (4) 例外条項 49 (5) 当事者による事後的変更 50 (6) 日本法の累積適用 50
11. 事務管理・不当利得 ……51
12. 債権譲渡その他 52
(1) 債権譲渡 52 (2) 相殺 53 (3) 債権者代位権・詐害行為取消権 53 (4) 債権質 54
13. 物権・知的財産権 ……55
(1) 物権 55 (2) 知的財産権 56
14. 国際私法上の公序 ……58
(1) 公序則とは何か 58 (2) 国際私法上の公序と国内実質法上の公序 60 (3) 外国法の適用を排除した結果適用される法 60
(4) 裁判例 61
15. 外国法の適用 ……61
(1) 外国法を適用する場合の問題 61 (2) 外国法の性質―事実か法か 62 (3) 外国法の内容の確定 62 (4) 外国法の不明 62
(5) 外国法の適用違背と上告 63

第2章 国際取引紛争と訴訟 ……64

1. 国際裁判管轄 ……64
(1) 問題の所在 64 (2) 裁判権と国際裁判管轄 65 (3) 国家主義と普遍主義 65 (4) 法源 66 (5) 国内裁判管轄 67
(a) 事物管轄 67 (b) 土地管轄 67
(i) 普通裁判籍 67 (ii) 特別裁判籍 68
(6) 学説 70 (7) 判例 71 (8) 国際裁判管轄ルール 75
(a) 一般管轄 75
(i) 自然人 75 (ii) 裁判権が免除される日本人 76
(iii) 法人等 76

(b) 特別管轄　77
(i) 契約上の債務の履行地　77　(ii) 財産所在地　79
(iii) 事務所等所在地　80　(iv) 事業活動地　80　(v) 不法行為地　81　(vi) 併合請求　82
(c) 合意管轄　84　(d) 応訴管轄　87　(e) 消費者契約・個別労働関係民事紛争に関する管轄　87　(f) 合意管轄の特則—消費者、労働者の保護　89　(g) 専属管轄　92　(h) 特別の事情による訴えの却下　93　(i) 国際裁判管轄の審理　94
(j) 国際裁判管轄と国内裁判管轄　95
(9) 家事事件の国際裁判管轄　96　(10) 保全命令事件の国際裁判管轄　96
2．国際訴訟競合 ……98
(1) 問題の所在　98　(2) 規制消極説　99　(3) 関西鉄工第1事件判決　99　(4) 規制積極説　100
(a) 承認予測説　100　(b) 比較衡量説　102　(c) 「特段の事情」の中で考慮　103
3．国際司法共助による送達 ……105
(1) 送達とは何か　105　(2) 国家主権との関係　106　(3) 国際司法共助の法源　107　(4) わが国の訴訟のために外国で行う送達　108
(a) 民訴条約　108　(b) 送達条約　109　(c) 日米領事条約、日英領事条約　110　(d) 二国間共助取決め、個別の応諾に基づく送達　110　(e) 公示送達による送達　110
(5) 外国の訴訟のためにわが国が行う送達　111　(6) 送達方法の選択　111　(7) 送達条約10条(a)による直接郵便送達の問題　111
(a) 職権送達主義と当事者送達主義　111　(b) 直接郵便送達の根拠　112　(c) 日本政府の公式見解　112　(d) 学説　113
(e) 判例　113　(f) 直接郵便による送達の適法性　115
(g) 直接交付を不適法とした最高裁判例　115

(8) 証拠調べ　116
(a) 問題の所在　116　(b) 外国で行う証拠調べ　116
4．外国判決の承認・執行 ……………………………………118
(1) 問題の所在　118　(2) 法　源　119　(3) 外国判決の承認と執行―自動承認制度　119　(4) 承認適格　120　(5) 承認要件　121
(a) 間接管轄　121　(b) 送　達　122　(c) 公　序　123　(d) 相互の保証　125
5．内外判決の抵触 ……………………………………128
(1) 問題の所在　128　(2) 関西鉄工第2事件判決　128　(3) 学説　130
6．主権免除 ……………………………………130
(1) 問題の所在　131　(2) 裁判権免除の範囲　131　(3) 判例　132
(a) 絶対免除主義　132　(b) 制限免除主義を採用した最高裁判決　134
(4) 執行免除　138　(5) 民事裁判権法　139
(a) 裁判権免除の原則　139　(b) 裁判手続について免除されない場合　140
(i) 外国等の同意等があるとき　140　(ii) 商業的取引に関する裁判手続　140　(iii) 労働契約に関する裁判手続　141
(iv) 人の死傷または有体物の滅失などに関する裁判手続　143
(v) 不動産に係る外国等の権利利益等に関する裁判手続　144
(vi) 知的財産権に関する裁判手続　144　(vii) 仲裁合意に基づく仲裁手続に関する裁判手続　145
(c) 外国等の有する財産に対する保全処分および民事執行の手続について免除されない場合　146
(i) 外国等の同意等がある場合　146　(ii) 特定の目的に使用される財産　147　(iii) 外国中央銀行等の取扱い　148

(d)　訴状等の送達の方法　149
(6)　外国等以外の裁判権免除　149
(a)　外交官、領事官　149　(b)　国際機関　150

第3章　国際取引紛争と仲裁・ADR ……152

1．仲　裁 ……152
(1)　仲裁制度とは何か　152
(a)　仲裁制度の役割　152　(b)　仲裁制度の意義　152　(c)　法源　153　(d)　仲裁制度のメリット　154
(i)　仲裁判断の国際的効力—条約による国際的ネットワークの存在　154　(ii)　中立性　155　(iii)　手続の柔軟性　156
(iv)　国際司法共助を要しない　157　(v)　非公開性　157
(vi)　専門性　158　(vii)　仲裁は迅速・低廉か　158
(e)　仲裁制度のデメリット　159
(i)　仲裁合意の必要性　159　(ii)　上訴制度がない　159
(iii)　費用はすべて利用者負担　159
(f)　訴訟と仲裁の選択　159
(2)　仲裁合意　160
(a)　仲裁合意の性質　160　(b)　仲裁合意の締結　161　(c)　機関仲裁とアド・ホック仲裁　162
(i)　機関仲裁　162　(ii)　アド・ホック仲裁　164
(iii)　UNCITRAL 仲裁規則の利用　164　(iv)　機関仲裁とアド・ホック仲裁のいずれを選択すべきか　165
(d)　仲裁地　165
(i)　法的概念　165　(ii)　物理的概念　166　(iii)　仲裁地と仲裁手続地とが異なる仲裁　166
(e)　仲裁条項の例　167　(f)　仲裁条項の起草上の留意点　167
(i)　広範仲裁条項と限定仲裁条項の違い　168　(ii)　仲裁地の指

定　169
(g)　仲裁合意の方式　171
(i)　書面要件　171　(ii)　モデル法の改正と仲裁法　173
(h)　仲裁合意の分離独立性（独立性）　173　(i)　仲裁合意の対象となる紛争　175
(i)　法律上の争訟　175　(ii)　スポーツ仲裁と仲裁法　176
(iii)　仲裁鑑定契約　176　(iv)　仲裁可能性（仲裁適格）　177
(v)　特許権の有効性をめぐる紛争　178　(vi)　独禁法違反の存否　179
(j)　仲裁合意の効力　179
(i)　積極的効力　179　(ii)　消極的効力—妨訴抗弁　180
(iii)　仲裁合意の人的範囲　181　(iv)　国際仲裁と妨訴抗弁　183
(v)　仲裁合意の準拠法　184　(vi)　仲裁合意の方式　186
(k)　仲裁合意と消費者、労働者　187
(i)　仲裁合意と消費者保護　187　(ii)　仲裁法が定める消費者保護規定　187　(iii)　仲裁合意の解除権　187　(iv)　口頭審理に先立つ仲裁廷による説明義務　188　(v)　口頭審理時における仲裁廷による説明義務　188　(vi)　国際契約と消費者保護　188
(vii)　個別労働仲裁合意は無効　189　(viii)　国際契約と労働者保護　189
(3)　仲　裁　人　190
(a)　仲裁人の選任　191　(b)　仲裁人候補者、仲裁人の開示義務　191　(c)　第三者資金提供と当事者の開示義務　193　(d)　仲裁人の公正性、独立性　194　(e)　不開示が忌避事由となるか　195
(f)　仲裁人の国籍　196　(g)　仲裁人の役割　196　(h)　仲裁人の忌避　196
(4)　審理手続　198
(a)　手続の基本原則　198　(b)　書面審理が中心　198　(c)　審理手続の予定・進行に関する協議・決定　199　(d)　実体判断の基

準　202

(i)　広範な当事者自治　202　(ii)　契約以外の法律関係にも準拠法の指定ができるか　204　(iii)　CISG の適用　205

(e)　仲裁権限をめぐる紛争の解決　206

(i)　被申立人が仲裁権限を争う場合　206　(ii)　仲裁廷による解決　206　(iii)　裁判所による解決　207

(f)　仲裁廷による暫定的保全措置　208

(i)　問題の所在　208　(ii)　暫定的保全措置を命じる仲裁廷の権限　209　(iii)　執　行　力　210　(iv)　裁判所による保全処分との関係　210　(v)　緊 急 仲 裁　211

(g)　仲裁人による和解の試み　212　(h)　仲 裁 費 用　213

(i)　仲裁費用の種類　213　(ii)　仲裁費用の負担割合　214

(i)　仲 裁 判 断　214

(5)　仲裁判断の取消し　216

(a)　仲裁判断の取消制度　216　(b)　仲裁判断の取消事由　216

(i)　仲裁廷の無権限　217　(ii)　手続保障違反　217　(iii)　仲裁廷の構成、仲裁手続の違反　219　(iv)　職権調査事項―公序違反、仲裁可能性の欠缺　223

(c)　仲裁判断の取消しの申立期間　225　(d)　仲裁判断の取消しの国際裁判管轄　225

(6)　仲裁判断の承認・執行　226

(a)　内国仲裁判断　226　(b)　外国仲裁判断　226

(i)　国内法（仲裁法）による執行　226　(ii)　ニューヨーク条約による執行　227

(d)　仲裁判断の取消しと外国での執行の可能性　228

(i)　取消判決が承認されない場合、仲裁判断は承認され得る　228

(ii)　フランスでは仲裁判断の取消しが承認・執行拒否事由とはならない　229

(7)　国際投資紛争と仲裁　230

(a) 投資協定仲裁とは何か　230　(b) 投資協定仲裁の例　232
(c) 投資協定仲裁判断の執行　233　(d) 投資協定仲裁による仲裁判断の執行の可能性　234
2．A　D　R ……235
(1) ADRの役割　235　(2) ADRの種類　236
(a) 調　　停　236　(b) 紛争解決委員会　237
(3) 法　　源　238　(4) UNCITRAL国際商事調停モデル法　239
(a) 広範な当事者自治　239　(b) 調停人の選任　240　(c) 調停手続の基本的ルール　240　(d) 秘密の保持　240　(e) 他の手続における証拠許容性　241　(f) 調停人の仲裁人兼務　241
(g) 調停手続の終了　242
(5) ADRと消費者紛争　243　(6) ドメイン名紛争　244

【資　料】……246
・法の適用に関する通則法 ……247
・仲　裁　法 ……254
・外国仲裁判断の承認及び執行に関する条約 ……272
主要参考文献 ……278
事項索引 ……279
判例索引 ……289

序章　国際取引紛争とその解決方法

１．国際取引紛争とは何か

「**紛争**（dispute）」とは何か。最も広義では、当事者間の意見の対立ということができる。したがって、個人の主観的意見、たとえば、ある映画の評価が対立する場合であっても、これも広い意味では紛争となる。しかし、ここで問題とするのは、広義の紛争のうち、当事者間の具体的な権利義務ないし法律関係の存否に関する紛争で、かつ、それが法律の適用によって終局的に解決できる紛争、いわば法律上の紛争である。これは、「**法律上の争訟**」（裁判所法３条１項は「裁判所は、日本国憲法に特別の定のある場合を除いて一切の法律上の争訟を裁判し、その他法律において特に定める権限を有する」と定める）として、民事訴訟の対象となる紛争である。

たとえば、ＡがＢから購入した製品に欠陥があり、使用することができないことから、契約の解除を主張するとともに、これによって生じた損害の賠償を求めた。これに対しＢは、製品に欠陥があるはずはないと反論し、両者で欠陥の存否をめぐって意見が対立したような場合、これは具体的な権利義務関係に関する紛争である。つまり、製品の欠陥により、Ａに契約を解除する権利があるのか、また損害の賠償を求める権利があるのか、この権利の存否をめぐって当事者間で対立しているからである。そして、この紛争は、法律の適用によって終局的に解決されることになる。

本書では、法律上の紛争のうち、国際的要素を含む財産権（財産を目的とする債権、物権、特許権・著作権などの知的財産権などの権利）に関する紛争を国際取引紛争と呼ぶ。たとえば、ＡとＢとの売買契約であれば、当事者であるＡ、Ｂの国籍、住所、売買の目的物の所在地、契約締結地などの要素の１つでも外国にある場合、国際取引紛争となる。また、契約関係のない当事者間の紛争、たとえば、特許権の侵害事件も対象となる。

単に国際紛争というと、戦争を想起するかもしれないが、ここで対象とする紛争は、財産権に関する紛争であるから、国家間の紛争、たとえば、領土をめぐる紛争、国際通商をめぐる紛争は対象としない。これらは、国内法ではなく、国家間の関係を規律する条約や国際社会全体に妥当する国際慣習法などから成る**国際法**の適用によって解決される紛争である。

もっとも、国も、事業者である法人や個人と同様に取引の主体となることがある。たとえば、国が、高速道路の建設を外国の建設業者に請け負わせる場合、両者の請負契約をめぐる紛争は、国際取引紛争である。また、不動産事業者が外国に投資したリゾート事業に関し、投資した国との間で紛争が生じることがある。この場合も、国と外国不動産事業者との投資に関する国際取引紛争と言うことができる。

また、最近では、インターネット取引の普及により、個人の消費者が外国事業者の開設したウェブサイト上で契約を締結し、その契約から紛争が生じており、消費者も国際取引紛争の当事者となっている。さらに、外国企業に雇用された従業員と事業主との間の雇用契約をめぐる紛争の解決も重要な問題となっている。

2．国際取引紛争の解決方法

(1) 交渉による解決

人間が社会で生活する限り紛争は生じる。国際取引においても紛争は不可避的に生じる。紛争は通常の契約の相手方からのクレームの通知により始まる。

クレームには、売買の場合であれば、商品の規格違い、瑕疵、引渡しの遅延といったものがあるが、初期の段階でこれに迅速、適切に対応している限り、紛争が訴訟、仲裁へと発展することは少ない。したがって、相手方からのクレームに対しては、その内容をよく理解した上で、相手方と迅速に協議し処理すべきである。これを放置し、迅速な対応を怠ると、対立関係は悪化し、紛争の解決は益々困難となり、最悪の場合、訴訟、仲裁へと発展してしまうことになる。したがって、クレームに対する対応としては、まずは、相手方との交渉により、紛争の火種を早期に摘むことが肝要である。

また、交渉は勝ち負けを競うディベートであり、自分の見解の正当性を主張し、相手を屈服させることによって交渉に勝つと考える向きもあるが、交渉相手が合意しなければ紛争は解決しないのであり、このような方法が妥当するとは限らない。

交渉は、大別して、**配分型交渉**（distributive or positioning bargaining）と**統合型交渉**（integrative bargaining）との2つがある。前者は、ある一定の利益や損害の分配を当事者間の協議で決めることである。たとえば、売買契約の価格交渉において、売主はできるだけ高く売り、買主はできるだけ安く買いたいと考えるので、契約金額が大きくなれば、売主は得するが、その分買主は損をすることになり、両者の得失はゼロとなる。

このように配分型交渉は、パイの取り合いとなり、その結果、ゼロ・サム状態で決着を付けることになる。この場合、当事者は自己の利益の最大化を図るため相手の出方や状況に応じた駆け引きを行うことになり、問題が解決したとしても、お互いが満足のいく解決に至ることはなく、また、これによって当事者間の関係が悪化することも十分にあり得る。

これに対し後者の統合型交渉は、交渉材料を増やすことによって交渉のパイを大きくしてお互いが満足のいく解決を求める交渉である。つまり、相互にメリット、利益のある解決を指向する交渉である。

たとえば、売買契約交渉において単に価格だけを交渉の材料とすると、金額の綱引きとなってしまうが、買主が資金繰りに困っているとすれば、支払方法を交渉材料に増やすことによって、パイを大きくし、買主が1年間の分割払いにより20万円の利益を受け、他方、売主の分割払による損失が1万円だとすると、19万円の利益が発生する。その結果、価格を10万円上げても、買主の利益は10万円残り、他方、売主の利益も、価格が10万円に上がることによって9万円確保することができることになる。

また、交渉材料を増やすには、当事者の主張の背後にある真の理由（要望、欲求、関心、懸念などの利害あるいはニーズ）に着目する必要がある。上記の例で言えば、売買価格だけを交渉材料とするのではなく、支払方法を交渉材料に加えることにより、相互に利害を満足させ、交渉を成立させることができるが、「買主が資金繰りに困っている」という買主の懸念に着目とする必要がある。

統合型交渉は、このように、相手と欲しいものを交換しあってお互いの満足を目指すプロセスであることから、**Win-Win 交渉**とも呼ばれる。

したがって、統合型交渉の方が配分型交渉より優れていると考えられるが、現実の交渉においては、交渉は勝ち負けを競うものと考え、後者によることも多いように思われる。また、統合型交渉を指向しても、交渉相手によっては上手くいくとは限らず、第三者の助けを借りることも必要となる。これは、調停（促進型調停）による解決であり、第３章で取り上げる。

⑵　自力救済の禁止

紛争の解決に要する時間と費用を考えると、交渉による友好的な解決が望ましいことは言うまでもない。しかし、現実の国際取引紛争においては、相手と言語や商慣習、また法文化が違うことからも、交渉が成功するとは限らない。特に、紛争が生じた場合、言語の障害が顕在化してくる。

当事者間の交渉で紛争が解決されない場合、権利があるからといって相手に実力を行使してそれを実現することは許されていない（**自力救済（self-help）の禁止**）。司法制度が不十分な時代においては、力で権利を実現することが認められていたが、現在の法制度では、一般に自力救済は原則として禁止されている。

紛争は、通常相手方にも言い分があるので、それを無視して、一方の言い分だけで自力救済を認めてしまうと、一方の権利のみを実現させてしまうことになり、社会の秩序が混乱することは明らかである。したがって、当事者は、国家によって認められた解決方法によって紛争、つまり具体的な権利義務関係の存否の対立を解決することになる。

(3) 紛争解決方法

東京都世田谷区にある特殊化学品を製造・販売する中堅化学メーカーKokusai Chemical Co., Ltd.（国際化学）は、発展途上国であるが、近年経済発展を続けるナタリア国にある化学品製造会社 Samuel & Co., Ltd（サミエル社）に対し、自社の有力製品の１つであるスーパーケミエルを継続的に供給している。スーパーケミエルは、サミエル社が製造・販売している特殊電子材料の原料である。サミエル社は、韓国メーカー数社による大幅な値引販売の結果、自社が製造する特殊電子材料の製造コストが市場価格を大幅に上回ることになったため、国際化学に対し原料の大幅な値引きを要求した。これに対し国際化学は、自社に責任がなく、既に製造したスーパーケミエルの引取りおよび支払いを要求したが、サミエル社は、それをかたくなに拒否している。両者は交渉を重ねたが解決には至らない。国際化学はこの紛争をどのように解決することになるのか。

(a) 訴訟（裁判）

国家の裁判所は、国内取引のみならず、国際取引から生じる紛争についても裁判を行う。国際取引紛争を専属に扱う国際裁判所というものは存在しない。たしかに、名前だけからすると、**国際司法裁判所**（International Court of Justice（ICJ））という裁判機関がある。これは、第二次世界大戦後に国際連合の機関としてオランダのハーグに設置されている裁判所であるが、裁判の当事者としては国家しかなれず、法人や個人がこの裁判所を利用することはできない。

交渉が決裂した場合、訴訟（裁判）制度による紛争の解決が考えられる。

この訴訟により国際取引紛争を解決する場合、まず、紛争の解決に適用される法の決定が問題となる。たとえば、国際化学がサミエル社との売買契約違反を理由に契約を解除するとともに、損害賠償請求をする場合、日本の法律に依拠してこれを請求することになるのか、あるいは、サミエル社が所在するナタリア国の法律に依拠することになるのか。また、サミエル社がそもそも国際化学との売買契約はサミエル社の契約締結権限のない従業者Ａが国際化学と契約を締結したのであるから、契約は無効であると主張した場合、Aの契約締結権限の存否は、ナタリア国の法律、あるいは、日本の法律に基づき判断されるのか。ここでも紛争に適用される法、つまり判断する物差しの決定が問題となる。これは、第1章で扱う**準拠法の問題**である。

次に、国際化学がサミエル社との紛争を訴訟により解決する場合、国際化学はサミエル社を被告として日本の裁判所に提訴し、日本の裁判所で紛争を解決することができるのか、あるいは、サミエル社が所在するナタリア国の裁判所に出向かなければならないのか。これは、**国際裁判管轄の問題**である。この問題は、第2章で扱う。

国際裁判管轄の問題に関連して、国際化学がサミエル社を相手に日本の裁判所に提訴したが、同じ紛争について既にサミエル社が国際化学を相手にナタリア国の裁判所に提訴し、訴訟が進んでいる場合、両者の訴訟は競合することになるが、このような後訴は許されるのか。また、これが許され、両国の裁判所で判決が下され、判決が相互に矛盾抵触した場合、わが国において、いずれの判決が効力を有することになるのか。つまり、判決の内容が矛盾抵触した場合、いずれの判決が勝つのか。前者が**国際訴訟競合の問題**であり、後者が**内外判決の抵触の問題**である。

また、サミエル社が国際化学を相手にナタリア国の裁判所に提訴した場合、被告である国際化学に対し、訴状の交付と併せて、裁判所が決めた日時に法廷に出頭するよう通知がされるが（これを期日呼出状という）、この通知は、ナタリア国の裁判所から現地語で書かれたものが直接郵便で送られてくるのか。これを国際化学が無視し、法廷に出頭しない場合、どういう問題が生じるのか。これは**送達の問題**である。また、ナタリア国、一般的には、外国の裁判所の判決は、わが国の裁判所の判決と同様に、効力が認められるのか。その場合、どのような条件を満たす必要があるのか。これは**外国判決の承認・執行の問題**である。これらの問題も第2章で扱う。

そして最後に、**国家の主権免除の問題**を扱う。これは、国際法上、国家は、外国の裁判所の裁判権に服さないという原則があるが、国際取引紛争の解決であっても、わが国の裁判所に外国の国家を被告として提訴することはできないのか。また、提訴することができたとし、判決に基づき国家の財産に対し強制執行を行うことはできないのか、という問題である。前者が外国国家に対する**裁判権免除の問題**であり、後者は国家の**執行免除の問題**である。

(b) 仲　　裁

国際取引紛争を解決するには、裁判所による訴訟以外に、**裁判外紛争解決手続**（Alternative Dispute Resolution（ADR））という方法がある。これは、言葉のとおり、裁判以外の紛争解決手続を指し、これには大別して仲裁とその他の ADR がある。

まず、仲裁であるが、「仲裁」というと、「喧嘩の仲裁」を想起するかもしれない。たしかに、国語辞典を引くと、「争いの間に入って両者を仲直りさせること」といった説明がされている。また、新聞紙面にも、「駅員が乗客同士のトラブルの仲裁に入る」といった記事を見ることがある。しかし、法律上、**仲裁**（arbitration）とは、このような意味の仲裁ではなく、当事者が、紛争の解決を第三者（これを**仲裁人**（arbitrator）という）の判断に委ね、その判断（これを**仲裁判断**（arbitral award）という）に従うという合意（これを**仲裁合意**（arbitration agreement）という）に基づき紛争を解決する手続をいう。

この手続は、あまり一般に知られていないが、法（わが国では仲裁法がこれに当たる）によって認められた紛争解決制度である。そして、仲裁人による仲裁判断には、訴訟の確定判決と同一の効力が与えられている（仲裁法45条1項）。したがって、仲裁は、訴訟と同様に、紛争を終局的に解決する制度である。

たとえば、国際化学がサミエル社との売買契約に基づき製品を供給したが、サミエル社がその製品に欠陥があるといって約束の期限が来ても代金を支払わず、両者で紛争になったとする。この場合、国際化学とサミエル社との間に、紛争の解決のための仲裁合意があれば、国際化学はサミエル社との紛争を仲裁により解決することになる。その結果、仲裁人により「サミエル社が国際化学に4,000万円支払え」という仲裁判断が下されると、これは確定判決と同一の効力があるので、サミエル社がこの判断に従わない場合には、国際化学は、裁判所に頼んで、サミエル社の財産から4,000万円の金銭を受けることができる。

すなわち、確定した権利を国家権力によって強制的に実現する手続である強制執行によって権利の実現を図ることができることになる。

また、国際的な紛争で仲裁というと、ハーグにある**常設仲裁裁判所**（**Permanent Court of Arbitration**、略して**PCA**という）という機関があるが、これは、1899年に締結された国際紛争平和的処理条約（明治45年条約第１号）に基づき設置された国際機関である。国際司法裁判所と同様に、国家間の紛争を対象とするほか、法人や個人が当事者となる紛争も扱う。

この仲裁という紛争解決方法は、訴訟に比べて、とりわけ、国際取引紛争の解決においていくつかの優位点があり、訴訟と同程度、あるいは訴訟以上に広く利用されている。この仲裁制度は、手続が非公開であるため、よく知られていないが、この制度についても、理解しておく必要がある。第３章で国際取引紛争の解決手段としての仲裁制度について、その実務上、理論上の基本的問題を取り上げながら概説する。

(c)　**A　D　R**

ADRは、文字どおり、「代替的」紛争解決方法ということであり、何に対して「代替的」であるかによって意味が変わる。わが国では、広く、裁判以外の紛争解決手続を総称して使われている。

わが国において、「**裁判外紛争解決手続の利用の促進に関する法律**」（平成16年法律第151号）いわゆる**ADR法**が制定されているが、同法によれば、「訴訟手続によらずに民事上の紛争の解決をしようとする紛争の当事者のため、公正な第三者が関与して、その解決を図る手続」を「裁判外紛争解決手続」と定めている（１条）。したがって、わが国においては、仲裁もADRの手続の１つとされている。

これに対し、国際取引紛争の解決分野では、仲裁が訴訟と共通する紛争を終局的に解決する手続であって、訴訟とは並存することのない手続ということから、通常、仲裁をADRに含めていない。本書でも、仲裁にADRを含めない。

ADR は、当事者以外の第三者が紛争の解決に関与する紛争解決方法であり、その解決方法には様々な種類があるが、これらに共通して言えることは、第三者の関与により、当事者が合意によって紛争を解決する方法であるということである。

つまり、ADR は、あくまでも当事者の**和解**（民法695条（和解は、当事者が互いに譲歩をしてその間に存する争いをやめることを約することによって、その効力を生ずる））を目的とする手続であり、当事者間に和解が成立しない限り、紛争は解決されない。また、和解が成立したとしても、当事者が和解契約を違反する可能性があり、その場合、紛争の終局的な解決は訴訟、仲裁に頼らざるを得ない。

しかし、訴訟、仲裁と比べて、ADR、とりわけ調停は、手続に要する時間や費用が少なくて済み、また、訴訟、仲裁と違い、勝ち負けを決めるのではなく、当事者が納得し、満足のいく解決を得ることが可能であり、近時、国際取引紛争の解決方法としても利用が広がりつつある。

ADR は、紛争の解決を訴訟、仲裁に持っていく前、あるいは、訴訟、仲裁の手続の途中でも利用することができる。この ADR の概要についても第３章で扱う。

第1章　国際取引紛争と準拠法

国際化学がサミエル社に供給した製品の品質をめぐって両者で紛争となり、両者は交渉を重ねたが解決に至らず、サミエル社は、国際化学の債務不履行を理由に契約を解除するとともに、東京地方裁判所に対し損害賠償を求めて提訴した。この場合、サミエル社は、日本の法律（民法415条以下）に基づき損害賠償請求をすることになるのか。

1．問題の所在

法律関係に国際的要素が含まれる場合、その法律関係に適用される法が問題となる。たとえば、A社とB社とが売買契約を締結する場合、当事者の国籍、住所、契約の締結地、売買の目的物の所在地、引渡場所などの売買の要素がすべて国内であれば、売買契約の成立、効力に適用される法律は日本法であり、外国法が関与することはない。

これに対し、たとえば、日本のA社と中国のB社とが売買契約を締結する場合、その他の要素がすべて外国と関係しないときであっても、この契約に適用される法が日本法なのか、あるいは、中国法なのか、という問題が生じる。日本法と中国法が定める内容が同じであれば、問題は生じないが、法の内容は中国法に限らず、国毎に異なる。このような国際的な法律関係、一般に**渉外的法律関係**と呼ばれるが、この関係に適用される法の決定が問題となる。この問題を解決するための法の決定方法を定めた法律がある。これが**国際私法**という法律である。

2．国際私法とは何か

国際私法は、権利義務関係ないし法律関係を直接規律する法（これを国際私法に対し**実質法**という）ではなく、渉外的法律関係に適用される法（**準拠**

法）を指定することによって間接にこれを規律する法である。国際私法は、内国法と外国法を平等に扱い、内外法平等を前提に、法規の地理的適用範囲の意思を考慮せず、法律関係に最も密接に関係する法を指定することにより、準拠法に対する予見可能性の確保という観点から私人間の利益を調整する。その場合、消費者契約、雇用契約における弱者である消費者、労働者を保護するため、弱者により密接に関係する地の法が指定される。また、法を指定する際、取引秩序の維持、安全といった公益も考慮される。

この国際私法のことは、１つの権利義務関係に複数の法が関係してくることから、英米では**抵触法**（conflict of laws）と呼ばれている。

このように、国際私法は、法の抵触を前提とした上で、問題となっている法律関係に最も密接な関係を有する地の法を適用するという方法を採用する（**法律関係からのアプローチ**）。この方法は、法律関係の「本拠」の法、すなわち、最密接関係地法を適用するという19世紀中頃ドイツのサヴィニーが提唱した考え方（**法律関係本拠説**）に基づくものである。この考え方は、わが国を含め多くの国で採用され、現在の国際私法の基本構造となっているが、それ以前は、各法規を人に関する法と物に関する法に分類し、前者は属人的に適用し、後者は属地的に適用するという考え方（**法規分類説**）が採られていたとされる（**法規からのアプローチ**）。

したがって、法規分類説によれば、法規から出発し、物権に関しては物の所在する地の法が適用されるが、法律関係本拠説によれば、法律関係から出発し、物権に関し最も密接な関係を有する地は物の所在地であるとしてその所在地法を適用することになる。

３．国際私法の法源

わが国の国際私法に当たる法律として最初に施行されたものは、1898年に制定された「法例」である。この法例は、主に、1989年に家族法に関する規定を中心に改正がされたが、2006年に制定された「**法の適用に関する通則法**」（平成18年法律第78号）によって全面改正された。したがって、このいわゆる**通則法**がわが国の国際私法に当たる（２条、３条を除く43か条）。

このほか、国際私法に関する条約をわが国が批准して国内法化したものとして、遺言の方式の準拠法に関する法律、扶養義務の準拠法に関する法律などがある。

わが国の裁判所は、国際事件を審理するに当たり、まず、国際私法を適用して、紛争の対象である当事者の具体的な権利義務関係に適用される法である準拠法を決定することになる。これに対し、仲裁の場合には、通則法とは別に仲裁法36条に規定が置かれている。

4．準拠法の決定

⑴　単位法律関係

国際私法は、社会で現実に生じる法律関係を分類し、その法律関係に最も密接に関係する法律を選択するという基本理念に基づき、それぞれに適用される法律を決定する。その決定方法は、法律関係を類型化し（これを**単位法律関係**という）、単位法律関係毎に、その構成要素の中から、最も密接に関係のある地の法を導くための媒介になると考えられる要素（これを**連結点**という）、たとえば、国籍、行為地、物の所在地などの客観的な要素を予め定め、その要素を媒介して適用すべき法（準拠法）を決定する。また、客観的な要素を連結点として準拠法を定めるのではなく、関係当事者の意思により主観的に準拠法を定めるものもある。単位法律関係としては、たとえば、契約、他人の権利を侵害する違法な行為である不法行為、物を直接に支配する権利である物権などがある。また、問題となっている法律関係にA国法を準拠法に指定することは、かかる法律関係をA国法、あるいは、A国に**送致**すると言われる。

通則法は、４条以下において、単位法律関係毎に準拠法を導く規則（**抵触規則**や**法選択規則**と呼ばれる）を定めている。たとえば、４条は人の行為能力、７条から９条までは法律行為の成立・効力、10条は法律行為の方式、17条および20条から22までは、不法行為について定めている。しかし、すべての法律関係を網羅的に定めていないので、たとえば、代理については、国際私法の解釈によって準拠法を定めることになる。

⑵　法律関係の性質決定（法性決定）

したがって、国際私法上、準拠法を決定するには、まず、具体的に問題となっている法律関係が、どの単位法律関係に属するかを決定しなければならない。

たとえば、売買契約の成否が問題となっている場合、契約という法律関係は、国際私法である通則法上、法律行為（７条以下）に属する。また、この契約が消費者と事業者との間で締結された契約であれば、通則法11条の消費者契約に属することになる。このような問題となっている法律関係が国際私法が定めるいずれの単位法律関係に属するかを決定する作業のことを、**法律関係の性質決定**（**法性決定**）という。

消費者と事業者との契約の場合、通則法11条が適用されることは明らかであるが、たとえば、未成年者が契約を取り消すことができるか、という問題について、通則法４条の「人の行為能力」の問題とするか、あるいは、通則法７条以下の「法律行為の成立」の問題とするか、法律関係の性質決定が問題となる。これと同様に、未成年者が婚姻した場合、これにより成年に達したものとみなされるか否かという成年擬制の問題についても、通則法４条の「人の行為能力」という概念に含まれる問題か、あるいは、通則法25条の「婚姻の効力」という概念に含まれる問題か、この場合も、法律関係の性質決定が問題となる。

このように法律関係の性質決定が問題となる場合、これは、国際私法規定の解釈問題であり、国内実質法によるのではなく、その規定の機能、目的を考慮して国際私法独自に決定されるべきであるとするのが通説、判例の立場である。

この見解に従い、未成年者が契約を取り消すことができるか、という問題については、意思能力の不十分な者を保護するという面から通則法４条の人の行為能力の問題と性質決定するのが妥当である。成年擬制の問題については、婚姻生活の円滑な運営のための制度であるが、通説は、夫婦間の利害に関する問題ではなく、当事者の行為能力に関する問題であるとし、通則法４条の行為能力の問題と性質決定する。

⑶ 先 決 問 題

また、法律関係は他の法律関係を前提として生じることが多い。たとえば、相続の準拠法は通則法36条によって定められているが、相続の準拠法上、配偶者に相続権が認められている場合、相続の前提として被相続人の婚姻が有効に成立していなければならない。後者の問題は、前者の問題（**本問題**）に対し**先決問題**という。問題の準拠法をどのように決定すべきかについて、学説は分かれている。本問題の準拠法所属国の国際私法による準拠法説、法廷地の国際私法による法廷地法説、事案に応じて例外的に準拠法説によるという折衷説などがあるが、この先決問題についても、婚姻の有効性が先決問題として争われる場合と本問題として争われる場合とで結論が異なるのは妥当ではなく、常に訴訟を行う地である**法廷地**の国際私法によって準拠法を決定し、画一的な解決を図るというのが通説であり、最高裁もこの立場を採っている（最判平12・1・27民集54巻1号1頁）。

⑷ 適 応 問 題

一国の法秩序は全体として体系的かつ整合的に構成されており、法律関係の問題は矛盾なく解決されることになるが、渉外的法律関係が問題となる場合には、単位法律関係毎に準拠法が指定される結果、性質決定によって調整を図っても準拠法間の不整合が回避できず、不適当な結果が生じてしまうことがある。これを**適応問題**または**調整問題**という。たとえば、夫が死亡し、妻が夫の残した財産に対しどのような権利を有するかという問題について、これを相続の問題と性質決定した場合、相続の準拠法がこれを夫婦財産制の問題とし、妻に財産分与を認めているが、妻の相続権は認めていないのに対し、これを夫婦財産制の問題と性質決定した場合には、夫婦財産制の準拠法は、これを相続の問題とし、妻の夫婦財産制上の権利を認めておらず、結局、妻の権利は全く認められないという事態が生じてしまうことがある。この場合、妻の権利を救済するには、適応問題として処理することになり、具体的には、たとえば、相続の準拠法を夫婦財産制の問題に適用することにより解決することになる。

⑸　連結点の確定

⒜　連結点の解釈

法律関係の性質決定がされると、その単位法律関係の抵触規則が定める連結点が具体的にどの地にあるかを判断することになる（**連結点の確定**）。

たとえば、不法行為に関しては、後述するように、通則法17条が「不法行為によって生ずる債権の成立及び効力は、加害行為の結果が発生した地の法による。ただし、その地における結果の発生が通常予見することのできないものであったときは、加害行為が行われた地の法による。」と定め、まず、「加害行為の結果が発生した地」がどこであるかを確定する必要がある。

連結点は、必ずしも具体的事実ではなく、具体的事実を法的評価した上で決定される法的評価概念であることもあり、その場合、連結点の概念の解釈が問題となる。本国法を決める基準である国籍については、その国籍を付与した国の法律に従って決定されるが、一般的には、国際私法独自の立場から決定されることになる。

⒝　連結点の定め方

抵触規則が採用する連結点は、１つの単位法律関係に１つの連結点しか定められていない場合もあれば、複数の連結点が定められている場合もある。前者の例としては、たとえば、通則法36条が「相続は、被相続人の本国法による」と定めている。

他方、後者には、第１に、１つの単位法律関係に複数の連結点により指定される準拠法を重畳的に適用する**累積的連結**がある。たとえば、不法行為の準拠法について、通則法17条は、「不法行為によって生ずる債権の成立及び効力は、加害行為の結果が発生した地の法による」と定めているが、これに加え、通則法22条１項は、「不法行為について外国法によるべき場合において、当該外国法を適用すべき事実が日本法によれば不法とならないときは、当該外国法に基づく損害賠償その他の処分の請求は、することができない」とし、「加害行為の結果が発生した地の法」と日本法の両方が重畳的に適用され、両方で不法行為の成立が認められなければ、不法行為の成立は認められない。

第2に、複数の連結点を定め、指定された複数の準拠法のいずれかによって法律効果が認められれば、その法律効果が認められるとする**選択的連結**がある。たとえば、通則法は10条1項で「法律行為の方式は、当該法律行為の成立について適用すべき法（当該法律行為の後に前条の規定による変更がされた場合にあっては、その変更前の法）による」と定めるとともに、2項で「前項の規定にかかわらず、行為地法に適合する方式は、有効とする」と定め、法律行為の方式は、その成立の準拠法と行為地法のいずれかによればよいことになる。第3に、単位法律関係を複数の部分に分け、各部分毎に1つの連結点を定める**配分的連結**がある。たとえば、通則法24条は、「婚姻の成立は、各当事者につき、その本国法による」と定め、たとえば、婚姻適齢については、各当事者の本国法によることになる。第4に、複数の連結点を順番に定めた上で、第1の連結点が存在しない場合、次の連結点に移って準拠法を指定するという**段階的連結**がある。たとえば、通則法25条は、「婚姻の効力は、夫婦の本国法が同一であるときはその法により、その法がない場合において夫婦の常居所地法が同一であるときはその法により、そのいずれの法もないときは夫婦に最も密接な関係がある地の法による」と定め、夫婦が同国籍の場合、本国法、異国籍の場合には、夫婦の常居所地法が同一であるときは、それが準拠法となる。

(c) 法律回避

また、当事者が自己に有利な法を準拠法とするため、連結点を意図的に変更すること（**法律回避**という）がある。たとえば、離婚（通則法27条）をするために国籍を変更する行為である。法律回避を許さない立場もあるが、通則法の解釈としては、一般に、法律回避の意思を知ることは、実際には困難であり、準拠法の決定に不安定な状態を招来し、また、旧法例（明治23年法律97号。施行されないまま廃止された）には法律行為の方式について日本法を回避する行為を認めない旨の規定が定められていたところ、この規定を削除した経緯があり、法律回避を禁じるのであれば、そのように通則法に定めるべきであり、法律回避を無効とすることはできないと考えられている。

⑹　準拠法の特定

連結点が確定されると、それにより導かれる法が準拠法となるが、次のような場合、それだけでは具体的に適用すべき法が確定しない。

⒜　不統一法国

１つの国に内容の異なる複数の法律が併存している場合、いずれを適用するかが問題となる。このような１つの国に内容の異なる複数の法律が併存している国を**不統一法国**というが、これには、地域によって異なる複数の法律が併存している**地域的不統一法国**と人種や宗教によって適用される法律が異なる**人的不統一法国**とがある。

前者については、たとえば、米国やオーストラリアなどの連邦国家は、州などを構成単位とする不統一法国である。後者については、たとえば、イスラム圏の国に存在するとされる。

前者に関し、連結点が地域的不統一法国の一定の地を示す場合、たとえば、契約の締結地、目的物の所在地、加害行為の結果発生地などの場合、その地の法が準拠法となる。したがって、たとえば、連結点が導く地がニューヨーク州にある場合、同州法が準拠法となる。

これに対し連結点が**本国**（人の国籍を有する国）と定めている場合には、いずれの法が適用されるかが問題となる。この問題については、通則法38条３項が、「当事者が地域により法を異にする国の国籍を有する場合には、その国の規則に従い指定される法（そのような規則がない場合にあっては、当事者に最も密接な関係がある地域の法）を当事者の本国法とする。」と定めているので、このルールに従って処理されることになる。したがって、この準拠法選択の問題を解決する法が地域的不統一法国内に存在している場合には、それによることになるが（間接指定）、それがないときは、当事者の常居所や出生地などを考慮し、当事者に最も密接な関係がある地域の法を決定する（直接指定）ことになるとされる。たとえば、米国の場合、通則法38条３項にいう「その国の規則」は存在しないとされる（横浜地判平10・５・29判タ1002号249頁）。

したがって、たとえば、通則法27条の離婚に関して、夫婦の国籍が共に米国で同一である場合、米国は地域的不統一法国であり、妻と夫の各地域の法を特定し、それが同一であるときには、夫婦の本国法が同一であり、その法が適用されることになると考えられる。

また、人的不統一法国に関しても、通則法40条1項は、「当事者が人的に法を異にする国の国籍を有する場合には、その国の規則に従い指定される法（そのような規則がない場合にあっては、当事者に最も密接な関係がある法）を当事者の本国法とする」と定め、地域的不統一法国の場合と同様に、間接指定を原則としている。ここにいう「その国の規則」は、**人際法**と呼ばれる。

この人的不統一法国の場合、地域的不統一法国の場合と異なり、同一の本国法の決定において見解が分かれている。たとえば、通則法27条の離婚に関し、夫婦の国籍が共にインドで同一であるが、夫がキリスト教徒で妻がヒンドゥ教徒である場合、インドは人的不統一法国であり、同一の本国法は存在しないことになると解する見解があり、判例もこの見解に立つものがあるが（東京地判平2・12・7判時1424号84頁）、他方、地域的不統一法国の場合と違い、人的抵触は国際私法が指定する準拠法内のいずれの実質法が適用されるかという問題であり、この場合、夫婦の本国法はインド法で同一であり、キリスト教徒の夫とヒンドゥ教徒の妻の離婚には同国法が適用されることになるという見解もある。

人的不統一法国の場合、国籍を連結点とするときだけでなく、常居所、夫婦の最密接関係地を連結点とするときも、準拠法を決定することができないので、その場合も1項が準用される（40条2項）。

(b) 未承認国

また、連結点によって指定された国が未承認国、わが国の場合、たとえば、台湾や北朝鮮の法を準拠法として適用することができるか否かという問題がある。通説は、国際私法が渉外的法律関係に最も密接な関係を有する地の法を適用することを目的とし、未承認国法を準拠法として適用することができるとする。

(c) 反　致

国際私法が指定する準拠法は、準拠法所属国の民法などの実質法であるが、準拠法所属国の国際私法が自国法または第三国法を準拠法としている場合、準拠法所属国との間で判決の調和を図るため、それに従って自国法または第三国法を準拠法とすることを認める原則のことを**反致**という。たとえば、フランス人が日本に不動産を遺して死亡したときの相続問題の準拠法は、通則法36条により被相続人の本国法としてフランス法となるのに対し、フランスの国際私法によれば、不動産所在地法として、日本法となり、わが国で日本法を適用することにより判決の国際的調和が図れることになる。

反致には、A国の国際私法によればB国法が準拠法となるが、B国の国際私法によればA国法が準拠法となる場合、A国でA国法を準拠法とする**狭義の反致**、A国の国際私法によればB国法が準拠法となるが、B国の国際私法によればC国法が準拠法となる場合、A国でC国法を準拠法とする**転致**、A国の国際私法によればB国法が準拠法となり、B国の国際私法によればC国法が準拠法となるが、C国の国際私法によればA国法が準拠法となる場合、A国でA国法を準拠法とする**間接反致**がある。また、準拠法所属国の国際私法に反致の規定がある場合、その反致の規定をも適用する**二重反致**がある。この場合、A国の国際私法によればB国法が準拠法となり、B国の国際私法によればA国法が準拠法となるが、B国の国際私法が反致を認めている場合には、A国でB国法が準拠法となる。

通則法41条は、「当事者の本国法によるべき場合において、その国の法に従えば日本法によるべきときは、日本法による。ただし、第25条（第26条第１項及び第27条において準用する場合を含む。）又は第32条の規定により当事者の本国法によるべき場合は、この限りでない。」と定め、狭義の反致を定める。したがって、たとえば、相続に関し通則法36条は、「被相続人の本国法による」と定めているが、その本国法の国際私法が、「相続は、被相続人の常居所地法による」と定め、被相続人が日本に常居所を有していた場合、41条により相続には日本法が適用されることになる。

また、手形法88条１項は、「為替手形及約束手形ニ依リ義務ヲ負フ者ノ行為能力ハ其ノ本国法ニ依リ之ヲ定ム　其ノ国ノ法ガ他国ノ法ニ依ルコトヲ定ムルトキハ其ノ他国ノ法ヲ適用ス」と定め、また、小切手法も、これと同様の規定を定め（小切手法76条１項）、転致を認めている。

この反致を認める根拠として、判決の国際的調和の実現のほか、法廷地法である日本法の適用範囲を拡張することなどが挙げられているが、前者については、法廷地国際私法が指定した準拠法所属国の国際私法が反致を認めている場合、準拠法が入れ替わるだけで、判決の国際的調和の実現は図られず、後者については、国家主義的な考え方であり、内外法の平等という国際私法の基本原則に反すると批判されているが、通則法は、改正前の反致規定を維持している。

以上の方法により準拠法が決定されるが、外国法が準拠法となった場合、その具体的な適用の結果が日本の基本的な法秩序を害する場合、その適用を排除する必要がある。これは通則法42条が定める**国際私法上の公序の問題**である。また、裁判所が外国法を適用する場合、自らの責任でこれを調査、解釈、適用しなければならないのか。また、外国法の内容が分からない場合、どのように処理するのか。これら**外国法の適用に関する問題**もある。これらの問題は、通則法が定める国際取引に関する抵触規則の内容を見た後に取り上げることにする。

５．公法の属地的適用と絶対的強行法規

国際私法は、国際的要素のある法律関係をすべて対象としているわけではなく、私法的法律関係を対象としている。したがって、国際私法によって決定される準拠法の対象は、民法、商法など私法となる。

これに対し、刑法、行政法、独占禁止法などの公法は、国際私法の対象外であり、原則として属地的に適用される。すなわち、公法はその国の領域内の行為に対して適用されることを原則とする。これを**公法の属地的適用**という。

属地的適用の例外として、刑法１条は、日本国内において罪を犯したすべての者に適用する旨を定めるほか、２条以下で国外犯についても定めている。また、独占禁止法は、その国の競争法秩序を維持するため、国外の行為に対しても適用する場合がある。このような属地的適用の例外は、**域外適用**

と呼ばれている。

また、国際私法上、国家の社会的、経済的その他の公共的な目的を達成するための法は、立法目的に照らしその適用範囲に入る場合、準拠法の如何にかかわらず、常に私法上の法律関係に適用されるとする。この法のことを**絶対的強行法規**（これ以外の強行法規を**相対的強行法規**という）という。たとえば、わが国の場合、一般的に、独占禁止法、証券取引法、労働基準法、労働組合法、利息制限法、借地借家法などがこれに当たるとされる。

この絶対的強行法規は、法律関係から準拠法を決定するという方法ではなく、公法の属地的適用と同様に、法規の適用範囲がどこまで及ぶか、という法規から適用を決定するという方法、すなわち、かつて法規分類説が依拠した「法規からのアプローチ」という方法が採られる。

6．実体法と手続法

権利義務の発生、変更、消滅の要件などの権利義務関係を定めた法のことは、民事訴訟法などの**手続法**に対し**実体法**という。手続法については、実体法とは性格を異にし、「**手続は法廷地法による**」という原則があり、法廷地の手続法が原則として適用される。

訴訟手続上の問題、たとえば、**当事者能力**（民事訴訟において当事者となることのできる一般的な能力）、**訴訟能力**（訴訟当事者として自ら単独で訴訟行為を行うことができる能力）は、日本の民事訴訟法によることになる。

当事者能力、訴訟能力に関し民事訴訟法28条は、「当事者能力、訴訟能力及び訴訟無能力者の法定代理は、この法律に特別の定めがある場合を除き、民法その他の法令に従う。訴訟行為をするのに必要な授権についても、同様とする」と定め、その解釈をめぐっては見解が対立するが、法廷地法説が有力に主張されている。

この説によれば、当事者能力に関しては、まず、28条の「その他の法令」にわが国の国際私法も含まれ、次に、当事者能力の有無は権利能力（権利義務の主体となることができる資格）の有無により判断され、通則法は権利能力の準拠法について明文の規定を置いていないが、自然人については本国法、法人については設立準拠法であるとされ、これらの法により権利能力が認められれば、28条により当事者能力が認められることになる。この立場に立つ近時の裁判例として、東京地判平19・12・14判例集未登載（2007WLJPCA12149002）がある。

また、当事者が本国法上法人格を有しない場合であっても、29条が、「法人でない社団又は財団で代表者又は管理人の定めがあるものは、その名において訴え、又は訴えられることができる」と定めているので、これに該当する団体であれば、当事者能力は認められることになる。たとえば、日本法上の組合に類似する外国で設立されたパートナーシップが本国法上権利能力を有しない場合であっても、この規定により当事者能力が認められる。

訴訟能力に関しても、訴訟能力の有無が行為能力の有無で判断され、行為能力は、通則法４条により本国法によることになる。また、民事訴訟法33条が、「外国人は、その本国法によれば訴訟能力を有しない場合であっても、日本法によれば訴訟能力を有すべきときは、訴訟能力者とみなす」と定め、これにより、本国法上行為能力が認められず、その結果、日本で訴訟能力が認められない場合であっても、日本法によれば訴訟能力が認められるときは、訴訟能力が認められることになる。

７．自然人・法人

⑴　自然人の権利能力・行為能力

国際取引の主体となる自然人に関しては、権利能力が一般的に問題となることはないが、個別具体的問題、たとえば、胎児の相続可能性は、個別的権利能力の問題として、相続の準拠法によるとされ、通則法36条により被相続人の本国法により判断されることになる。

これに対し、自然人の行為能力（人が単独で法律行為をすることができる能力）の準拠法はどのように決定されるのか。通則法は、身分行為については、身分行為毎に行為能力を定めている。たとえば、婚姻に関しては24条１項によるべきであるとされるが、他方、財産法上の行為能力については、４条により準拠法が決定される。

（人の行為能力）

第4条　人の行為能力は、その本国法によって定める。

2　法律行為をした者がその本国法によれば行為能力の制限を受けた者となるときであっても行為地法によれば行為能力者となるべきときは、当該法律行為の当時そのすべての当事者が法を同じくする地に在った場合に限り、当該法律行為をした者は、前項の規定にかかわらず、行為能力者とみなす。

3　前項の規定は、親族法又は相続法の規定によるべき法律行為及び行為地と法を異にする地に在る不動産に関する法律行為については、適用しない。

したがって、本人保護のため、行為能力は、原則として本国法によるとするが（1項)、取引の安全を確保するため、行為地法により行為能力者とみなされる規定を置いている（2項)。たとえば、満18歳の日本人の大学生Aが、外国企業Bが開設したウェブサイトにアクセスし、契約を締結した場合、Aの行為能力の準拠法は本国法である日本法となり、Bは、親権者の同意がない契約の取消しに応じなければならないことになる。これに対し、Aが外国に所在するBの営業所に出掛けて契約を締結する場合には、その国が18歳を成年年齢としているときは、Aは行為能力者として扱われる。

もっとも、行為地と法を異にする地に在る不動産に関する法律行為については、行為地との関連性が強くなく、取引の安全の確保が強く働かないことなどから、2項の規定は適用されず、1項の原則どおり本国法によることになる（3項)。

⑵　法人の権利能力・行為能力―法人の従属法

また、法人に関しては、法人の設立、権利能力（法人格の有無・範囲)、法人の機関、法人と社員の関係など法人の内部組織に関する事項、行為能力（法人の機関の代表権限の有無・範囲)、法人の消滅などが問題となるが、通説によれば、これらの問題は、準拠法として単一の法が適用されるべきであり（これは**法人の従属法**と呼ばれている)、法人の設立準拠法によるとされる（**設立準拠法説**)。

法人の権利能力に関しては、定款で定めた目的外行為が法人の従属法により無効とされる場合であっても、通則法４条２項を類推適用し、行為地法によれば権利能力が認められるときは、権利能力を肯定し、行為を有効とすべきであると解されている。また、行為能力に関しても、法人の従属法によれば、法人の機関に代表権がないとされる場合であっても、通則法４条２項の類推適用により、行為地法によれば行為能力が認められるときは、行為能力を肯定すべきであると考えられる。

したがって、たとえば、ナタリア国法に基づき設立されたサミエル社の国際部長のマイケル・サミエル氏が日本の国際化学の本社で特殊電子材料の原料の長期売買契約を締結する場合、同氏にサミエル社を代表して契約を締結する権限があるか否かについては、法人の属人法であるナタリア国法によるが、ナタリア国法により同氏に契約締結権限がない場合であっても、４条２項を類推適用する場合、日本法上同氏に契約締結権限があると認められるときは（会社法13条）、契約締結権限を有することになる。

⑶ 外国人の内国における地位

外国人が内国で私権を享有し得るかという外国人の内国における地位について定める法律は**外人法**と呼ばれているが、外人法は国際私法の準拠法選択によらず直接外国人を規制している。

民法３条２項は、「外国人は、法令又は条約の規定により禁止される場合を除き、私権を享有する」と定め、外国人も原則として内国人と同等に私権を享有する（**内外人平等主義**）。

また、外国法に基づき設立された法人である**外国法人**がわが国で法人として活動するためには、わが国において法人格が承認されることが必要となる。これを**外国法人の認許**と呼んでいる。

民法35条１項は、外国法人を個別に審査して認許するのではなく、一定の類型の外国法人を自動的に認許する主義（**一般的認許主義**）を採用し、国・国の行政区画（都道府県や市町村）、外国会社、特別法により認許される外国法人および条約により認許される国際法人が認許される。したがって、これ以外の外国法人、たとえば、公益法人は法人格が認められない。

同2項は、「認許された外国法人は、日本において成立する同種の法人と同一の私権を有する。ただし、外国人が享有することのできない権利及び法律又は条約中に特別の規定がある権利については、この限りでない。」と定め、認許された外国法人も原則として私権を享有する。

しかし、外国人、外国法人は、国家の利益に係わる権利については、法令または条約の規定により、権利の享有が禁止、制限される。たとえば、鉱業法17条は、「日本国民又は日本国法人でなければ、鉱業権者となることができない。但し、条約に別段の定があるときは、この限りでない。」と定め、外国人の鉱業権の享有を原則として禁止する。

(4)　外国会社に対する規制

外国会社（外国の法令に準拠して設立された法人その他の外国の団体であって、会社と同種のもの又は会社に類似するものをいう（会社法2条2号））は、日本において継続して取引を行う場合、日本における代表者（そのうち少なくとも1名は日本に住所を有しなければならない）を定めなければならない（同817条1項）。代表者は、日本における業務に関する一切の裁判上または裁判外の行為をする権限を有し（同2項）。それを制限しても、善意の第三者に対抗することができない（同3項）。

外国会社は、その日本における代表者がその職務を行うについて第三者に加えた損害を賠償する責任を負う（同4項）。また、外国会社は、登記をするまでは、日本において取引を継続してすることができず（会社法818条1項）、これに違反して取引をした者は、相手方に対し、外国会社と連帯して、当該取引によって生じた債務を弁済する責任を負う（同2項）。

また、日本に本店を置き、または日本において事業を行うことを主たる目的とする外国会社（**疑似外国会社**）は、日本において取引を継続してすることができず（会社法821条1項）、これに違反して取引をした者は、相手方に対し、外国会社と連帯して、当該取引によって生じた債務を弁済する責任を負う（同2項）。これは、日本法を回避して外国法に準拠して設立された会社と取引を行う相手方の利益を保護するためである。

8. 契　　約

(1) 当事者自治の原則

契約の準拠法については、当事者の意思とは関係なく契約の締結地や履行地の国の法を準拠法とする法制を採っている国もあるが、多くの国において、当事者の合意によって決定することが認められている。この立場は、契約の準拠法の選択について当事者の意思を尊重するもので、**当事者自治の原則**（principle of party autonomy）と呼ばれている。

これはまた、**主観主義**とも呼ばれる。これに対して前者の立場は、**客観主義**と呼ばれている。したがって、法廷地の国際私法が客観主義を採用している場合には、当事者による契約の準拠法の指定は認められない。

(2) 国際契約の準拠法条項

国際契約では、契約書の中で、たとえば、次のような**準拠法条項**（governing law clause or applicable law clause ）が規定される。この条項のことは、**法選択条項**（choice-of-law clause）とも呼ばれる。

> This Agreement shall be governed, in all respects including formation, validity, construction and performance, by the laws of Japan.
>
> 〔日本語訳〕
> この契約は、その成立、有効性、解釈および履行を含むすべての点において日本法に準拠するものとする。

このような準拠法の指定により、当事者は訴訟においていずれの法が適用されるかを予め予測することができる。この規定がなければ、裁判所は法廷地の国際私法を適用して準拠法を決定することになるが、いずれの国の法が準拠法になるかは必ずしも予測がつかない。したがって、実務上、契約の準拠法を契約書で定めることが一般的である。

(3) 通則法７条—当事者自治の原則

> **(当事者による準拠法の選択)**
> **第７条**　法律行為の成立及び効力は、当事者が当該法律行為の当時に選択した地の法による。

この規定によれば、法律行為の成立および効力について、当事者は合意により法を選択することができる。ここにいう**法律行為**とは、権利義務関係を発生させる行為であり、たとえば、売りたい、買いたいという２つの意思表示の合致によって成立する売買に代表される契約は、法律行為となる。

したがって、契約の準拠法について当事者の合意を認めているわが国の通則法の規定によれば、上記の準拠法条項が規定されている場合、日本法が契約の準拠法となる。そして、意思の欠缺により契約が有効に成立していないといった契約の成否、あるいは、契約によってどのような義務を負担するか、相手方の契約違反に対してどのような請求をすることができるかといった契約の効力が問題となる場合、日本法に基づき判断されることになる。

この準拠法の指定は、上記のような契約書に規定される準拠法条項という明示の合意がある場合のみならず、黙示の合意による場合も認められる。ただし、黙示の合意は、当事者の現実の意思を問題とするのであって、仮定的な意思、すなわち、当事者が仮に準拠法を合意していたとすれば、このような合意をしていたであろう、という意思の探求は許されないとされる。

法律行為の中には、抵当権設定契約などの合意による物権変動を目的とする物権契約、婚姻などの身分法上の契約があるが、前者は13条、後者は24条以下の抵触規則によることになる。

(4) 通則法８条—最密接関係地法

> **(当事者による準拠法の選択がない場合)**
> **第８条**　前条の規定による選択がないときは、法律行為の成立及び効力は、当該法律行為の当時において当該法律行為に最も密接な関係がある地の法による。

2　前項の場合において、法律行為において特徴的な給付を当事者の一方のみが行うものであるときは、その給付を行う当事者の常居所地法（その当事者が当該法律行為に関係する事業所を有する場合にあっては当該事業所の所在地の法、その当事者が当該法律行為に関係する２以上の事業所で法を異にする地に所在するものを有する場合にあってはその主たる事業所の所在地の法）を当該法律行為に最も密接な関係がある地の法と推定する。
3　第１項の場合において、不動産を目的物とする法律行為については、前項の規定にかかわらず、その不動産の所在地法を当該法律行為に最も密接な関係がある地の法と推定する。

次に、当事者による準拠法の指定がない場合には、法律行為に最も密接な関係がある地の法によることになる（１項）。これは、７条が主観的連結によるのに対し客観的連結を定めている。この最密接関係地法を特定するに当たっては、当事者の国籍、住所、契約の締結地、契約の目的物の所在地などを総合的に考慮することになる。

(a)　特徴的給付による推定

２項は、**特徴的給付の理論**を採用した規定である。この理論は、契約に特徴的な給付をすべき者の所在地を最密接関係地とする考え方である。したがって、双務契約の場合、金銭給付は、契約一般に見られる給付であり、特徴的な給付とは言えず、通常、金銭債権の反対債権が特徴的給付となる。

たとえば、売買の場合、物の引渡しが特徴的給付とされ、特徴的給付を行う者である売主の常居所地法（事業所の所在地の法）が売買の最密接関係地法となる。これと同様に、請負の場合、請負人、委任の場合、受任者の常居所地法（事業所の所在地の法）となる。

ただし、不動産を目的とする法律行為については、通常、この法律行為が不動産所在地と最も密接に関係すると考えられので、不動産所在地法が最密接関係地法と推定する（３項）。これには、不動産の売買契約や不動産の賃貸借契約が挙げられる。

もっとも、これらは、推定規定であるので、最密接関係地が他に認められる場合には、この推定は覆され、１項によりその地の法が準拠法となる。

(b) 常居所とは

なお、**常居所**の概念について、これは、住所の概念が各国間で様々な違いがあることを背景に、**ハーグ国際私法会議**（Hague Conference on Private International Law といい、オランダ政府の発意で、国際私法の統一を目的として、1893年からオランダのハーグで開催されている国際会議で、国際私法に関する数多くの条約を作成し、国際的立法機関の役割を果たしている）によって人工的に作り出された概念であるが、その定義はされていない。通則法もこの定義を置いていない。

したがって、国際私法の目的を踏まえ、連結点として採用されている趣旨に照らして認定することになるが、単なる一時的な居所ではなく、相当の期間居住することが明らかな地をいうとされる。また、当事者の意思を考慮しない事実的概念であり、事実上の住所と言われることがある。

(5) 通則法９条―準拠法の事後的変更

通則法は、９条で「当事者は、法律行為の成立及び効力について適用すべき法を変更することができる。ただし、第三者の権利を害することとなるときは、その変更をその第三者に対抗することができない」と規定している。したがって、当事者は、契約時の合意した準拠法を事後的に変更することが許される。

しかし、ただし書により、準拠法の変更が第三者、たとえば、保証人や債権譲渡の譲受人の権利を害する場合、その変更をその第三者に対抗することができない。したがって、たとえば、契約上の債権が譲渡された後、契約の当事者間で準拠法を変更した場合、その変更が債権の譲受人の権利を害するときは、債権の譲受人に対しては、準拠法の変更を対抗することができないことになる。

(6) 分割指定

また、当事者が契約の成立と効力の問題について別々の法律を指定することが許されるか否かという問題がある。これは準拠法の**分割指定**という。当事者自治の原則に立ち、このような指定も許されよう。分割指定を認めた裁判例として東京地判平14・2・26判例集未登載（2002WLJPCA02260015）がある。

⑺　契約の方式

口頭により契約が成立するか、書面を要するか、また公正証書（公証人が作成する公文書）の作成が必要とされるかといった契約の方式、すなわち、意思表示の外部への表現方法（**形式的成立要件**）の準拠法はどのように決定されるか。

わが国は、契約の成立について一般に方式を要求していないが、たとえば、民法446条2項は、「保証契約は、書面でしなければ、その効力を生じない」と定めている。しかし、国によっては、書面を要求せず、口頭でも保証契約が有効に成立する。

この形式的成立要件は、「**場所は行為を支配する**」という原則により、行為地法によることを原則とし、**実質的成立要件**とは別の単位法律関係とされている。

（法律行為の方式）
第10条　法律行為の方式は、当該法律行為の成立について適用すべき法（当該法律行為の後に前条の規定による変更がされた場合にあっては、その変更前の法）による。
2　前項の規定にかかわらず、行為地法に適合する方式は、有効とする。
3　法を異にする地に在る者に対してされた意思表示については、前項の規定の適用に当たっては、その通知を発した地を行為地とみなす。
4　法を異にする地に在る者の間で締結された契約の方式については、前2項の規定は、適用しない。この場合においては、第1項の規定にかかわらず、申込みの通知を発した地の法又は承諾の通知を発した地の法のいずれかに適合する契約の方式は、有効とする。
5　前3項の規定は、動産又は不動産に関する物権及びその他の登記をすべき権利を設定し又は処分する法律行為の方式については、適用しない。

(a) 法律行為

通則法は、法律行為の方式について10条で規定している。まず、1項で法律行為の成立の準拠法によるとし、その一方で、2項で行為地法による方式も有効とする。したがって、契約の方式は、契約の成立の準拠法または契約締結地法のいずれかの法が定める方式に適合していればよいことになる。

(b) 単独行為

3項は、契約の取消し、解除や相殺の意思表示などの単独行為について、意思表示の通知を発した地を行為地とみなしている。

(c) 契　約

法を異にする地に在る者の間で締結された契約の方式については、2項、3項の規定は適用されず、申込みの通知を発した地の法または承諾の通知を発した地の法のいずれかに適合する契約の方式は、有効とされる（4項)。したがって、契約の方式は、契約の成立の準拠法、申込発信地法または承諾発信地法のいずれかの法が定める方式に適合していればよいことになる。

(d) 物権契約

動産または不動産に関する物権およびその他の登記をすべき権利（債権であるが、登記をすることによって物権的効力を認められる権利をいい、たとえば、不動産賃借権（民法605条（不動産の賃貸借は、これを登記したときは、その後その不動産について物権を取得した者に対しても、その効力を生ずる)）がこれに当たる）を設定しまたは処分する法律行為である**物権契約**（物権変動（発生、変更、消滅）を目的とする行為）の方式については、行為地法によらず、物権契約の成立の準拠法によるとする（5項)。したがって、通則法13条により、目的物所在地法となる。

(8) 消費者契約

契約の準拠法の選択については、通則法7条の規定によって、当事者自治の原則が認められているが、たとえば、消費者契約や労働契約のように、実質法上、消費者や労働者を保護するため、当事者の合意内容に一定の制限が加えられている契約については、国際私法上も、弱者保護の要請から、当事者自治の原則に一定の制限が加えられている。

すなわち、情報力、交渉力等の弱い消費者、労働者は、消費者契約、労働契約において、事実上、相手方から示された準拠法が保護に薄く、不利であっても、それを受け入れざるを得ないことから、消費者、労働者を保護するための特則を定めている。

(a) 消費者契約の成立・効力

> **(消費者契約の特例)**
>
> **第11条**　消費者（個人（事業として又は事業のために契約の当事者となる場合におけるものを除く。）をいう。以下この条において同じ。）と事業者（法人その他の社団又は財団及び事業として又は事業のために契約の当事者となる場合における個人をいう。以下この条において同じ。）との間で締結される契約（労働契約を除く。以下この条において「消費者契約」という。）の成立及び効力について第7条又は第9条の規定による選択又は変更により適用すべき法が消費者の常居所地法以外の法である場合であっても、消費者がその常居所地法中の特定の強行規定を適用すべき旨の意思を事業者に対し表示したときは、当該消費者契約の成立及び効力に関しその強行規定の定める事項については、その強行規定をも適用する。
>
> 2　消費者契約の成立及び効力について第7条の規定による選択がないときは、第8条の規定にかかわらず、当該消費者契約の成立及び効力は、消費者の常居所地法による。

(i) 当事者が準拠法を選択している場合

消費者契約とは、消費者と事業者との契約である。この消費者契約の定義は、わが国の消費者契約法のものと同じである。両者は、情報力、交渉力等の格差から消費者を保護することを目的とするが、11条が定める消費者契約の概念は、国際私法上の概念であり、消費者契約法上の概念と必ず一致するわけではない。

この規定によって、契約当事者が消費者の常居所地法以外の法を選択した場合であっても、消費者がその常居所地法中の特定の**強行規定**（当事者の意思によって適用を排除し得ない法律の規定。これ以外の規定を**任意規定**という（民法91条参照））を適用すべき旨の意思を事業者に対し表示した場合、その強行規定も適用される。

これによって消費者は自己の馴染みのある常居所地法の保護を受けることができる。また、事業者にとっても、消費者の常居所地法は通常予見可能性があると言える。このように、常居所地法の適用によって、両者の利益の調整が図られており、また、消費者保護という公益に最も利害関係を有する常居所地国の利益も考慮されていると考えられる。

最近の裁判例として、東京地判平29・１・17判例集未登載（LEX/DB25538647）、東京地判平29・１・31判例集未登載（LEX/DB25538954）は、米国法人が日本国内の投資家向けに販売した米国における診療報酬債権を投資対象とする金融商品についての出資契約に関し、通則法11条１項により、消費者が常居所地である日本の強行規定である民法96条１項および消費者契約法４条１項１号を適用すべき意思表示をしているため、ネヴァダ州法を準拠法とする出資契約の定めにかかわらず、これらの強行規定が出資契約に適用されるとした。

(ii)　当事者が準拠法を選択していない場合、消費者の常居所地法

次に、通則法11条２項は、当事者が消費者契約の準拠法を選択していない場合には、消費者の常居所地法によるとする。

(b)　消費者契約の方式

> ３　消費者契約の成立について第７条の規定により消費者の常居所地法以外の法が選択された場合であっても、当該消費者契約の方式について消費者がその常居所地法中の特定の強行規定を適用すべき旨の意思を事業者に対し表示したときは、前条第１項、第２項及び第４項の規定にかかわらず、当該消費者契約の方式に関しその強行規定の定める事項については、専らその強行規定を適用する。
>
> ４　消費者契約の成立について第７条の規定により消費者の常居所地法が選択された場合において、当該消費者契約の方式について消費者が専らその常居所地法によるべき旨の意思を事業者に対し表示したときは、前条第２項及び第４項の規定にかかわらず、当該消費者契約の方式は、専ら消費者の常居所地法による。

5　消費者契約の成立について第7条の規定による選択がないときは、前条第1項、第2項及び第4項の規定にかかわらず、当該消費者契約の方式は、消費者の常居所地法による。

他方、消費者契約の方式についても、消費者の保護を図るため、通則法10条により準拠法を決定するのではなく、専ら消費者の常居所地法によることができるとする。

まず、11条3項は、消費者契約の成立について、消費者の常居所地法以外の法が選択された場合であっても、消費者契約の方式について消費者がその常居所地法中の特定の強行規定を適用すべき旨の意思を事業者に対し表示したときは、専らその強行規定が適用されるとする。これに対し、消費者は、この規定を援用しない場合は、10条の規定によることになる。

また、11条4項は、消費者契約の成立について、消費者の常居所地法が選択された場合において、消費者契約の方式について消費者が専らその常居所地法によるべき旨の意思を事業者に対し表示したときは、消費者契約の方式は、専ら消費者の常居所地法によるとする。この場合も、消費者は、10条の規定によることもできる。

さらに、11条5項は、消費者契約の成立について準拠法の選択がないときは、消費者の常居所地法によるとする。

(c)　消費者保護規定の適用除外

6　前各項の規定は、次のいずれかに該当する場合には、適用しない。
一　事業者の事業所で消費者契約に関係するものが消費者の常居所地と法を異にする地に所在した場合であって、消費者が当該事業所の所在地と法を同じくする地に赴いて当該消費者契約を締結したとき。ただし、消費者が、当該事業者から、当該事業所の所在地と法を同じくする地において消費者契約を締結することについての勧誘をその常居所地において受けていたときを除く。
二　事業者の事業所で消費者契約に関係するものが消費者の常居所地と法を異にする地に所在した場合であって、消費者が当該事業所の所在地と法を同じくする地において当該消費者契約に基づく債務の全部の履行を受けたとき、又は受けることとされていたとき。ただし、消費者が、当該事業者から、当該事業所の所在地と法を同じくする地において債務の全部の履行を受けることについての勧誘をその常居所地において受けていたときを除く。
三　消費者契約の締結の当時、事業者が、消費者の常居所を知らず、かつ、知らなかったことについて相当の理由があるとき。
四　消費者契約の締結の当時、事業者が、その相手方が消費者でないと誤認し、かつ、誤認したことについて相当の理由があるとき。

この消費者保護規定は、以下の場合には、消費者を保護するに値せず、適用されない。

(i)　能動的消費者は保護されない

まず、1号により、消費者が法を異にする事業所に赴いて契約を締結する場合は、消費者はその常居所地法の強行規定の適用を求めることはできない。これは、消費者が自ら外国に赴き事業者と契約をする場合にまでその常居所地法上の保護を消費者に与えるとすると、国内でのみ活動している事業者の活動に過度に支障を来すことになるからであるとされる。

たとえば、外国人の旅行者が日本のデパートで買物をする場合、常居所地法の強行規定は適用される余地はない。このような消費者は**能動的消費者**と呼ばれる。もっとも、消費者がその常居所地で事業者から契約締結の勧誘を受けていた場合は除かれる。この場合には、事業者に消費者の常居所地法の適用を強いることが不当とは言えないと考えられる。この勧誘には、特定の消費者を相手としない一般向けのインターネットによるウェブサイト上の宣伝行為は当たらないとされる。

第2に、2号は、たとえば、外国人旅行者が日本のホテルに宿泊し、あるいは、レストランで飲食をする場合がこれに該当する。

(ii)　その他の適用除外

第3に、消費者が虚偽の常居所を伝え、あるいは、消費者が事業者と偽って契約を締結した場合、それぞれ3号、4号に該当しよう。

(9) 労働契約

国際化学は、東南アジアの販売拠点としてナタリア国に支店を置いているが、その支店に勤務する国際化学に雇用された現地人の営業課長Aと雇用条件をめぐって意見が対立し、その結果Aを解雇するに至った。Aはこの解雇が無効であると主張し、国際化学を相手に従業員としての地位確認および未払い賃金の支払いを求めて東京地方裁判所に提訴した。国際化学とAとの雇用契約には、日本法を指定する準拠法条項が規定されていた。この問題に適用される法律は日本法か。

上で述べたように、労働者も消費者と同様に、国際私法上、弱者保護が必要となる。

通則法は、契約の成立・効力については特則を定めるが、契約の方式については、消費者契約の場合、軽率な契約締結を防止するという契約締結時における消費者の保護の要請から、消費者が自己の常居所地法が要求する方式を充足しない契約の効力を否定することができるよう特則を定めているのに対し、労働契約の場合には、契約内容と解雇時の保護を必要とするが、契約の効力を否定することが労働者保護にはつながらないことから、10条を原則どおり適用することにしている。

(労働契約の特例)

第12条　労働契約の成立及び効力について第7条又は第9条の規定による選択又は変更により適用すべき法が当該労働契約に最も密接な関係がある地の法以外の法である場合であっても、労働者が当該労働契約に最も密接な関係がある地の法中の特定の強行規定を適用すべき旨の意思を使用者に対し表示したときは、当該労働契約の成立及び効力に関しその強行規定の定める事項については、その強行規定をも適用する。

2　前項の規定の適用に当たっては、当該労働契約において労務を提供すべき地の法（その労務を提供すべき地を特定することができない場合にあっては、当該労働者を雇い入れた事業所の所在地の法。次項において同じ。）を当該労働契約に最も密接な関係がある地の法と推定する。

> ３　労働契約の成立及び効力について第７条の規定による選択がないときは、当該労働契約の成立及び効力については、第８条第２項の規定にかかわらず、当該労働契約において労務を提供すべき地の法を当該労働契約に最も密接な関係がある地の法と推定する。

(a)　当事者が準拠法を選択している場合

当事者が準拠法を選択している場合、その選択された法によることになるが、それが労働契約に最も密接な関係がある地の法でない場合、労働者は使用者に対し最密接関係地法の中の特定の強行規定の適用を主張することができる。その場合、労働契約の成立、効力に関しその強行規定の定める事項については、その強行規定も適用される（１項)。そして、労務提供地法（これが特定できない場合には、労働者を雇い入れた事業所の所在地法）が最密接関係地法と推定される（２項)。最近の裁判例として、東京地判平28・５・20判例集未登載（2016WLJPCA05208002）は、香港法を準拠法に指定する雇用契約に基づき日本において労働を提供していた労働者が使用者に対し労働契約法16条を適用すべき旨の意思を表示したため、同条を適用して使用者による解雇は無効と判断した。

この労務提供地法の適用は、労働者が通常、労務提供地法による保護を期待し、使用者にとっても予見可能であることなどを理由とする。

また、消費者契約の規律とは異なり、最密接関係地法中の特定の強行規定を援用し得るとした上で、労務提供地法（これが特定できない場合には、労働者を雇い入れた事業所の所在地法）が最密接関係地法と推定されると定めるが、その理由は、労働の形態には様々なものがあるため、消費者契約における消費者の常居所地のように１つの地を定めることが適当ではないとの考えに基づくものであると解される。

労務提供地が複数国となる場合、たとえば、航空会社の客室乗務員が日本を拠点として複数の国で労務を提供しているような場合、主たる労務提供地が日本と認められるときは、日本法が最密接関係地法と推定されることになると考えられるが、そのいずれも主たる労務提供地であるとは認められないときには、労働者を雇い入れた事業所の所在地法が最密接関係地法と推定される。また、労働契約継続途中に労務提供地が変わった場合には、新たな労務提供地の法を最密接関係地法と推定することが可能であると解される（東京地判28・9・26判例集未登載（2016WLJPCA09268020））。

(b) 当事者が準拠法を選択していない場合

当事者が準拠法を選択していない場合には、8条1項によって最密接関係地法が準拠法となるが、この場合、労働者の常居所地法よりも労務提供地の方が労働契約に密接に関係しているとして、8条2項の特徴的給付の理論に基づく推定規定は適用されず、労務提供地法（これが特定できない場合には、労働者を雇い入れた事業所の所在地法）が最密接関係地法と推定される（3項）。

(c) 絶対的強行法規としての適用

労働契約の場合も、消費者契約と同様に、わが国の絶対的強行法規が適用されることになる。

この絶対的強行法規を適用したと評価し得る裁判例として、半世紀近く前に遡るが、わが国で労働が行われている労働契約について、契約の準拠法の如何にかかわらず、わが国の労働法が適用されるとしたインターナショナル・エア・サービス事件の東京地決昭40・4・26判時408号14頁がある。この事件の概要は次のとおりである。

航空会社に飛行要員の供給を行う米国企業Yに雇われ、日本の航空会社に機長として勤務していた米国人Xが解雇され、その解雇の効力をめぐって両者で紛争となった。

Xは、この解雇がわが国の労働組合法7条1号の不当労働行為（労働組合の組合員であること、労働組合に加入し、これを結成しようとしたことなどを理由とする解雇は、不当労働行為として禁止されており（労働組合法7条）、解雇の効力は無効となる）に当たり、無効であると主張し、仮の地位を定める仮処分を東京地方裁判所に申請した（この仮の地位を定める仮処分とは、争いがある権利関係について債権者に生じる著しい損害または急迫の危険を避けるため、裁判による解決までの間一定の権利関係を暫定的に定めることをいう）。これに対する決定の中で、裁判所は、解雇の効力について次のように判示し、結論として、Ｘによる仮処分申請を認めた。

> 次に、本件労働契約は、アメリカ合衆国「カリホルニア」州法人であるＹとアメリカ合衆国人であるＸとの間にアメリカ合衆国カリホルニア州で締結されたものであつて、「雇傭の条件…………についてアメリカ合衆国以外の政府の管轄から逃れるために、」被傭者が、本契約期間を通じて本籍をアメリカ合衆国内又はその領土、属領、島嶼内に置くことを拘束的条件として締結されたものであるから、アメリカ合衆国連邦法あるいは同国カリホルニア州法を準拠法として選択したものと考えられる。しかし、右契約に関するものであるとはいえ、本件解雇の意思表示は、東京国際空港駐在のＹ東京企画担当支配人兼外国人業務主任ジエームズ・シー・ジヤツクから、本件労働契約に基いて日航に派遣され、その支配の下に日航国内線の機長として勤務している、東京都港区在住のＸに対してなされたものであるから、かかる解雇の効力は、労務の給付地であるわが国の労働法を適用して判断すべきであつて、この点に関するかぎり法例第７条〔通則法７条、８条〕の適用は排除されるものと解すべきである。けだし、労働契約関係を律する労働法はひとしく労使の契約関係を規律する一般私法法規と異り、抽象的普遍的性格に乏しく各国家がそれぞれ独自の要求からその国で現実に労務給付の行われる労使の契約関係に干渉介入し、独自の方法でその自由を制限し規整しているので、労働契約に基く現実の労務給付が本件の如く継続して日本国内で行われるようになつた場合には、法例第７条の採用した準拠法選定自由の原則は属地的に限定された効力を有する公序としての労働法によつて制約を受けるものと解するのを相当とするからである。（下線追加。以下の判例も同様）

このように、労働契約の準拠法の選択については、当事者自治の原則に制限が加えられる。

⑽　ウィーン売買条約

国際的な売買契約に関しても、通則法７条以下の規定により準拠法が決定されることになるが、わが国は、平成20年に「**国際物品売買契約に関する国際連合条約**（United Nations Convention on Contracts for the International Sale of Goods)」（略称、**ウィーン売買条約、CISG**）に加入し、平成21年８月１日から効力が生じている。わが国は第71番目の締約国である。既に、米国、カナダ、中国、韓国、シンガポール、オーストラリア、ロシア、ドイツ、フランスなどの国が締約国となっている。

CISGは、適用範囲を自ら定めているため、CISGの適用対象となる売買契約には、この条約が適用されることになる。

国際化学とサミエル社との売買契約について両者が交渉した結果、契約の準拠法を米国ニューヨーク州法と定めた。サミエル社が所在するナタリア国もCISGの締約国である。売買契約の効力をめぐって両者で紛争が生じ、国際化学は東京地方裁判所に提訴した。裁判所は、ニューヨーク州法、CISGのいずれを適用してこの問題を解決するのか。

(a) CISGの適用範囲

第1条
この条約は、営業所が異なる国に所在する当事者間の物品売買契約について、次のいずれかの場合に適用する。
(a) これらの国がいずれも締約国である場合
(b) 国際私法の準則によれば締約国の法の適用が導かれる場合
(以下略)

CISGは、国際物品売買契約の成立、売主・買主の権利・義務について定めている（4条）が、その適用範囲については、まず、(a)の規定により、当事者の営業所がそれぞれ異なる締約国に所在する場合、CISGが適用される。また、当事者の一方または双方が締約国に営業所を有しない場合でも、法廷地の国際私法の準則によれば締約国の法の適用が導かれるときには、CISGが適用される（(b)）。

したがって、(a)の規定により、日本に営業所のあるA社と中国に営業所のあるB社との売買契約にはCISGが適用されることになる。

次に、(b)の規定により、国際私法の準則によれば締約国の法の適用が導かれる場合、CISGが適用されるが、この規定は、国際私法により準拠法となる締約国法の一部としてCISGが適用されると考える立場と締約国法が準拠法となるか否かを国際私法により判断し、その結果、締約国法が準拠法となる場合には、法廷地国の条約としてCISGが適用されるという立場とが対立しているが、国際私法の立場からは、前者の見解が有力である。

たとえば、日本に営業所のあるＡ社とドイツに営業所のあるＣ社との売買契約において、当事者が契約の準拠法をドイツ法とすることに合意している場合、前者の立場からは、通則法７条１項により締約国法であるドイツ法が適用され、ドイツ法の一部としてCISGが適用されることになるが、後者の立場からは、通則法７条１項により締約国法の適用が導かれ、その結果、日本の条約としてCISGが適用されることになる。

(b)　95条の留保宣言との関係

CISGは、締約国は、１条(1)(b)に拘束されないことを宣言することができる旨を定めており（95条）、米国や中国はこの留保宣言をしている。これは、営業所が締約国にある当事者と非締約国にある当事者との契約において、国際私法の準則により自国法が準拠法となった場合、CISGではなく自国法が適用されることを意図したとされる。

したがって、法廷地が米国である場合において、米国に営業所のあるＡ社と英国（2018年10月末現在、非締約国）に営業所のあるＢ社とが合意により契約の準拠法をニューヨーク州法と定めている場合、CISGではなく、ニューヨーク州法が適用されることになる。

これに対し、わが国の裁判所において、日本に営業所のあるＣ社とタイ(2018年10月末現在、非締約国))に営業所のあるＤ社とが合意により契約の準拠法をニューヨーク州法と定めている場合、１条(1)(b)が適用され、通則法７条１項によりニューヨーク州法が準拠法となるが、米国の留保宣言により、ニューヨーク州法を適用するか、留保宣言とは無関係にCISGを適用するか、という問題がある。前者の立場は**絶対的留保説**、後者の立場は**相対的留保説**とそれぞれ呼ばれ、ドイツは絶対的留保説に基づく解釈宣言をしているが、わが国はこのような宣言をしていない。

この問題について、上述したとおり、１条(1)(b)が締約国法の一部として

CISG が適用されるとする立場によれば、CISG とニューヨーク州法との相互適用関係は 1 条(1)によって決せられると考えられ、その場合、(a)の要件は充足しないので、CISG の適用はなく、絶対的留保説が妥当することになる。他方、法廷地国の条約として CISG が適用される立場からは、相対的留保説が妥当することになる。

(c) 合意による CISG の適用排除

第 6 条
当事者は、この条約の適用を排除することができるものとし、第12条の規定に従うことを条件として、この条約のいかなる規定も、その適用を制限し、又はその効力を変更することができる。

CISG は、その適用基準を満足する契約であっても、当事者が合意によって CISG の適用を排除することを認めている。

実務上、当事者が CISG の非締約国法、たとえば、英国法を契約の準拠法に選択している場合、この選択が CISG の適用を黙示的に排除しているか否かが問題となる。これは CISG 8 条に基づく契約解釈の問題であるが、見解は分かれている。また、当事者が CISG の締約国法、たとえば、日本法を契約の準拠法に選択している場合、CISG が締約国法の一部であることから、多数の見解は、CISG の適用を排除する合意とは解していないが、そうでないとする見解もある。したがって、当事者が CISG の適用を排除する場合には、その旨を明示しておくべきである。

また、この適用範囲を定める 1 条が訴訟のみならず仲裁にも適用されるか否かという問題があるが、この問題については、第 4 章で取り上げる。

第 8 条
(1) この条約の適用上、当事者の一方が行った言明その他の行為は、相手方が当該当事者の一方の意図を知り、又は知らないことはあり得なかった場合には、その意図に従って解釈する。
(2) (1)の規定を適用することができない場合には、当事者の一方が行った言明その他の行為は、相手方と同種の合理的な者が同様の状況の下で有したであろう理解に従って解釈する。
⑶　当事者の意図又は合理的な者が有したであろう理解を決定するに当たっては、関連するすべての状況（交渉、当事者間で確立した慣行、慣習及び当事者の事後の行為を含む。）に妥当な考慮を払う。

９．代　　理

国際化学は、特殊電子材料の原料となるスーパーケミエルをナタリア国へ販売するため、同国の代理業者のＡと代理店契約を締結し（契約の準拠法は日本法）、Ａに対し同国でのスーパーケミエルの販売促進活動のほか、国際化学の代理人として同国での売買契約を行う権限を与えているが、Ａがその権限を超えて、ナタリア国に隣接するカトリア国において特殊電子材料を製造するＰ社と契約を締結したことから、Ｓ国の別の代理店からクレームを受けている。国際化学は、Ａが権限なくＰ社と締結した売買契約の効力は自社には及ばないと主張している。この問題は、どの国の法によって判断されるか。

代理とは、第三者である代理人が本人に代わって法律行為をし、その効果を本人に帰属させる制度である。通則法は代理に関し明文の規定を置いていない。

代理による法律行為が認められるか否か（**代理の許容性**）は、代理される法律行為の性質に関する問題であるので、法律行為の準拠法によることになる。

たとえば、売買契約において代理が認められるか否かは売買契約の準拠法によることになる。通常、代理による売買契約を禁じる法律はないと考えられるが、身分関係、たとえば、婚姻の場合、その性質上、代理の許容性が問題となるが、婚姻の代理が認められるか否かは、婚姻の準拠法によることになる。

代理は、代理人と相手方との関係（**代理行為**）、本人と代理人との関係（**代理関係**）、本人と相手方との関係（**代理の効果**）の３つの法律関係から成る。

まず、代理行為、すなわち、代理行為の成立、効力の問題は、代理の許容性と同様に、代理される法律行為の準拠法によることになる。

第2に、代理関係、すなわち、代理権の存否や範囲という本人と代理人との内部関係の問題は、任意代理と法定代理とに分けて考える必要がある。

前者は、本人の意思によって生じる代理であり、代理権の授権行為の準拠法によることになる。したがって、授権行為が委任契約によって行われる場合、委任契約の準拠法となる。

後者、すなわち、法律に基づき直接代理権が発生する法定代理については、その発生原因となる法律関係の準拠法によることになる。たとえば、未成年者に対する親権者の法定代理権は、親子間の法律関係の準拠法を定めた通則法32条によることになる。

他方、代理の効果、すなわち、相手方と本人との関係、すなわち、代理人が相手方と締結した契約の効果が本人に帰属するか否かという問題については、任意代理の場合、本人保護と取引安全のいずれを重視するかにより見解が多岐に分かれているが、有力な見解として、授権行為の準拠法によるが、これにより代理権が認められない場合であっても、取引安全のため通則法4条2項を類推適用し、代理行為地法によって代理権が認められるときは、代理人の行為の効果が本人に生じるとするものがある。

したがって、たとえば、上記の例では、AがP社と締結した売買契約の効力が国際化学に及ぶか否かについては、授権行為が代理店契約によって行われており、その準拠法である日本法により表見代理（民法110条）が認められない場合であっても、代理行為地法であるカトリア国法上、表見代理が認められるときは、契約の効力は国際化学に及ぶことになる。

これに対し、法定代理に関しては、通常、相手方の予見可能性もあり、本人と代理人との内部関係のみならず、相手方と本人との関係つまり、代理の効果も法定代理権を発生させた法律関係の準拠法となる。

10. 不法行為

ある事実の発生を原因として法律上当然に生じる債権（**法定債権**）として、不法行為、不当利得、事務管理がある。通則法は、そのうち、他人の権利を侵害する違法な行為である不法行為については、17条に規定するほか、生産物責任および名誉・信用毀損については、18条、19条に特則を置いている。

(1)　一般の不法行為

まず、一般の不法行為については、17条が次のように定める。

> (不法行為)
> **第17条**　不法行為によって生ずる債権の成立及び効力は、加害行為の結果が発生した地の法による。ただし、その地における結果の発生が通常予見することのできないものであったときは、加害行為が行われた地の法による。

17条は、原則として、加害行為が行われた地（**加害行為地法**）ではなく、その結果が発生した地（**結果発生地法**）によるとし、その地における結果の発生が通常予見することができないものであったときは、加害行為地法によるとする。

加害行為地と結果発生地とは多くの場合、一致するが、両者が異なる**隔地的不法行為**については、被害者保護の観点から、結果発生地法の適用を原則とするが、加害者の予見可能性を考慮し、予見可能性がない場合には、加害行為地法を適用するとし、両者の利害を調整している。たとえば、ナタリア国にあるサミエル社の化学工場から排出された廃液がナタリア国に隣接するカトリア国において住民に健康被害を引き起こした場合、不法行為に関する加害行為地（ナタリア国）と結果発生地（カトリア国）とが異なる法域にあり、隔地的不法行為となる。

結果発生地とは、加害行為によって直接権利が侵害された地をいい、**派生的・二次的損害**は含まれないと解されている。したがって、たとえば、タイを旅行中交通事故に遭い、人身傷害が生じ、日本に帰国後に治療費の支出や休業による給与の損失など**財産的損害**が生じた場合であっても、これらは派生的・二次的損害であり、結果発生地は日本ではなくタイとなる。

人や物に対する**物理的侵害**の場合、その人や物の所在地が結果発生地となるが、精神的損害や特許権など無体財産権に対する侵害の場合には、画一的に定めることは困難であり、侵害された法益の種類、性質等を考慮して、決定することになる。特許権など登録によって与えられる権利侵害については、その登録国が結果発生地と考えられる。

17条ただし書により、結果発生地における結果発生が「通常予見することのできないもの」であったときは、加害行為地法となるが、通常予見することができるか否かは、結果の発生そのものではなく、結果が発生するとした場合、その地を予見し得たか否かを問題とする。

たとえば、日本の国際化学がナタリア国のサミエル社に引き渡した特殊電子材料の原料が危険物であり、その運搬に用いられた容器の不具合によりサミエル社の工場で漏えい、爆発し、偶々サミエル社の工場敷地内で清掃作業を行っていたAが傷害を受けた場合、国際化学はAの人身損害を予見することができなかったとしても、ナタリア国での結果発生の予見可能性は肯定される。

これに対し、危険物の運搬を担当した運送業者が誤ってナタリア国ではなくC国にあるサミエル社の工場に運搬し、そこで爆発事故が発生し損害が発生した場合には、国際化学はC国での結果発生を予見できず、17条ただし書によって、加害行為地法である日本法が準拠法となる。

また、予見可能性は、加害者の主観的事情を考慮するのではなく、加害者と同一の状況にある一般人を基準に客観的に判断することになるとされる。したがって、加害者が偶々結果の発生を予見していたとしても、加害者の立場にある一般人が予見することができないと判断される場合には、予見可能性は否定されると考えられる。

不法行為の準拠法は、故意、過失、違法性、因果関係等の成立の問題および損害賠償の範囲、金額等効力の問題を規律することになる。

(2) 生産物責任

サミエル社は、ナタリア国で家庭用の特殊洗剤サミエルポリッシュを製造、販売しているが、日本に住むＡがナタリア国に隣接するカトリア国のネット販売業者が開設する家庭用製品を販売するウェブサイトからサミエルポリッシュを購入し、郵送によりこれを受け取り、使用したところ、深刻な皮膚障害が生じ、通院して治療を受けている。Ａはサミエル社に対し治療費、通院交通費等の損害賠償を請求する場合、この請求の当否は、どの国の法によって判断されるのか。

生産物責任は、たとえば、輸入された外車の欠陥によりわが国で事故が発生した場合に問題となる。この生産物責任の準拠法については、17条の特則として18条が次のように定める。

（生産物責任の特例）
第18条　前条の規定にかかわらず、生産物（生産され又は加工された物をいう。以下この条において同じ。）で引渡しがされたものの瑕疵により他人の生命、身体又は財産を侵害する不法行為によって生ずる生産業者（生産物を業として生産し、加工し、輸入し、輸出し、流通させ、又は販売した者をいう。以下この条において同じ。）又は生産物にその生産業者と認めることができる表示をした者（以下この条において「生産業者等」と総称する。）に対する債権の成立及び効力は、被害者が生産物の引渡しを受けた地の法による。ただし、その地における生産物の引渡しが通常予見することのできないものであったときは、生産業者等の主たる事業所の所在地の法（生産業者等が事業所を有しない場合にあっては、その常居所地法）による。

この18条が定める「生産物」は、国際私法上の概念であり、わが国の製造物責任法が定める「製造物」より広い概念である。すなわち、製造または加工された動産のみならず、未加工の農産物や建築物も含まれる。また、製造物責任法では、製造、加工または輸入した者が製造業者となるのに対し、生産、加工、輸入した者以外に、輸出し、流通させ、または販売した者が生産業者となる。

通則法17条の規定によれば、生産物責任についても、結果発生地法または加害行為地法によることになるが、生産物責任の場合、生産物が転々と流通し結果発生地は偶発的となり、生産者の予見可能性という点から結果発生地法の適用は必ずしも妥当しない。また、加害行為地法についても、加害行為地が生産地か、生産業者の本拠地か、その特定に困難が生じ、また生産物が生産された地が被害者にとって予測できない偶発的な地となるおそれもあり、必ずしも妥当するわけではない。

そこで、通則法は、原則として、被害者が生産物の引渡しを受けた地の法（**生産物引渡地法**）によるとし、その地における引渡しが通常予見することのできないものであったときは、生産業者等の主たる事業所の所在地の法（生産事業者等が事業所を有しない場合、その常居所地法）によるとした。

この場合も、予見可能性の判断は、17条ただし書が適用される場合と同様に、一般人を基準とした客観的な判断によることになると考えられる。

したがって、上記のAによるサミエル社に対する損害賠償請求については、Aがサミエルポリッシュを郵送により受け取った地が引渡地となり、サミエル社がその生産物であるサミエルポリッシュの日本での引渡しが通常予見することができたか否かが問題となるが、サミエルポリッシュが日本に輸入され流通し、日本も市場の１つである場合には、サミエル社は、日本でのサミエルポリッシュの引渡しを予見することができたと考えられ、日本法が適用されることになる。

また、被害者が生産物を直接に取得した者以外の者（**バイスタンダー（bystander）**）である場合、バイスタンダーは、「生産物の引渡しを受けた」被害者ではなく、原則として18条の適用は否定され、17条によることになると解されている。

(3) 名誉・信用毀損

名誉・信用毀損は、加害者から発信された情報がインターネットなどを通じて世界各地に伝達される場合があり、その場合、各国で同時に結果が生じそれぞれの法を適用して判断するという解釈もあり得るが、処理が複雑となり妥当ではない。

通則法19条は、単一の準拠法によるとし、被害者保護に資すること、加害者にとっても準拠法の予見が可能であること、通常、被害者の常居所において重大な損害が発生すると考えられることなどから、連結点として被害者の常居所を選択した。すなわち、「第17条の規定にかかわらず、他人の名誉又は信用を毀損する不法行為によって生ずる債権の成立及び効力は、被害者の常居所地法（被害者が法人その他の社団又は財団である場合にあっては、その主たる事業所の所在地の法）による」と規定し、被害者の常居所地法またはその主たる事業所の所在地の法によるとする。

(4) 例外条項

上記の一般の不法行為、生産物責任および名誉・信用毀損の準拠法の決定ルールに対し通則法は、以下の例外を定める。これは、個別具体的事案によっては、不法行為がこれらの規定によって定まる準拠法の属する地よりも密接に関係を有する地があり、その地の法を適用することが適切な場合があるため、不法行為に関する例外規定を設けたものである。

（明らかにより密接な関係がある地がある場合の例外）
第20条　前3条の規定にかかわらず、不法行為によって生ずる債権の成立及び効力は、不法行為の当時において当事者が法を同じくする地に常居所を有していたこと、当事者間の契約に基づく義務に違反して不法行為が行われたことその他の事情に照らして、明らかに前三条の規定により適用すべき法の属する地よりも密接な関係がある他の地があるときは、当該他の地の法による。

たとえば、日本に住む日本人同士が同じ旅行ツアーでスイスに行き、現地のスキー場で衝突事故を起こした場合、当事者にとって、結果発生地であるスイスよりも社会生活の基盤である日本の方が明らかに密接な関係がある地となると考えられる。また、「常居所」という概念は自然人についてのみ用いられる概念であることから、不法行為の当事者が法人その他の社団または財団である場合には、当事者間に同一の常居所地はないことになるが、その場合には、法人等の事業所の所在地を考慮することになる。

また、たとえば、運送契約に基づく運送中の事故の場合、契約責任と不法行為責任との２つが請求権となりうる。この場合、契約に基づく請求権と不法行為に基づく請求権についてそれぞれ準拠法が決定されるが、両者の準拠法が異なる場合、両請求権の関係が複雑となるが、この例外規定により、契約の準拠法の所属国が明らかにより密接な関係がある地の法として、契約の準拠法による統一的な処理を図ることが可能となる。また、契約の準拠法を適用することが当事者の合理的な期待に適うことになると考えられる。もっとも、これら２つは例示であって、これらの例示に該当する事情が認められる場合であっても、常に本条の規定が適用されるわけではなく、また、これらの事情が認められない場合であっても、より密接に関係する他の地があると認められることがある。

⑸ 当事者による事後的変更

通則法は、契約の準拠法と同様に当事者自治を認め、当事者による準拠法の事後的変更を許容している。すなわち、21条は「不法行為の当事者は、不法行為の後において、不法行為によって生ずる債権の成立及び効力について適用すべき法を変更することができる。ただし、第三者の権利を害することとなるときは、その変更をその第三者に対抗することができない」と規定する。第三者との関係では、たとえば、責任保険を引き受けている保険会社の権利を害することになる場合、その変更を保険会社に対し対抗することはできない。

⑹ 日本法の累積適用

（不法行為についての公序による制限）

第22条　不法行為について外国法によるべき場合において、当該外国法を適用すべき事実が日本法によれば不法とならないときは、当該外国法に基づく損害賠償その他の処分の請求は、することができない。

２　不法行為について外国法によるべき場合において、当該外国法を適用すべき事実が当該外国法及び日本法により不法となるときであっても、被害者は、日本法により認められる損害賠償その他の処分でなければ請求することができない。

１項により、日本法が定める不法行為の成立要件を充足しない場合、不法行為に基づく請求は認められない。また、２項により、日本法上も不法行為とされる場合であっても、被害者の請求は、日本法上認められる範囲に限定される。

このように、不法行為の成立、効力については、17条以下の規定により準拠法となる法に加え日本法が累積適用され、両方の法が認める場合に限り、不法行為が成立し、その効力も認められる。これは、不法行為が公序に係わる問題であり、従来から、不法行為の準拠法については、法廷地法によるとする考え方があることによるとされる。

11．事務管理・不当利得

事務管理とは、法律上の義務なくして他人のために事務を行うことをいう。また、不当利得とは、法律上の原因なくして他人の損失において利益を受けることをいう。通則法は、事務管理および不当利得の準拠法について、14条で次のように定める。

（事務管理及び不当利得）
第14条　事務管理又は不当利得によって生ずる債権の成立及び効力は、その原因となる事実が発生した地の法による。

通則法は、事務管理および不当利得の準拠法について、不法行為の準拠法と同様に、その原因となる事実が発生した地の法によるとする。事務管理、不当利得は、正義、公平に基づく公益を目的とする制度であり、**原因事実発生地法**によるとするものである。

もっとも、不法行為と同様に、通則法15条は、明らかにより密接な関係がある地がある場合の例外を次のように定める。

（明らかにより密接な関係がある地がある場合の例外）

第15条　前条の規定にかかわらず、事務管理又は不当利得によって生ずる債権の成立及び効力は、その原因となる事実が発生した当時において当事者が法を同じくする地に常居所を有していたこと、当事者間の契約に関連して事務管理が行われ又は不当利得が生じたことその他の事情に照らして、明らかに同条の規定により適用すべき法の属する地よりも密接な関係がある他の地があるときは、当該他の地の法による。

したがって、日本に住む日本人同士が同じ旅行ツアーでオーストラリアに行き、現地の海で溺れかかった相手を救護した場合、この事務管理の原因事実発生地であるオーストラリアよりも日本の方が明らかに密接な関係がある地となると考えられる。

また、委任契約の受任者が委任の範囲を超えて義務なく委任者のために事務をした場合、事務管理を行った地の法よりも、委任契約の準拠法の法が明らかに密接な関係がある地の法となると考えられる。

不当利得の場合も同様に、利得者と損失者の共通の常居所地法への連結、契約解除等による既履行債務が不当利得となる場合の契約準拠法への連結の可能性が認められている。

また、不法行為と同様に、当事者による準拠法の変更についても、通則法16条は、「事務管理又は不当利得の当事者は、その原因となる事実が発生した後において、事務管理又は不当利得によって生ずる債権の成立及び効力について適用すべき法を変更することができる。ただし、第三者の権利を害することとなるときは、その変更をその第三者に対抗することができない。」と定め、これを許容する。

12. 債権譲渡その他

(1) 債 権 譲 渡

債権の譲渡人と譲受人の間の法律行為による債権の移転である債権譲渡について、まず、債権譲渡の成立および譲渡人と譲受人の間の効力の準拠法が問題となる。通説は、債権譲渡を準物権的行為と捉え、売買、贈与等その原因行為については原因行為の準拠法によるが、債権譲渡自体は、譲渡対象債権の準拠法によるとし、判例もこの見解に立つものがあるが（東京地判昭42・７・11判タ210号206頁)、両者を１つの準拠法に従わせる方が簡明な処理ができるなどの理由から債権譲渡の契約の準拠法によるとする見解もある。

債務者その他第三者に対する効力については、通則法23条が譲渡の対象となる債権の準拠法によると定め、譲受人が債務者に権利を行使し得るか否か、債務者が譲渡人に対抗することができた事由を譲受人に対抗し得るか否か、譲受人が債権譲渡を債務者以外の第三者に対抗し得るにはいかなる対抗要件（たとえば、債務者への通知、債務者の承諾、登記・登録）を具備する必要があるかなどの問題が23条により規律される。また、債権の譲渡可能性、譲渡禁止特約の効力も、譲渡の対象となる債権の効力の問題であるから、譲渡対象債権の準拠法によることになる。これに対し、譲渡の対象となる債権に付随する担保物権、保証債権が債権譲渡によって移転するか否かという問題については、通説は、譲渡対象債権と付随的権利の準拠法の両者により移転が認められなければ、移転は生じないとする。

⑵　相　　殺

相殺の準拠法については、通則法に規定はなく、解釈に委ねられている。従来の通説は、相殺が２つの債権の消滅の問題であることから、自働債権の準拠法と受働債権の準拠法を累積的に適用し、両準拠法上相殺が認められる場合にのみ相殺の成立を認めるという立場を採るが、最近の有力説は、相殺は反対債権（自働債権）を用いた弁済であり、また多くの場合、自働債権はその債務者の経済状況の悪化により価値が低下しており、経済的価値のある受働債権に法律関係の重心があることなどを根拠に専ら受働債権の準拠法によるべきであるという。

⑶　債権者代位権・詐害行為取消権

債権者代位権とは、債権者が自己の債権を保全するために、債務者に代わって債務者の権利を代位行使することをいう。債権者代位権を訴訟法上の権利とみて法廷地法によるという見解もあるが（この見解に従った判例として、東京地判昭37・7・20下民集13巻7号1482頁がある）、通説は、債権者代位権を実体法上の権利と見た上で、債権者代位権の成立、効力等については、債権者の有する債権（被保全債権）の対外的効力という問題と、代位行使の対象となる権利の問題という2つの側面を考慮して、債権者が有する債権の準拠法と代位行使の対象となる債権の準拠法とを累積的に適用するという考え方を採る。この見解に対しては、詐害行為取消権（債権者取消権）の場合と比べ、第三者の利益保護を図る必要性はそれほど高くないとして、債権者の有する債権の準拠法のみによるという見解や、不良化している被保全債権よりも健全な債権である代位行使の対象となる債権の法を重視すべきであり、代位対象債権の準拠法によるべきであるという見解がある。

また、債権者が自己の債権を保全するために、債務者が債権者を害することを知ってした財産処分行為を取り消す詐害行為取消権については、通説は、債権者が有する債権の対外的効力という問題であると同時に、債務者と第三者との間の法律行為が債権者により詐害行為として取り消されることから、第三者の利益をも考慮する必要があるとして、債権者の債権の準拠法と取消しの対象となる法律行為の準拠法を累積的に適用すべきであるとするが、手続の問題と性質決定した上で、法廷地法によるという見解、詐害行為の対象となった財産の帰属がここでの問題の中心であり、債務者が処分の対象とした権利の準拠法によるという見解もある。この通説の見解に立つ裁判例として東京地判平27・3・31判例集未登載（LEX/DB25525135）がある。

(4) 債　権　質

債権を目的とする質権（債権者がその債権の担保として債務者または第三者（物上保証人）から受け取った物を債務の弁済があるまで留置し、弁済のない場合にはその物から優先弁済を受けることのできる担保物権を質権という（民法342条参照）。また、所有権以外の譲渡可能な財産権を目的とする質権を**権利質**といい、**債権質**はその一種）である債権質の準拠法については、判例は、「わが法例10条1項は、動産及び不動産に関する物権その他登記すべき権利はその目的物の所在地法によるものと定めているが、これは物権ように物の排他的な支配を目的とする権利においては、その権利関係が目的物の利害と密接な関係を有することによるものと解されるところ、権利質は物権に属するが、その目的物が財産権そのものであって有体物でないため、直接その目的物の所在を問うことが不可能であり、反面、権利質はその客体たる権利を支配し、その運命に直接影響を与えるものであるから、これに適用すべき法律は、客体たる債権自体準拠法によるものと解するのが相当である」とする（最判昭53・4・20日民集 32巻３号616頁）。

これに対し、債権の譲受人と質権者の間の優先劣後関係については、同一の準拠法によって判断されるべきであるとし、債権質の第三者に対する効力については、通則法23条によるべきであるという見解が主張されているが、その場合であっても、債権質の客体である債権の準拠法によることになり、結論において判例の立場と異ならない。

13. 物権・知的財産権

(1) 物　　権

動産、不動産に関する物権およびその他の登記すべき権利の準拠法については、通則法13条が以下のように定める。

（物権及びその他の登記をすべき権利）
第13条　動産又は不動産に関する物権及びその他の登記をすべき権利は、その目的物の所在地法による。
２　前項の規定にかかわらず、同項に規定する権利の得喪は、その原因となる事実が完成した当時におけるその目的物の所在地法による。

物権の準拠法については、動産、不動産を区別することなく、目的物所在地法とする立場（**同則主義**）と、両者を区別し、動産については所有者の住所地法、不動産については目的物所在地法とする立場（**異則主義**）とがあるが、通則法は前者の立場を採用する。

１項は、動産、不動産に関する物権の種類、内容、効力の問題を規律する。「その他の登記をすべき権利」には、たとえば、不動産賃借権（民法605条）が挙げられる。

通則法は、目的物所在地法によるとするが、これは、物を直接に支配する権利という物権の性質や物権の所在地の公益と密接に関係することなどを理由とする。しかし、不動産の場合は、所在地の特定に問題が生じないが、動産の場合には、原則として登録制度はなく、その移動の可能性から、所在地の特定が問題となる。

運送中の物については、目的物との密接関連性から、その現実の所在地ではなく、仕向地によるとするのが通説の立場であるとされる。船舶、航空機、自動車などの輸送機については、現実の目的物所在地は偶然に左右されるので、その登録地を所在地と解すべきであるとされる。

物権変動に関しては、売買や贈与など法律行為による変動と法律行為以外の事実、たとえば、無主物先占（所有者のない動産は、所有の意思をもって占有することによって、その所有権を取得する（民法239条１項））や遺失物拾得（遺失物は、遺失物法の定めるところに従い公告をした後３か月以内にその所有者が判明しないときは、これを拾得した者がその所有権を取得する（同240条））による場合があるが、その原因となる事実が完成した当時の目的物所在地法による（２項）。

したがって、法律行為による物権変動に関しては、物権変動の原因となる意思表示や引渡しなどの行為が行われた当時における目的物の所在地法を適用して物権変動が生じたか否かを判断することになる。たとえば、動産の売買契約において、契約締結時、目的物がＡ国にあったが、その後、Ｂ国に移動した場合、Ａ国法が、売買契約に基づき所有権が移転すると定めているときは、所有権は移転することになる。

なお、物権変動に関し、その目的物の売買契約の有効性の問題は、通則法７条により定まる準拠法により判断されることになる。

⑵　知的財産権

特許権や著作権などの知的財産権に関しては、一般に、**属地主義**が妥当し、知的財産権の成立、効力等は、各国の法律によって定められ、その効力は当該国の領域内においてのみ認められるとされる（カードリーダー事件最高裁判決（最判平14・9・26民集56巻7号1551頁））。この属地主義を前提に、大別して、各国の知的財産権法がその国の産業政策の下知的財産権を保護することから属地的に適用されるという立場と、国際私法が定める法選択規則により準拠法が決定されるという立場とに分かれている。後者の立場は、知的財産権の準拠法は、**保護国法**によるとし、保護国法は、特許権など登録により生じる権利については登録国法、登録を要しない著作権については、一般的に、著作権の利用行為が行われた地、あるいは、侵害行為が行われた地の法であるとされる。

著作権に関しては、著作物の国際的な保護を目的とする1886年の**文学的及び美術的著作物の保護に関するベルヌ条約**5条2項第3文が、著作権の「保護の範囲及び著作者の権利を保全するため著作者に保障される救済の方法は、この条約の規定によるほか、専ら、保護が要求される同盟国の法令の定めるところによる」と定め、この規定は、保護国法を適用すべき旨を定めたものと解する見解があり、ベルヌ条約が適用されない場合にも、保護国法が適用されるべきであるとする。もっとも、知的財産権の移転に関する問題は保護国法によるが、知的財産権の譲渡、実施契約の成立、効力の問題については、債権行為として7条以下により準拠法が決定される。

判例は、特許権の効力について、上記最判平14・9・26民集56巻7号1551頁が、**条理**（**法の欠缺**（適用すべき法がない）がある場合、具体的事件の事案に即した妥当な解決を導くルールであり、明治8年（1875年）太政官布告第103号（裁判事務心得）3条の「民事ノ裁判ニ成文ノ法律ナキモノハ習慣ニ依リ習慣ナキモノハ条理ヲ推考シテ裁判スヘシ」という規定に由来する）により、特許権と最密接関係地国である登録国の法によるとし、特許権侵害を理由とする損害賠償請求については、特許権特有の問題ではなく、財産権の侵害に対する民事上の救済の一環にほかならず、法律関係の性質は不法行為であり、不法行為の準拠法によるとした。著作権侵害については、損害賠償請求を不法行為と性質決定し、差止請求については、ベルヌ条約5条2項により、保護国法を準拠法とするものがある（東京地判平19・12・14判例集未登載（2007WLJPCA12149002））。また、著作権の譲渡について、その原因関係である契約などの債権行為と著作権の変動とを区別し、後者、すなわち、著作権という物権類似の支配関係の変動については、物権の得喪について所在地法が適用されるのと同様に、保護国法によるとするものがある（東京高判平13・5・30判時1797号111頁、東京高判平15・5・28判時1831号135頁）。

また、職務発明に関し特許法35条は、職務発明について従業者等が有する特許権について使用者等が通常実施権を有する旨を定めるほか、職務発明について特許を受ける権利の使用者への譲渡等を契約等で定めた場合、相当の対価の支払いを受ける権利を従業者等に認めているが、この特許法35条が外国特許、外国特許を受ける権利についても適用の対象としているか否かという問題がある。

特許法35条が絶対的強行法規であると解すると、適用範囲はこの規定の目的、趣旨から決することになるが、その場合、わが国の特許権に関する規定であると解するときは、外国の特許は適用から外れることになる。これに対し、わが国の労働者を保護する規定であると解するときは、外国の特許についても適用されることになる。

判例は、この問題は譲渡契約の準拠法により判断するとした上で、準拠法を日本法と決定し、特許法35条3項にいう「特許を受ける権利」に外国の特許を受ける権利が含まれると解することは文理上困難であり、これを直接適用することはできないとしながらも、規定の趣旨等から同条3項および4項の類推適用を認め、「外国の特許を受ける権利の譲渡についても、同条3項に基づく同条4項所定の基準に従って定められる相当の対価の支払を請求することができる」と判示している（最判平18・10・17民集60巻8号2853頁）。

14. 国際私法上の公序

(1) 公序則とは何か

準拠法が決定されても、その決定された外国法の適用がわが国の公序良俗に反する場合には、その適用は否定される。通則法は42条で、「外国法によるべき場合において、その規定の適用が公の秩序又は善良の風俗に反するときは、これを適用しない」と規定する。

この国際私法上の公序は、準拠法である外国法を適用した場合、わが国の基本的法秩序を破壊するような異常な結果を生じることを排除することを目的とする。この通則法42条の規定は、**公序則**と呼ばれている。公序則は、外国法の規定そのものを問題とするものではない。外国法は、その外国国家の主権行使の結果であり、その内容に干渉することはできない。なお、「公の秩序」とは、国家社会の一般的利益を意味し、他方、「善良の風俗」とは、社会の一般的道徳概念を意味するが、両者の区別は明瞭でなく、一般に、「公序良俗」は、「公序」と略して用いられている。

ここでの問題は、「外国法を適用した結果」わが国の法秩序の根幹を害することになるか否かである。たとえば、Ａ国法が10歳を婚姻適齢と定め、20歳のＡ国人の男女が婚姻する場合、通則法24条１項によりＡ国法を適用して婚姻の成立を認めても、この適用の結果がわが国の公序に反することにはならない。

この公序則を発動するか否かを判断するに当たって考慮すべき要素には、**適用結果の異常性**と**事案の内国関連性**との２つがある。公序則の発動は、両者の相関関係によって決せられる。

たとえば、多くのイスラム法国では、一夫多妻制が認められているが、その外国法上有効な一夫多妻の婚姻生活をわが国で行うことは、わが国の社会生活の秩序を害することになるので、これは公序に反し認められない。これに対し、本国において一夫多妻婚を行い、その男性がわが国で死亡し、第２、第３の婚姻から生じた子供が嫡出子として父の財産の相続を主張する場合には、一夫多妻婚の有効性そのものが直接問題とはならず、その本国法を適用して子を嫡出子と認めることは差し支えない。この場合には、一夫多妻の婚姻生活がわが国で行われておらず、内国関連性は弱くなり、わが国の公序に反することにはならない。

適用結果の異常性と事案の内国関連性は、それぞれ独立した要件ではない。異常性が低くても、内国関連性が強ければ公序に反する可能性は高くなる。逆に、異常性が高ければ、内国関連性が弱くても公序に反する可能性は高くなる。もっとも、異常性が一定の限度を超えた場合には、内国関連性の度合いに関係なく、公序に反することになると考えられる。

⑵ 国際私法上の公序と国内実質法上の公序

この通則法42条の公序良俗は、わが国の民法90条の公序良俗とは違う。

民法90条は、**実質法上の公序**であり、一般的に、強行規定に反するときは、公序違反となり、公序に反する契約は日本法上無効となる。これに対し、通則法42条は、**国際私法上の公序**であり、準拠外国法がわが国の強行規定に反しても、それだけで公序違反とはならず、準拠外国法の適用の結果、わが国の基本的法秩序が害される場合、その適用を排除して、わが国の基本的法秩序を保護するためのものであり、国内実質法上の公序よりその範囲が狭い。また、国内実質法上の公序は、法律行為だけを対象とするのに対し、国際私法上の公序は、法律行為だけでなく私法上の法律関係一般を対象とする。

したがって、国際化学とサミエル社との契約の準拠法がナタリア国法である場合、契約がナタリア国の実質法上の公序に反しないか否か、また、ナタリア国法の適用結果が通則法42条の国際私法上の公序に反しないか否かが問題となる。

⑶ 外国法の適用を排除した結果適用される法

この問題についての従来の通説は、公序が内国法秩序を維持することであるから、公序則により外国法の適用が排除された場合、内国法の規定が適用されるとする。これは**内国法適用説**と呼ばれる。判例もこの立場に立つ（最判昭52・3・31民集 31巻2号365頁）。

これに対し、公序則を発動した段階で既に外国法の適用を排除して適用すべき内国公序があったはずであり、その規範によるべきであり、適用法の問題は生じないとする立場がある。これは**欠缺否認説**と呼ばれる。公序則の考え方からは、欠缺否認説が優れているが、公序規範を具体的に確定することが困難な場合が生じるとの問題が指摘されている。

(4) 裁　判　例

公序の適用が争われた裁判例は、家族法分野に多い。たとえば、日本人妻からエジプト人夫に対する婚姻無効確認等請求事件において、イスラム教徒に対し異教徒間の婚姻を禁止するエジプト法を準拠法として適用することは、わが国の公序に反するとして、エジプト法の適用を排除した東京地判平3・3・29家月 45巻3号67頁や、親権は常に子の父が有し、子の親権者を母に変更することを認めないイラン法の適用が公序に反するとした東京家審平22・7・15家月 63巻5号58頁がある。

これに対し、財産法分野の裁判例は多くないが、たとえば、ラスベガスのカジノ経営者が日本人を信用により賭博に参加させ、その後、日本人に対する賭金債権を日本で回収した事件において、日本人とカジノ経営者との間の賭博契約を有効とするネバダ州法の適用が公序に反しないとした東京地判平5・1・29判時1444号41頁がある。また、米国特許権法を適用して米国特許権の侵害を積極的に誘導するわが国での行為の差止めまたはわが国にある侵害品の廃棄を命じることが公序に反するとした最判平14・9・26民集 56巻7号1551頁がある。

15. 外国法の適用

(1) 外国法を適用する場合の問題

日本法が適用される国内事件の訴訟手続では、裁判所は証拠調べにより当事者間で争われている事実を認定し、その事実に法を適用して判決を下す。法の適用に関しては、当事者の主張、立証に関係なく、裁判所が職権で適用すべき法の内容を調査し、解釈、適用して判決をすることになる。

これに対し国際事件では、法律関係に適用される法、つまり準拠法の決定が必要となる。準拠法は国際私法によって決定されるが、その結果、準拠法が外国法と決定された場合、日本法とは違い、その内容が必ずしも明らかでない。

わが国の裁判官は、日本法に精通しているが、外国法について、通常その内容を知らない。その場合、準拠法が日本法であるときと同様に、裁判官は、自らの責任で、準拠法を決定し、その決定した外国法を調査し、解釈、適用しなければならないのか。これは、国際私法による準拠法の決定という問題ではないが、外国法の適用に関する問題として重要である。

⑵ 外国法の性質―事実か法か

準拠法に指定された外国法の性質について、外国法を「事実」と扱う立場と「法律」と扱う立場とがある。前者が、**外国法事実説**と呼ばれるのに対し、後者は、**外国法法律説**と呼ばれる。前者によれば、外国法は事実であるから、当事者の主張、立証がない限り、裁判所はこれを適用しないことになる。これに対し、後者は、外国法は法律であるから、日本法の場合と同様に、裁判所が職権で、準拠法を決定し、その決定した外国法を調査し、解釈、適用しなければならない。

⑶ 外国法の内容の確定

準拠外国法も、強行法規である国際私法がその適用を命じており、裁判規範として内国法と同様に適用されなければならない。したがって、外国法法律説が妥当すると考えられる。通説はこの見解に立つ。この見解によれば、裁判所は、当事者の援用がなくても国際私法により準拠法を確定し、その確定した準拠法である外国法の内容を判例、文献等を通じて調査し、それを解釈、適用することになる。

しかし、このような調査にも限界があり、現実の実務においては、当事者が、その外国法に精通している学者、弁護士などの法律専門家に鑑定意見書を依頼し、これを裁判所に証拠（書証）として提出し、証明に努めている。

⑷ 外国法の不明

また、裁判所が相当な努力をしても外国法の内容が不明である場合、どのように処理すべきかが問題となる。この問題に対し、類似の法体系に属する法から最も近似していると考えられ法によるとする近似法説、法廷地法である日本法によるとする内国法適用説、条理説などがある。

条理説が通説であるが（この説に立つ最近の裁判例として、東京地判平27・12・28判例集未登載（2015WLJPCA12288002））、条理の内容が不明確であり、法的安定性を欠くことから、近似法説が近年、有力であるとされる。

(5)　外国法の適用違背と上告

裁判官に外国法の解釈、適用に誤りがあった場合、最高裁判所に上告することができるのか。すなわち、民事訴訟法は、上告受理の申立てに関する318条１項で、「上告をすべき裁判所が最高裁判所である場合には、最高裁判所は、……法令の解釈に関する重要な事項を含むものと認められる事件について、申立てにより、決定で、上告審として事件を受理することができる」と規定する。また、325条２項で、最高裁判所は、「判決に影響を及ぼすことが明らかな法令の違反があるとき」は、原判決を破棄すると規定する。外国法がここにいう「法令」に当たるか否かが問題となる。

上告制度の目的は、当事者の権利保護、救済とともに、法令の解釈、適用の統一にあるが、この点に関する通説は、内国法であるか外国法であるかに関係なく、当事者の権利救済が必要であり、また、外国法の適用を誤ることは、外国法の適用を命じる国際私法の適用を誤ることになり、これは「法令」違反に当たるので、上告の理由になるとする。

第2章　国際取引紛争と訴訟

1．国際裁判管轄

サミエル社は、ナタリア国における製品需要の予想外の落込みにより約定の購入数量を引き取らず、国際化学はそれによって被った損害の賠償を求めてサミエル社と交渉をしてきたが、両者の交渉は決裂し、国際化学は東京地方裁判所に対しサミエル社を相手に損害賠償請求訴訟を提起した。これに対しサミエル社は国際裁判管轄がないと主張している。この事件についてわが国の裁判所に国際裁判管轄があるか。

(1)　問題の所在

国際取引紛争を訴訟で解決する場合、どこの国の裁判所で紛争を解決することになるのか。これが国際裁判管轄の問題である。国際的要素のない国内紛争の場合にも、紛争を解決する裁判所が問題となるが、この場合には、日本にあるどの裁判所が紛争を解決することになるのかという問題であり、問題の次元が異なる。外国の裁判所で訴訟手続を行うことは、日本に居住する日本人や日本に本店が所在する日本法人にとって、日本語が使用できないという言語の問題、裁判所に行くための費用、時間の問題、外国人の弁護士を雇わなければならないという問題など不便宜が生じる。このように、日本の裁判所で訴訟を行う場合と比べて極めて不利となり、国際取引紛争の解決にとって国際裁判管轄は、極めて重要な問題となる。

また、国内であれば、管轄のない裁判所に提訴した場合、裁判所が事件を管轄裁判所へ移送することができるが（民訴法16条）、国際間ではこのような移送制度はないので、管轄のない裁判所に提訴した場合、当事者は改めて別の裁判所に提訴することになる。その場合、時効の壁に阻まれて権利の実現が図れないことも生じうる。

以下では、国際裁判管轄がどのように決定されるか、この問題を扱う。

⑵　裁判権と国際裁判管轄

まず、国際法上、国家の裁判所が裁判をする権限である**裁判権**を及ぼすことができる対象の範囲が問題となる。この対象には、事件と被告である当事者の２つがある。前者については、無制限に認められるわけではなく、事件との一定の関連性を必要とする見解もあるが、何らかの関係があれば、国際法上裁判権の行使は正当化されると解されている。

これに対し、後者については、後に取り上げるが、国際法上、外国国家を被告とする訴訟について裁判権を行使することができないという、外国国家に対する**裁判権免除**という原則がある。このように、国際法上国家の裁判権の行使は制限される（これは**裁判権の外在的制約**と呼ばれている）。

国家の裁判所は、この裁判権があることを前提として、その範囲内で裁判権を行使する範囲を自ら制約し（これは**裁判権行使の内在的制約**と呼ばれている）、その範囲内で裁判権を行使することになる。これを国際裁判管轄の決定という。つまり、裁判権を有する場合、次に、その裁判権を行使すべきか否かの決定が問題となる。裁判所は、この管轄が認められる場合に紛争の解決に当たることになる。

⑶　国家主義と普遍主義

この国際裁判管轄を決定する基本的考え方として、**国家主義**と**普遍主義**の２つがある。前者は、自国、自国民の利益を主眼において決定する立場である。たとえば、フランスでは、民法14条により、原告のフランス国籍のみを原因にフランスの裁判所の管轄が認められている（このような被告にとって酷な手続上の理念に反する裁判管轄のことは、**過剰管轄**（exorbitant jurisdiction）と呼ばれている）。

これに対し後者は、国際社会における事件処理を各国の裁判所が合理的に分担するという観点から決定する立場で、わが国の判例・通説の立場である。この普遍主義は「当事者間の公平、裁判の適正・迅速を期する」ことを基本理念とする。

⑷ 法　　源

国内訴訟の場合、日本国内にある裁判所のうちどこに所在する裁判所が紛争の解決に当たるかは、法律に明文の規定が置かれている（民訴法４条以下)。したがって、国内訴訟の場合、法律が規定するルールに従って訴えを提起することになる。

これに対し国際訴訟の場合はどうか。国際裁判管轄に関しても、各国の裁判所が自国のルールを適用して紛争の解決を行うか否かを決めることになる。わが国の場合、これまで法律に明文の規定はなく、学説が諸説により対立する中、判例が国内裁判管轄と関係付けてルールを定立してきたが、2012年４月１日に施行された「民事訴訟法及び民事保全法の一部を改正する法律」(平成23年法律36号）によって、新たに国際裁判管轄に関するルールが民事訴訟法３条の２以下に盛り込まれることになった。

条約レベルでは、たとえば、国際航空運送における航空運送人の責任や損害賠償の範囲等について定めた条約として「国際航空運送についてのある規則の統一に関する条約」(平成15年10月29日条約第６号）通称、モントリオール条約があり、この条約において裁判管轄地が定められている。

この条約は、出発地と到達地が締約国の場合などに適用される（１条２項）が、裁判管轄地は、締約国にある①運送人の住所地、②運送人の主たる営業所の所在地、③運送人が契約を締結した営業所の所在地、④到達地のほか、⑤事故当時旅客が主要かつ恒常的な居住地を有していた締約国の領域(旅客の死亡または傷害のときに限られる。また、運送人は、当該締約国との間で旅客の航空運送を行い、自己等の施設を利用して、当該締約国の領域内で旅客の航空運送業務を遂行している場合でなければならない）となる（33条１項、２項)。

以下では、国際裁判管轄の決定に関する学説、判例およびそれらが依拠した国内裁判管轄のルールを概観し、その上で新しい国際裁判管轄ルールを見ることにする。

(5) 国内裁判管轄

(a) 事物管轄

日本全国には、最高裁判所のほか、高等裁判所が8か所、地方裁判所と家庭裁判所がそれぞれ50か所、簡易裁判所が438か所ある。国内訴訟の場合、訴額が140万円を超えない場合、簡易裁判所が第1審の裁判所となる（裁判所法33条1項）。したがって、訴額が140万円を超える場合には、地方裁判所が第1審の裁判所となる（同24条1号）。この簡易裁判所と地方裁判所との分担に関する定めのことを**事物管轄**という。

たとえば、契約違反による損害の賠償として200万円を相手に請求する場合、訴額は200万円となるので、地方裁判所に事物管轄がある。この4つの裁判所のうち、家庭裁判所は、家庭内の紛争を担当する裁判所である。夫婦関係や親子関係などの紛争が調停によっても解決されている。

(b) 土地管轄

次に、日本国内にある裁判所のうちどこに所在する裁判所が紛争の解決に当たるかが問題となる。この裁判所の地理的分担に関する定めのことを**土地管轄**という。この土地管轄については、民事訴訟法4条以下に規定が置かれている。土地管轄は、これを生じさせる原因となる**裁判籍**によって決まる。

この裁判籍には、事件の種類、内容に関係なく常に認められる**普通裁判籍**（民訴法4条）と、限定された種類、内容の事件について認められる**特別裁判籍**（同5条、6条、6条の2、7条）とがある。

(i) 普通裁判籍

民事訴訟法の定める土地管轄の規定を見ると、まず、普通裁判籍としては、主に次の裁判籍が定められている。

被告が自然人の場合、住所により、日本国内に住所がないときまたは住所が知れないときは居所により、日本国内に居所がないときまたは居所が知れないときは最後の住所によると規定している（4条2項）。これに対して、被告が法人その他の社団または財団の場合には、主たる事務所または営業所により、事務所または営業所がないときは、代表者その他の主たる事務担当者の住所によると規定している（同4項）。外国の社団または財団については、日本における主たる事務所または営業所により、日本国内に事務所または営業所がないときは日本における代表者その他の主たる業務担当者の住所によると規定している（同５項）。

ここにいう住所、居所とは何か。前者の住所は、生活の本拠である場所（民法22条）をいう。後者の居所とは、住所ほど場所との結びつきが密接ではないが、継続して住んでいる場所のことをいう。

この普通裁判籍は、被告の応訴の便宜から、被告の住所地に裁判管轄を認めるという、「**原告は被告の法廷地に従う**」というローマ法以来の法諺に示された原則に基づく。これは、訴訟を提起する場合、被告の負担を考慮して、原告は被告の地に出向いて行うのが公平に合致するという考え方である。

なお、裁判籍は、それを基礎とする土地管轄を示す意味でも使われる。たとえば、東京地方裁判所に普通裁判籍があると使われる。

⒤ **特別裁判籍**

次に、特別裁判籍について見ると、主に次のものが定められている。

財産権上の訴えについては、第１に、当事者の予測可能性・便宜、証拠の所在などを根拠として、義務履行地によることになる（民訴法５条１号）。義務履行地は、当事者間に特約がない限り、持参債務の原則（民法484条、商法516条１項）により、債権者の住所地となる。

この裁判籍によれば、原告となる債権者の住所や営業所の所在地にも原則として管轄が生じるので、４条で普通裁判籍の規定を置いている意味がないとの批判があり、立法論としては、特約に基づく履行地にのみに裁判籍を認めるべきであるとされる。

第２に、日本国内に住所（法人の場合は事務所または営業所）がない者または住所（法人の場合は事務所または営業所）が知れない者に対する財産権上の訴えについては、請求もしくはその担保の目的または差し押さえることができる被告の財産の所在地によることになる（同４号）。これは、判決の執行可能性から被告の財産の所在地を裁判籍とする。

第３に、事務所または営業所を有する者に対する訴えは、その事務所または営業所における業務に関するものについては、当事者間の公平、当事者の予測可能性・便宜などを根拠として、当該事務所または営業所の所在地によると規定している（同５号）。これは、事務所、営業所を開設し、活動している者には、普通裁判籍以外に事務所等を裁判籍の基準とすることが公平に合致するという考え方に基づくものである。

第４に、不法行為に関する訴えについては、不法行為があった地によるとする（同９号）。これは、不法行為に関する証拠資料の収集が容易であることのほか、不法行為により損害を受けた原告がその行為地で提訴できるという原告の利益を考慮したものである。不法行為地には、加害行為地と損害発生地が含まれる。

第５に、不動産に関する訴えについては、登記簿等が所在し、証拠調べが便宜であることなどから、不動産所在地に裁判籍がある（同12号）。以上の管轄は、普通裁判籍と競合して認められる。また、他の事件と無関係に独立して管轄が認められるので、**独立裁判籍**という。

これに対し、当事者の便宜、**訴訟経済**（訴訟を経済的に行い、裁判所、当事者の負担を合理的な範囲におさえる、という民事訴訟法の基本原理の１つ）から、他の事件との関連から管轄が認められる**関連裁判籍**がある。これには請求の客観的併合と請求の主観的併合の２つがある。

前者は、１つの訴えで数個の請求をする場合、どれか１つについて裁判籍があれば、他の管轄がない請求についても管轄が認められる（民訴法７条）。

後者は、訴訟の目的である権利または義務が数人について共通であるとき、または同一の事実および法律上の原因に基づく場合に限り（同７条ただし書）、数人の被告に対する請求を１つの訴えで併合提起することができる。すなわち、数人の被告のうちの１人に対する請求について管轄が認められる場合には、他の被告に対する請求についても管轄が認められる。

また、以上に加え、当事者間の合意によって生じる**合意管轄**（同11条）、被告の応訴によって生じる**応訴管轄**（同12条）がある。また、裁判の適正、迅速という公益的見地から、特定の裁判所にのみ管轄を認める**専属管轄**（会社関係訴訟（会社法835条）、特許権等に関する訴訟（民訴訟６条）など）がある。

⑹ 学　　説

財産関係の事件について、民事訴訟法が規定する国内土地管轄規定が国際裁判管轄も規定しているという見解（**二重機能説**）も少数ながらあったが、学説はほぼ一致してこれを否定し、法の欠缺を条理により補充するという考え方を採ってきた。かつての通説、また判例は、民事訴訟法の土地管轄規定によって日本に裁判籍がある場合には、日本の裁判所が国際裁判管轄を有するという見解（**逆推知説**）に立っていた。つまり国内土地管轄の規定から国際裁判管轄を逆に推知するという考え方である。

しかし、そもそも国内土地管轄規定には、国際裁判管轄として妥当しないものがある。たとえば、民事訴訟法４条２項によれば、人の普通裁判籍は、住所により、日本国内に住所がないときまたは住所が知れないときは居所により、日本国内に居所がないときまたは居所が知れないときは最後の住所によると定めているが、自然人が外国に住所がある場合、居所がわが国にあるからといってわが国に国際裁判管轄を認めることは被告の保護に欠ける。

法人等の団体についても、民事訴訟法４条５項によれば、外国の社団または財団の普通裁判籍は、日本における主たる事務所または営業所により、日本国内に事務所または営業所がないときは日本における代表者その他の主たる業務担当者の住所によると定めているが、外国に主たる事務所、営業所がある場合、日本に事務所、営業所があるからといって常にわが国に国際裁判管轄を認めることは妥当でない。

また、民事訴訟法５条４号は、日本国内に住所（法人の場合は事務所または営業所）がない者または住所が知れない者に対する財産権上の訴えについては、請求もしくはその担保の目的または差し押さえることができる被告の財産の所在地を裁判籍と定めている。この規定によれば、日本国内に住所がない自然人、あるいは日本国内に営業所がない外国法人が、日本国内にわずかの財産を持っているだけで国際裁判管轄が認められることになり、これもまた被告の保護に欠け、妥当でない。

国内訴訟であれば、裁判所は当事者や証人の住所などの事情を考慮して、当事者間の衡平を図るため他の管轄裁判所に訴訟を移送することができる

（民訴法17条）が、国際訴訟では、他の適切な外国の裁判所に訴訟を移送することはできない。

したがって、民事訴訟法が定める国内土地管轄の裁判籍がわが国にある場合に、わが国に国際裁判管轄を認める見解は支持し得ない。

これに対し、当事者間の公平、裁判の適正・迅速を期するという訴訟の基本理念に基づき、国家間で管轄を配分するという見解（**管轄配分説**）が主張された。この考え方によれば、国内土地管轄規定は、適宜修正した上で類推することになり、この考え方から**修正類推説**と呼ばれた。この立場は、国際裁判管轄が広くなり過ぎるという逆推知説の問題点を解決することができるが、国内土地管轄規定をどのように修正するかという点について必ずしも明らかではなかった。

また、個別の事件ごとに当事者の利益や便宜、事件と法廷地との関連性の度合いなどを利益衡量して管轄を決定するという見解（**利益衡量説**）もあったが、個別の事件における予測可能性が問題となった。

(7) 判　　例

国際裁判管轄に関する重要な判例としてマレーシア航空事件の最判昭56・10・16民集35巻７号1224頁がある。この事件の概要は以下のとおりである。

マレーシア航空機が、マレーシア国内でハイジャックされ、墜落し、乗員乗客全員が死亡、その乗客の１人であった日本人遺族Ｘらが、マレーシア航空Ｙを相手取り、名古屋地裁に旅客運送契約の債務不履行を理由として損害賠償請求訴訟を提起し、国際裁判管轄が問題となった。Ｙは東京に営業所があるが、乗客であった日本人乗客はクアラルンプールで航空券を購入し、東京の営業所は本件に直接関係していない。

名古屋地裁は、わが国に国際裁判管轄がないとして訴えを却下した。控訴審である名古屋高裁は、国際裁判管轄を肯定し、第一審判決を取り消した。これに対しＹが上告した。最高裁判所は、次のように判示し、控訴審判決を支持し、上告を棄却した。

思うに、本来国の裁判権はその主権の一作用としてされるものであり、裁判権の及ぶ範囲は原則として主権の及ぶ範囲と同一であるから、被告が外国に本店を有する外国法人である場合はその法人が進んで服する場合のほか日本の裁判権は及ばないのが原則である。しかしながら、その例外として、わが国の領土の一部である土地に関する事件その他被告がわが国となんらかの法的関連を有する事件については、被告の国籍、所在のいかんを問わず、その者をわが国の裁判権に服させるのを相当とする場合のあることをも否定し難いところである。そして、この例外的扱いの範囲については、この点に関する国際裁判管轄を直接規定する法規もなく、また、よるべき条約も一般に承認された明確な国際法上の原則もいまだ確立していない現状のもとにおいては、当事者間の公平、裁判の適正・迅速を期するという理念により条理にしたがって決定するのが相当であり、わが民訴法の国内の土地管轄に関する規定、たとえば、被告の居所（民訴法２条〔現４条２項〕）、法人その他の団体の事務所又は営業所（同４条〔現４条４項、５項〕）、義務履行地（同５条〔現５条１項〕）、被告の財産所在地（同８条〔現５条４号〕）、不法行為地（同15条〔現５条９号〕）、その他民訴法の規定する裁判籍のいずれかがわが国内にあるときは、これらに関する訴訟事件につき、被告をわが国の裁判権に服させるのが右条理に適うものというべきである。

ところで、原審の適法に確定したところによれば、Ｙは、マレーシア連邦会社法に準拠して設立され、同連邦国内に本店を有する会社であるが、Ｅを日本における代表者と定め、東京都港区……に営業所を有するというのであるから、たとえＹが外国に本店を有する外国法人であっても、Ｙをわが国の裁判権に服させるのが相当である。それゆえ、わが国の裁判所が本件の訴につき裁判権を有するとした原審の判断は、正当として是認することができ、原判決に所論の違法はない。

このように判示し、最高裁は、管轄配分説の理念を説きながら、逆推知説により結論を導いた。すなわち、国内土地管轄規定の裁判籍のいずれかが日本国内にある場合は、わが国に国際裁判管轄を認めることが条理に適うとした。裁判所は、法が欠缺している場合、これを補う基準として条理を使うことになるが、当事者間の公平、裁判の適正・迅速を期するという理念による条理の具体的内容が問題となる。

その後下級審裁判所は、この最高裁判決の考え方に従いつつ、国内土地管轄規定に対する例外として、わが国で裁判を行うことが当事者間の公平、裁判の適正・迅速を期するという理念に反する「特段の事情」がある場合には、国際裁判管轄を否定するという運用を行い、この例外的処理は、ファミリー事件（ドイツ車預託金事件）の最判平９・11・11民集51巻10号4055頁によって認められるところとなった。この事件の概要は以下のとおりである。

自動車およびその部品の輸入等を目的とする日本法人Ｘと昭和40年頃からドイツに居住する日本人Ｙとの間で、昭和62年12月１日、欧州各地からの自動車の買付け、預託金の管理、代金の支払い、車両の船積みなどの業務を委託する内容の契約がＹの営業活動の本拠地であるフランクフルト市で締結された。

Ｘは、契約に基づき自動車の買付けのための資金をＹの指定する口座に送金したが、その後次第にＹによる預託金の管理に不信感を募らせ、自動車代金の決済を信用状（一般に、輸出者の取引銀行が一定の要件を備えて輸入者により振り出された手形に対しその支払を約束した書面）によって行うことにし、Ｙに対し預託金の返還を求めた。ところが、Ｙは、これに応じなかったため、Ｘは、預託金返還債務の義務履行地が本店所在地（千葉市）であるとして、この預託金の返還を求めて千葉地方裁判所に提訴した。

これに対し、千葉地裁は、わが国に国際裁判管轄がないとして訴えを却下し、控訴審である東京高裁はこの判決を支持し、控訴を棄却した。これを不服としてＸは上告したが、最高裁判所は、次のように判示して、上告を棄却した。

> 被告が我が国に住所を有しない場合であっても、我が国と法的関連を有する事件について我が国の国際裁判管轄を肯定すべき場合のあることは、否定し得ないところであるが、どのような場合に我が国の国際裁判管轄を肯定すべきかについては、国際的に承認された一般的な準則が存在せず、国際的慣習法の成熟も十分ではないため、当事者間の公平や裁判の適正・迅速の理念により条理に従って決定するのが相当である（最高裁昭和55年(オ)第130号同56年10月16日第二

小法廷判決・民集35巻7号1224頁、最高裁平成5年(オ)第764号同8年6月24日第二小法廷判決・民集50巻7号1451頁参照)。そして、我が国の民訴法の規定する裁判籍のいずれかが我が国内にあるときは、原則として、我が国の裁判所に提起された訴訟事件につき、被告を我が国の裁判権に服させるのが相当であるが、我が国で裁判を行うことが当事者間の公平、裁判の適正・迅速を期するという理念に反する特段の事情があると認められる場合には、我が国の国際裁判管轄を否定すべきである。

これを本件についてみると、Xは、本件契約の効力についての準拠法は日本法であり、本訴請求に係る預託金返還債務の履行地は債権者が住所を有する我が国内にあるとして、義務履行地としての我が国の国際裁判管轄を肯定すべき旨を主張するが、前記事実関係によれば、本件契約は、ドイツ連邦共和国内で締結され、Yに同国内における種々の業務を委託することを目的とするものであり、本件契約において我が国内の地を債務の履行場所とすること又は準拠法を日本法とすることが明示的に合意されていたわけではないから、本件契約上の債務の履行を求める訴えが我が国の裁判所に提起されることは、Yの予測の範囲を超えるものといわざるを得ない。また、Yは、20年以上にわたり、ドイツ連邦共和国内に生活上及び営業上の本拠を置いておりYが同国内の業者から自動車を買い付け、その代金を支払った経緯に関する書類などYの防御のための証拠方法も、同国内に集中している。他方、Xは同国から自動車等を輸入していた業者であるから、同国の裁判所に訴訟を提起させることがXに過大な負担を課することになるともいえない。右の事情を考慮すれば、我が国の裁判所において本件訴訟に応訴することをYに強いることは、当事者間の公平、裁判の適正・迅速を期するという理念に反するものというべきであり、本件契約の効力についての準拠法が日本法であるか否かにかかわらず、本件については、我が国の国際裁判管轄を否定すべき特段の事情があるということができる。

このように最高裁は判示し、国際裁判管轄は、原則として国内土地管轄規定によるとするが、当事者間の公平、裁判の適正・迅速を期するという理念に反する「特段の事情」があると認められる場合には、これを否定するという立場を明らかにした。この見解は、学説上「特段の事情」によって逆推知説に修正を加えるものと評価することができ、**修正逆推知説**と呼ばれた。

(8) 国際裁判管轄ルール

以上の学説、判例に対し、民事訴訟法の改正により新たに定められた国際裁判管轄の管轄原因は、民事訴訟法３条の２から８までと同146条３項に規定がある。この管轄原因のいずれかが認められる場合、３条の９の「特別の事情」がない限り、日本の裁判所の管轄が肯定される。

ただし、紛争の解決を日本の裁判所に限定する合意は、「特別の事情」により管轄が否定されることはない（民訴法３条の９）。また、日本にしか国際裁判管轄が認められない専属管轄に属する訴えについては、３条の２から８までの管轄規定は適用されない（民訴法３条の10）。なお、日本の裁判所に国際管轄が認められる場合、具体的にどこの裁判所が管轄を有するか定まらないときは、東京都千代田区が裁判籍の所在地となる（民訴法10条の２、民訴規則６条の２）。

また、国際裁判管轄は、訴えが提起された裁判所が自国に管轄を有するか否かという問題のほか、外国判決の承認・執行の局面においても判決をした外国の裁判所に管轄があったか否かが問題となる。前者を**直接管轄**、後者を**間接管轄**という。後述するように、間接管轄の有無を直接管轄と同じ基準で判断するか否かという問題があるが、原則として両者は一致する（**鏡像関係**）と解されている。以下ではその主な規定を見ていくことにする。

(a) 一 般 管 轄

この管轄ルールは、事件の種類、内容を問わずあらゆる訴えについて認められる一般管轄である。国内土地管轄における普通裁判籍に対応する。

(i) 自　然　人

（被告の住所等による管轄権）

第３条の２　裁判所は、人に対する訴えについて、その住所が日本国内にあるとき、住所がない場合又は住所が知れない場合にはその居所が日本国内にあるとき、居所がない場合又は居所が知れない場合には訴えの提起前に日本国内に住所を有していたとき（日本国内に最後の住所を有していた後に外国に住所を有していたときを除く。）は、管轄権を有する。

既に述べたように、「原告は被告の法廷地に従う」という原則は、ローマ法以来の法諺があるが、今日においても世界的に認められている。本条はこの原則を定めている。

生活の本拠である住所が日本にあれば管轄が認められ、世界中のどこにも住所がない、あるいは、それが不明の場合は、居所が日本にあれば、管轄が認められる。そして、世界中に住所も居所もない、あるいは、住所も居所も不明な場合には、訴えの提起前に日本国内に住所を有していたときは、管轄が認められるが、日本国内に最後の住所を有していた後に外国に住所を有していたときは、管轄は認められない。これは、日本の住所地が最後の住所地であることの確定は困難であることから、原告が提訴前のいずれかの時点で日本国内に被告の住所があったことを証明すれば、被告からその後に外国に住所を有していたことが証明されない限り、日本の裁判所に管轄が認められるとし、「最後の住所」について立証責任を転換している。

⒤ **裁判権が免除される日本人**

> 2　裁判所は、大使、公使その他外国に在ってその国の裁判権からの免除を享有する日本人に対する訴えについて、前項の規定にかかわらず、管轄権を有する。

外国に駐在するその国の裁判権から免除される日本人は、原則として駐在国の裁判権には服さないので、これらの者に対する訴えについて日本の国際裁判管轄を認める必要がある。裁判権免除を受ける者の範囲は、条約を含む国際法上の原則により決まるが、後に見るように、外交官は広く裁判権が免除される。

ⅲ **法　人　等**

> 3　裁判所は、法人その他の社団又は財団に対する訴えについて、その主たる事務所又は営業所が日本国内にあるとき、事務所若しくは営業所がない場合又はその所在地が知れない場合には代表者その他の主たる業務担当者の住所が日本国内にあるときは、管轄権を有する。

自然人と同様に、法人その他の社団または財団についても、その主たる事務所または営業所が日本にある場合、管轄が認められる。世界中のどこにも事務所、営業所がない、あるいは、その所在地が不明な場合には、代表者その他の主たる業務担当者の住所が日本国内にあるときは、管轄が認められる。主たる事務所、営業所は事実上業務の中心場所であればよいと解されている。

これまでの判例法理によれば、民事訴訟法4条5項が国際裁判管轄の原因となり、外国法人が日本に営業所を有するだけで管轄を認めた上で、個別の事案に応じて「特段の事情」により管轄を否定することになるが、この3号は、外国法人の「主たる」事務所または営業所が日本にある場合に限定し、当事者間の公平を図っている。

(b) 特別管轄

3条の2が定める一般管轄に対し3条の3は契約上の債務に関する訴え等の特別管轄を定める。以下主なものを見る。

(i) 契約上の債務の履行地

（契約上の債務に関する訴え等の管轄権）

第3条の3　次の各号に掲げる訴えは、それぞれ当該各号に定めるときは、日本の裁判所に提起することができる。

一　契約上の債務の履行の請求を目的とする訴え又は契約上の債務に関して行われた事務管理若しくは生じた不当利得に係る請求、契約上の債務の不履行による損害賠償の請求その他契約上の債務に関する請求を目的とする訴え	契約において定められた当該債務の履行地が日本国内にあるとき、又は契約において選択された地の法によれば当該債務の履行地が日本国内にあるとき。

当事者間の公平、当事者の予測可能性・便宜などから義務履行地に管轄を認める。

国内土地管轄の特別裁判籍の1つとして民事訴訟法5条1号が「財産権上

の訴え」と定めるのとは異なり、本条は、財産権上の訴えのうち契約と無関係に生じる法定債権（事務管理、不当利得および不法行為を原因として生じる債権）を除き、⑴「契約上の債務の履行の請求」、⑵①「契約上の債務」に関して行われた事務管理に係る請求、②「契約上の債務」に関して生じた不当利得に係る請求、③「契約上の債務」の不履行による損害賠償の請求、および④その他「契約上の債務」に関する請求を目的とする訴えに限定して履行地を管轄原因として認める。

また、債務の履行地についても、契約において定められた「当該債務」の履行地が日本国内にあるとき、または契約において選択された地の法によれば「当該債務」の履行地が日本国内にあるときに限定し、債務者の予測可能性を高めている。当事者が契約で定める債務の履行地について、東京地判平25・12・25判例集未登載（LEX/DB25517081）は、黙示の合意によることを認めている。

上記⑴の例としては、たとえば、売買契約で定められた目的物の引渡請求が挙げられる。また、上記⑵①の例としては、委任契約の受任者が委任の範囲を超えて義務なく委任者のために事務をした場合における費用償還請求、②の例としては、売主が買主の代金不払いにより契約を解除した場合における目的物の返還請求、③の例としては、売主の目的物引渡義務の不履行による損害賠償請求、④の例としては、売買契約における目的物引渡義務に付随して発生する説明義務違反による損害賠償請求がそれぞれ挙げられる。

履行地管轄の基準となる債務は、「当該債務」であるので、上記⑴では履行が求められている債務、⑵①では事務管理が行われるもとになった契約上の債務、②では不当利得を生じさせるもとになった契約上の債務、③では不履行となった契約上の債務、④では請求と関連する契約上の債務となる。

したがって、たとえば、第１章の９で取り上げた代理店契約の事例において、国際化学が代理業者Ａのナタリア国における販売促進活動に関する契約違反を理由に契約を解除するとともに、それによって被った損害の賠償をＡに請求する場合、Ａの不履行となっている販売促進活動に関する契約上の債務の履行地はナタリア国であり、日本国内にはないので、この規定により、国際化学がAを相手に日本で訴訟をすることはできない。

(ii)　**財産所在地**

三　財産権上の訴え	請求の目的が日本国内にあるとき、又は当該訴えが金銭の支払を請求するものである場合には差し押さえることができる被告の財産が日本国内にあるとき（その財産の価額が著しく低いときを除く。）。

財産権上の訴えについて、原告の権利実現を容易にするため、請求の目的または被告の財産の所在地に管轄を認める。前者の例としては、たとえば、売買契約に基づき引渡しを求めた機械が日本国内にある場合が挙げられる。

国内土地管轄の5条4号が、請求の目的、その担保の目的または差し押さえ可能な被告の財産の所在地に管轄を認めているのに対し、担保の目的の所在地は、たとえば、保証人が日本にいることを根拠に管轄を認めることは、被告に過剰な負担を強いることになることから、これを除いている。また、被告の財産が日本にあるときは、それに強制執行を行う原告の便宜や被告にとって不意打ちとならないことを考慮して、金銭の支払を求める訴えの場合に限って、管轄を認めている。

したがって、物の引渡しを求める場合には、これとは別の財産の所在地による管轄は認められない。被告の財産としては、通常、不動産、動産、預金債権が挙げられるが、知的財産権もこれに含まれ、日本の特許権の所在地は日本にあると考えられる。

しかし、被告の財産の価値が著しく低いときは除かれ、どの程度の財産価値があれば管轄を認めるかが問題となるが、被告の財産から迅速、確実に債権回収を図るという執行可能性の趣旨に照らし、個別の具体的事件における請求金額に応じて判断していくことになると考えられる。

ⅲ　事務所等所在地

四　事務所又は営業所を有する者に対する訴えでその事務所又は営業所における業務に関するもの	当該事務所又は営業所が日本国内にあるとき。

国内土地管轄の特別裁判籍の１つである民事訴訟法５条５号と同様に、当事者間の公平、当事者の予測可能性・便宜などの理由から、被告の事務所、営業所が日本にある場合、その事務所、営業所における業務に関する訴えについて管轄を認める。したがって、業務関連性を必要とするが、その事務所、営業所の業務に関連する限り、日本における業務に関連することを要しない。

ⅳ　事業活動地

五　日本において事業を行う者（日本において取引を継続してする外国会社（会社法（平成17年法律第86号）第２条第２号に規定する外国会社（会社法（平成17年法律第86号）第２条第２号に規定する外国会社をいう）を含む。）に対する訴え	当該訴えがその者の日本における業務に関するものであるとき。

被告が日本において事業を行っている場合、訴えが被告の日本における業務に関するときは、管轄が認められる。被告が日本に事務所、営業所を置いて事業を行っている場合、４号が適用されるが、被告が事務所、営業所を日本に置かず、子会社や代理店を通じて日本で事業を行っている場合のほか、たとえば、インターネットを通じて日本語のウェブサイトを開設し、日本向けに商品を販売している場合にも、本号により管轄が認められることになる。

既に述べたように、外国会社は、日本において取引を継続する場合、日本における代表者を定め、そのうち１人以上は、日本に住所を有する者でなければならないが（会社法817条１項)、日本に営業所を設置する義務はない。しかし、この場合も、訴えが日本における業務に関するものであれば、本号により管轄が認められる。

４号と５号の適用範囲は重複するところが大きいが、たとえば、外国会社のアジア地域を担当する事務所が日本にある場合、中国における業務に関する訴えは４号により管轄が認められるが、日本における業務に関するものでなく、５号により管轄は認められない。

(v)　**不法行為地**

八　不法行為に関する訴え	不法行為があった地が日本国内にあるとき（外国で行われた加害行為の結果が日本国内で発生した場合において、日本国内におけるその結果の発生が通常予見することのできないものであったときを除く。)。

証拠収集の便宜に加え、被害者保護の観点から不法行為地に管轄を認める。不法行為地には、準拠法の場合と異なり、１つに絞る必要はなく、**加害行為地**と**結果発生地**のいずれも含まれる。たとえば、製造物責任の場合、加害行為地は、欠陥のある製品を製造した地であり、結果発生地は、身体傷害、死亡が起きた地となる。もっとも、結果発生地が日本にあっても、日本での結果発生が通常予見することができないものである場合、当事者の予測可能性を害しないために、結果発生地により管轄は認められない。したがって、たとえば、外国でインターネット上にアップロードした情報が日本で他人の名誉を棄損するという不法行為に関する訴えについては、インターネットを通じて情報が世界中に拡散することは通常予見することができるので、日本の裁判所に管轄が認められる。

この点に関する判例として、東京高判平26・６・12民集70巻３号913頁は、米国法人によるインターネット上の名誉・信用毀損による不法行為に対する日本法人らによる損害賠償請求について、日本も結果発生地であるとし、また、米国法人に結果発生について予見可能性があるとした。

また、結果発生地は、通常予見可能性のある場合に制限していることから、加害行為によって直接権利が侵害された地のみならず、入院費、治療費といった派生的・二次的損害の発生地も含むとする見解があるが、上記東京高判平26・6・12は、結果発生地とは、「直接的な損害の発生地に限られ、派生的に生じた二次的・間接的被害の発生地は含まないと解すべきである。二次的・間接的被害の発生地まで含めると、不法行為に関する訴えの管轄地が際限なく拡大し、相手方の応訴の負担が過大となり衡平を失すると考えられるからである」と判示し、これを否定する。

不法行為地に管轄が認められるためには、不法行為の存在が一応の証拠調べに基づく一定程度以上の確かさをもって認められることで足りるとする見解があるが、最高裁は、「原則として、被告が我が国においてした行為により原告の法益について損害が生じたとの客観的事実関係が証明されれば足りる」とし、その理由は、「この事実関係が存在するなら、通常、被告を本案につき応訴させることに合理的な理由があり、国際社会における裁判機能の分配の観点からみても、我が国の裁判権の行使を正当とするに十分な法的関連があるということができるからである」(ウルトラマン事件最高裁判決(最判平成13・6・8民集55巻4号727頁))と判示している。

ⅵ 併合請求

(併合請求における管轄権)
第3条の6　一の訴えで数個の請求をする場合において、日本の裁判所が一の請求について管轄権を有し、他の請求について管轄権を有しないときは、当該一の請求と他の請求との間に密接な関連があるときに限り、日本の裁判所にその訴えを提起することができる。ただし、数人からの又は数人に対する訴えについては、第38条前段に定める場合に限る。

当事者の便宜、訴訟経済、矛盾判決の防止などから併合請求管轄を認める。1つの訴えで複数の請求をする場合、そのうちの1つの請求について管轄が認められる場合、他の請求に管轄が認められなくても、請求間に密接な関連があるときは、他の請求についても管轄が認められ、併合審理されることになる。併合には、同一の被告に対し複数の請求をする場合の**客観的併合**と複数の被告に対し訴えを提起するような場合の**主観的併合**とがある。

国内土地管轄の関連裁判籍を定める７条に対応するものであるが、併合要件はより厳格に請求間に**密接関連性**を要求している。これは、上記のウルトラマン事件最高裁判決で示された考え方を採用したものと考えられる。

すなわち、最高裁は「ある管轄原因により我が国の裁判所の国際裁判管轄が肯定される請求の当事者間における他の請求につき、民事訴訟法の併合請求の裁判籍の規定（民訴法７条本文、旧民訴法21条）に依拠して我が国の裁判所の国際裁判管轄を肯定するためには、両請求間に密接な関係が認められることを要すると解するのが相当であ」り、その理由について、「同一当事者間のある請求について我が国の裁判所の国際裁判管轄が肯定されるとしても、これと密接な関係のない請求を併合することは、国際社会における裁判機能の合理的な分配の観点からみて相当ではなく、また、これにより裁判が複雑長期化するおそれがあるからである」と判示し、管轄が認められる請求と「実質的に争点を同じくし、密接な関係がある」ことから、他の請求についても管轄を肯定すべきであるとした。

主観的併合に関しては、管轄が認められない者が日本での応訴を強いられるので、被告の不利益を考慮して、請求相互間の密接関連性に加え、「訴訟の目的である権利又は義務が数人について共通であるとき、又は同一の事実上及び法律上の原因に基づくとき」（38条前段）に限定している。たとえば、前者の例として、主債務者と連帯保証人との関係、後者の例として、同一の不法行為による複数の被害者から加害者に対する損害賠償請求がそれぞれ挙げられる。

（反訴）
第146条
３　日本の裁判所が反訴の目的である請求について管轄権を有しない場合に

は、被告は、本訴の目的である請求又は防御の方法と密接に関連する請求を目的とする場合に限り、第１項の規定による反訴を提起することができる。ただし、日本の裁判所が管轄権の専属に関する規定により反訴の目的である請求について管轄権を有しないときは、この限りでない。

また、反訴に関しても、同様に、請求間の密接関連性を要求している。たとえば、建物請負代金請求（本訴）は、同一の建物の瑕疵に基づく損害賠償請求（反訴）と密接関連性があると考えられる。

(c) 合意管轄

（管轄権に関する合意）
第３条の７　当事者は、合意により、いずれの国の裁判所に訴えを提起することができるかについて定めることができる。
２　前項の合意は、一定の法律関係に基づく訴えに関し、かつ、書面でしなければ、その効力を生じない。
３　第１項の合意がその内容を記録した電磁的記録（電子的方式、磁気的方式その他人の知覚によっては認識することができない方式で作られる記録であって、電子計算機による情報処理の用に供されるものをいう。以下同じ。）によってされたときは、その合意は、書面によってされたものとみなして、前項の規定を適用する。
４　外国の裁判所にのみ訴えを提起することができる旨の合意は、その裁判所が法律上又は事実上裁判権を行うことができないときは、これを援用することができない。
（以下略）

国際契約においては訴訟に代えて仲裁による紛争の解決を定める仲裁条項が規定されることが多いが、訴訟による場合も、実務上、紛争解決地の予測可能性という点から、当事者が予め契約時点において紛争を解決する国の裁判所を合意により決めておくことが行われている。この当事者による合意を**管轄合意**という。本条は、管轄合意の効力を認め、国際裁判管轄を合意によって決めることができると定める（１項）。

管轄合意として、次のような条項が国際契約に規定されることがある。このような条項のことを**法廷地選択条項**（forum selection clause）とも呼ばれる。

> The parties agree that any dispute arising out of or in relation to this Agreement shall be resolved by the Tokyo District Court.
>
> 〔日本語訳〕
> 当事者は、この契約からまたはこの契約に関連して生じる一切の紛争は、東京地方裁判所により解決されることに合意する。

当事者がこのような合意をした場合、合意した国以外の国の裁判所で紛争の解決を求めることができるのか、あるいは、合意した国でのみ紛争を解決することができるのか、両者いずれの意味なのかが問題となることがある。

前者の合意のことは、後者の**専属的管轄合意**に対し、**付加的管轄合意**や**非専属的管轄合意**と呼ばれている。

一般に、英米法（common law）の国では、当事者が専属的管轄合意である旨を示していない場合、付加的な合意であり、大陸法（civil law）の国では、専属的な合意であるとそれぞれ解釈されているとされる。

したがって、実務上、いずれの合意であるのかを明確にしておく必要がある。当事者が専属的な合意をする場合、たとえば、次のような条項を規定することになる。

> The Tokyo Distict Court shall have exclusive jurisdiction over any dispute which may arise between the parties hereto, out of or in relation to this Agreement.
>
> 〔日本語訳〕
> この契約からまたはこの契約に関連して当事者間で生じる一切の紛争について東京地方裁判所が専属的管轄を有するものとする。

本条は、管轄合意の内容に関する有効要件として、一定の法律関係に基づく訴えに関するものであり、外国の裁判所にのみ訴えを提起することができる旨の合意は、その裁判所が法律上または事実上裁判権を行うことができないときではないことが必要であると定める。したがって、当事者が将来生じうる紛争のすべてを対象とする管轄合意は無効となる。

また、外国の裁判所が「法律上裁判権を行うことができないとき」とは、その国が当該管轄合意を有効と認めないほか、その他の管轄原因等訴訟要件を具備しないと判断し、本案判決をしない場合であり、他方、「事実上裁判権を行うことができないとき」とは、天災や戦争等により事実上裁判所が機能し得ない場合をいうと考えられる。

管轄合意は、訴訟手続に関する合意であり、「手続は法廷地法による」という原則により日本の民事訴訟法によって規律され、管轄合意を締結する当事者の意思表示に詐欺や強迫による瑕疵があるか否か、あるいは、錯誤や心裡留保による意思の欠缺があるか否かという管轄合意の有効要件の問題は、民事訴訟法に規定はなく、法廷地法である日本法（実質法）によって判断する見解があるが、後述する仲裁合意の場合と同様に、法廷地法には国際私法も含まれ、通則法７条から９条を適用して準拠法を決定し、その準拠法により合意の有効性を判断すべきであると考える。

他方、形式的成立要件に関しては、管轄合意の重要性に鑑み、当事者が慎重な合意をするため書面性が要求されるが、電磁的記録による場合も許容される。

また、管轄合意に関するチサダネ号事件最高裁判決（最判昭・50・11・28民集29巻10号1554頁）は、「国際的裁判管轄の合意の方式としては、少なくとも当事者の一方が作成した書面に特定国の裁判所が明示的に指定されていて、当事者間における合意の存在と内容が明白であれば足りると解するのが相当であり、その申込と承諾の双方が当事者の署名のある書面によるのでなければならないと解すべきではない」と判示し、この見解は、２項の解釈としても妥当しよう。

管轄合意の効果としては、日本の裁判所を選択する管轄合意がある場合、日本の裁判所に管轄が認められ、外国の裁判所に専属的な管轄を認める合意の場合には、日本の裁判所の管轄は否定され、訴えは却下されることになる。

また、チサダネ号事件最高裁判決は、「管轄の合意がはなはだしく不合理で公序法に違反するとき等の場合は格別、原則として有効と認めるべきである」と判示し、公序に反する管轄合意は当然無効となると考えられる。

なお、「特別の事情」により管轄を否定する３条の９は、日本の裁判所を専属的裁判管轄とする合意には適用されない。

(d) 応訴管轄

（応訴による管轄権）
第３条の８　被告が日本の裁判所が管轄権を有しない旨の抗弁を提出しないで本案について弁論をし、又は弁論準備手続において申述をしたときは、裁判所は、管轄権を有する。

被告が国際裁判管轄を有しないことを主張せず本案について応訴した場合、管轄が認められる。すなわち、被告が**口頭弁論**（公開の法廷において裁判所の面前で当事者双方が対席して、口頭で主張、立証を行う審理方式（民訴法87条１項））または**弁論準備手続**（争点および証拠の整理を目的とする手続（民訴法168条以下））において**本案**（訴訟の目的である権利義務関係ないし法律関係）について主張した場合、管轄が生じる。これは、国内訴訟の場合と同様に、被告が応訴したにもかかわらず、その後管轄について争えるとすると、訴訟手続は無駄となり、原告の利益のみならず、裁判所にとっても不利益を被ることになるからである。

(e) 消費者契約・個別労働関係民事紛争に関する管轄

（消費者契約及び労働関係に関する訴えの管轄権）
第３条の４　消費者（個人（事業として又は事業のために契約の当事者となる場合におけるものを除く。）をいう。以下同じ。）と事業者（法人その他の社団又は財団及び事業として又は事業のために契約の当事者となる場合における個人をいう。以下同じ。）との間で締結される契約（労働契約を除く。以下「消費者契約」という。）

に関する消費者からの事業者に対する訴えは、訴えの提起の時又は消費者契約の締結の時における消費者の住所が日本国内にあるときは、日本の裁判所に提起することができる。
2　労働契約の存否その他の労働関係に関する事項について個々の労働者と事業主との間に生じた民事に関する紛争（以下「個別労働関係民事紛争」という。）に関する労働者からの事業主に対する訴えは、個別労働関係民事紛争に係る労働契約における労務の提供の地（その地が定まっていない場合にあっては、労働者を雇い入れた事業所の所在地）が日本国内にあるときは、日本の裁判所に提起することができる。
3　消費者契約に関する事業者からの消費者に対する訴え及び個別労働関係民事紛争に関する事業主からの労働者に対する訴えについては、前条の規定は、適用しない。

消費者が事業者を訴える場合、消費者の裁判所へのアクセスを保障するため、訴えの提起の時または消費者契約の締結の時における消費者の住所が日本国内にあるときに、管轄が認められる。

他方、事業者から消費者を訴える場合、３条３が定める履行地管轄等の特別管轄の適用はなく、一般管轄によって消費者の住所等が日本にある場合に管轄が認められる。もっとも、管轄合意（３条の７）や応訴管轄（３条の８）により管轄が認められることがある。

個別労働関係民事紛争に関しても、労働者の裁判所へのアクセスを保障するため、労働者が事業主を訴える場合、労働契約における労務提供地（定まっていない場合は、労働者を雇い入れた事業所の所在地）が日本にあれば管轄が認められる。個別労働関係民事紛争の定義は、労働審判法１条の定義と同じであり、たとえば、労働契約の存否を争う紛争のほか、解雇の効力を争う紛争や賃金の支払いを求める紛争等がこれに該当する。

労働契約における労務提供地とは、準拠法の場合と異なり、１つに絞る必要はなく、また、契約上の形式的な労務提供地ではなく、労働契約に基づき現実に労務を提供している地または提供していた地を意味するとされる。したがって、労働者が複数の国で労務を提供する場合、労務提供地は複数となる。また、消費者契約の場合と同様に、事業主が労働者を訴えるときは、3条の3の適用はなく、また、管轄合意や応訴管轄により、管轄が認められることがある。

(f) 合意管轄の特則―消費者、労働者の保護

> **(管轄権に関する合意)**
> **第3条の7**
> 5　将来において生ずる消費者契約に関する紛争を対象とする第1項の合意は、次に掲げる場合に限り、その効力を有する。
> 一　消費者契約の締結の時において消費者が住所を有していた国の裁判所に訴えを提起することができる旨の合意（その国の裁判所にのみ訴えを提起することができる旨の合意については、次号に掲げる場合を除き、その国以外の国の裁判所にも訴えを提起することを妨げない旨の合意とみなす。）であるとき
> 二　消費者が当該合意に基づき合意された国の裁判所に訴えを提起したとき、又は事業者が日本若しくは外国の裁判所に訴えを提起した場合において、消費者が当該合意を援用したとき
> 6　将来において生ずる個別労働関係民事紛争を対象とする第1項の合意は、次に掲げる場合に限り、その効力を有する。
> 一　労働契約の終了の時にされた合意であって、その時における労務の提供の地がある国の裁判所に訴えを提起することができる旨を定めたもの（その国の裁判所にのみ訴えを提起することができる旨の合意については、次号に掲げる場合を除き、その国以外の国の裁判所にも訴えを提起することを妨げない旨の合意とみなす。）であるとき
> 二　労働者が当該合意に基づき合意された国の裁判所に訴えを提起したとき、又は事業主が日本若しくは外国の裁判所に訴えを提起した場合において、労働者が当該合意を援用したとき

消費者契約において管轄合意がされる場合、消費者保護のため、紛争発生前の合意については、消費者契約の締結の時において消費者が住所を有していた国の裁判所に訴えを提起することができる旨の合意に限り有効となる。最近の裁判例として、日本の消費者と米国の事業者との間の消費者契約中の米国ネヴァダ州裁判所を専属的合意管轄裁判所とする管轄合意の効力を否定

した東京地判平29・1・31判例集未登載（LEX/DB25538954）がある。

ただし、その国の裁判所にのみ訴えを提起することができる旨の合意については、①消費者が当該合意に基づき合意された国の裁判所に訴えを提起したとき、または②事業者が日本もしくは外国の裁判所に訴えを提起した場合において、消費者が当該合意を援用したときを除き、その国以外の国の裁判所にも訴えを提起することを妨げない旨の合意とみなされる。

したがって、消費者契約締結時の消費者の住所地国を選択する付加的管轄合意は有効であり、事業者から消費者に対する訴えは、消費者が契約締結後、他国に転居した場合であっても、訴え提起時の消費者の住所地国でない契約時の消費者の住所地国に管轄が認められる。

これに対し、契約締結時の消費者の住所地国を選択する専属的管轄合意の場合には、上記①、②に該当するときを除き、付加的管轄合意とみなされる。①は、消費者が事業者との専属的管轄合意に基づき訴えを提起した場合であり、日本の裁判所に訴えを提起する場合と外国の裁判所に訴えを提起する場合とがある。

前者の場合、消費者が管轄合意を援用し、日本の裁判所に訴えを提起したときは、日本の裁判所が専属的な管轄権を有することになる。また、後者の場合、消費者が外国の裁判所に訴えを提起した後、住所地国である日本の裁判所に訴えを提起したときは、消費者は、外国の裁判所において管轄合意を援用しているので、日本の裁判所は事業者による専属的管轄合意に基づく**本案前の抗弁**（本案についての主張ではなく、訴訟をするために備わっていなければならない条件である訴訟要件を欠くとして訴えを却下するよう申し立てる被告の主張をいう）を認め、訴えを却下することになる。

また、②は、事業者が原告として訴えを提起した場合であり、この場合も、日本の裁判所に訴えを提起する場合と外国の裁判所に訴えを提起する場合とがある。

前者の場合、事業者が日本の裁判所に訴えを提起したのに対し、消費者が外国の裁判所を管轄裁判所とする専属的な管轄合意に基づく本案前の抗弁を提出したときは、専属的合意となり、日本の裁判所は、この専属的合意の効力を認め、訴えを却下することになる。後者の場合、事業者が外国の裁判所に訴えを提起したのに対し、消費者が日本の裁判所を管轄裁判所とする専属的な管轄合意を援用したときは、専属的合意となり、訴えが却下された後、事業者がこの管轄合意に基づき日本の裁判所に訴えを提起したときは、日本の裁判所が専属的管轄権を有することになる。

他方、個別労働関係民事紛争に関しては、労働契約終了時の合意であって、その時における労務提供地国の裁判所に訴えを提起することができる旨を定めたものに限り有効となる。したがって、日本人が事業主である航空会社の米国法人に対し、従業員としての地位の確認および賃金の支払いを求めて東京地裁に提訴したユナイテッド航空事件において、裁判所は、当事者間の雇用契約書に記載された米国およびイリノイ州の権限のある裁判所を指定する専属的管轄合意の効力を認めて訴えを却下した（東京地判平12・4・28判時1743号142頁、控訴棄却（東京高判平12・11・28判時1743号137頁））が、本条の施行によりこのような管轄合意は無効となる。

ただし、その国の裁判所にのみ訴えを提起することができる旨の合意については、①労働者が当該合意に基づき合意された国の裁判所に訴えを提起したとき、または②事業主が日本もしくは外国の裁判所に訴えを提起した場合において、労働者が当該合意を援用したときを除き、その国以外の国の裁判所にも訴えを提起することを妨げない旨の合意とみなされる。

事業主と労働者との間で労働契約終了時、競業避止義務や秘密保持義務に関する合意がされる場合があるが、その際、両者が労働関係に関する紛争について労働契約終了時の労務提供地である日本の裁判所を管轄裁判所とする管轄合意をした場合、労働者がその後外国に移住したとしても、事業主は、この管轄合意に基づき日本の裁判所に労働者を被告として訴えることができる。

したがって、消費者から事業者に対する訴えについては、消費者の裁判所へのアクセスを保障するため、3条の2（一般管轄）および3条の3（特別管轄）により管轄が認められる場合に加え、消費者契約締結時の消費者の住所または訴え提起時の消費者の住所が日本国内にある場合には、日本の裁判所に提起することができ（3条の4第1項）、他方、事業者からの消費者に対する訴えについては、消費者の住所等が日本国内にあるとき（3条の2第1項）、消費者契約に関する国際裁判管轄の合意が効力を有するとき（3条の7第5項）、または、消費者が応訴したとき（3条の8）に限り、日本の裁判所に提起することができる。

個別労働関係民事紛争については、労働者から事業主に対する訴えについては、労働者の裁判所へのアクセスを保障するため、3条の2（一般管轄）および3条の3（特別管轄）により管轄が認められる場合に加え、労務の提供の地（これが定まっていないときは雇入事業所の所在地）が日本国内にある場合には、日本の裁判所に提起することができ（3条の4第2項）、他方、事業主からの労働者に対する訴えについては、労働者の住所等が日本国内にあるとき（3条の2第1項）、個別労働関係民事紛争に関する国際裁判管轄の合意が効力を有するとき（3条の7第6項）、または、労働者が応訴したとき（3条の8）に限り、日本の裁判所に提起することができる。

(g) 専属管轄

(管轄権の専属)

第3条の5　会社法第7編第2章に規定する訴え（同章第4節及び第6節に規定するものを除く。）、一般社団法人及び一般財団法人に関する法律（平成18年法律第48号）第6章第2節に規定する訴えその他これらの法令以外の日本の法令により設立された社団又は財団に関する訴えでこれらに準ずるものの管轄権は、日本の裁判所に専属する。

2　登記又は登録に関する訴えの管轄権は、登記又は登録をすべき地が日本国内にあるときは、日本の裁判所に専属する。

3　知的財産権（知的財産基本法（平成14年法律第122号）第2条第2項に規定する知的財産権をいう。）のうち設定の登録により発生するものの存否又は効力に関する訴えの管轄権は、その登録が日本においてされたものであるときは、日本の裁判所に専属する。

管轄権が専属する場合の適用除外)

第3条の10　第3条の2から第3条の4まで及び第3条の6から前条までの規

定は、訴えについて法令に日本の裁判所の管轄権の専属に関する定めがある場合には、適用しない。

国家の強い関心から外国裁判所の管轄を排除して日本の裁判所が管轄を独占する事件を定める。

日本にしか国際裁判管轄が認められない専属管轄としては、①日本法に基づき設立された会社その他の社団、財団の組織等に関する訴え、②日本の登記・登録に関する訴え、③日本に登録された知的財産権のうち、設定の登録により発生するものの存否、効力に関する訴えの３つが対象となる。①には、会社の組織に関する訴え（会社設立無効の訴え、株主総会決議取消しの訴え等）、株式会社における責任追及等の訴え、株式会社の役員の解任の訴え等がある。②は不動産の登記等に関する訴えがこれに当たる。

③は、特許権、実用新案権、意匠権、商標権等が対象となる。著作権は登録制度を有するが登録は効力の発生要件ではなく対象とはならない。知的財産権の存否、効力に関する訴えとは、その有効性自体を訴訟物とする場合をいい、たとえば、特許権侵害を理由する損害賠償請求訴訟や差止請求訴訟は、これには当たらない。

また、侵害訴訟において特許権の有効・無効が前提問題として争われる場合、一般に、その有効性の判断は理由中のものであり、当事者間限りの相対効しか有せず、専属管轄には服さないとされる。

この専属管轄の効果として、３条の５を外国裁判所にも当てはめ、外国裁判所が専属管轄を有する場合、日本に管轄は認められない。したがって、たとえば、当事者が日本の裁判所を管轄合意していても、外国特許権の存否等に関する訴えについては、日本の裁判所は管轄を有しない。

(h)　特別の事情による訴えの却下

（特別の事情による訴えの却下）

第３条の９　裁判所は、訴えについて日本の裁判所が管轄権を有することとなる場合（日本の裁判所にのみ訴えを提起することができる旨の合意に基づき訴えが提起された場合を除く。）においても、事案の性質、応訴による被告の負担の程度、証拠の所在地その他の事情を考慮して、日本の裁判所が審理及び裁判をすることが当事者間の衡平を害し、又は適正かつ迅速な審理の実現を妨げることとなる特別の事情があると認めるときは、その訴えの全部又は一部を却下することができる。

３条の２から３条の８までの規定により管轄原因が存在する場合であっても、本条が定める「特別の事情」があると認められるときは、訴えは却下される。これは、ファミリー事件（ドイツ車預託金事件）の最高裁判決で示された判例法理の趣旨を踏まえて立法化されたものであり、基本的にそれを変更するものではないとされるが、国際裁判管轄の規定は、国際的要素を考慮した上で個々の管轄原因を定めたものであるから、本条により訴えが却下される局面は、従前の「特段の事情」の審査に比べ少なくなると考えられる。

特別の事情として考慮されるものは、事案の性質、応訴による被告の負担の程度、証拠の所在地その他の事情であるが、まず、「事案の性質」とは、請求の内容、契約地、事故発生地等の紛争に関する客観的な事情であり、事件と日本との関連性を考慮することになると考えられる。「応訴による被告の負担の程度」とは、法廷地である日本へのアクセスの便宜を問題とし、当事者間の公平の見地から応訴による被告に生じる負担が考慮されることになる。

「証拠の所在地」とは、物的証拠や証人の所在地等の証拠に関する事情であり、証拠調べの便宜は、裁判の適正、迅速の見地から重要である。また、証拠調べに関し国際司法共助が利用可能であるか否かという点も考慮されることになる。

本条を適用した裁判例として、最判平28・３・10民集 70巻３号846頁は、関連訴訟の存在、証拠の所在地、当事者の予測可能性、当事者の負担を考慮して「特別の事情」があると認めて訴えを却下した。

(i) 国際裁判管轄の審理

国際裁判管轄があるか否かの審理は、当事者が主張しなくとも、裁判所が職権で調査すべき事項、すなわち**職権調査事項**であるとされる。もっとも、当事者間に専属的管轄合意、仲裁合意があっても、被告が国際裁判管轄を争うことなく本案について答弁した場合、被告の応訴によって管轄が生じる(民訴法３条の８、仲裁法14条１項)。したがって、実務上、この点について留意する必要がある。

管轄原因となる事実は、原告が証明することになるが、本案の審理と違い、裁判所は職権で証拠調べをすることができる（３条の11)。その場合、住所の存在のように、本案の審理とは無関係なものがあるが、反対に、不法行為地のように、管轄原因となる事実と請求原因となる事実とが重複する場合、その証明が問題となる。

この問題については、既に述べたが、わが国で不法行為があったことについて、実体審理を必要とする程度の心証により管轄を認めるという「一応の証明」でよいとする立場のほか、原告が主張する事実が存在するものとして管轄原因の存否を判断する立場もあるが、最高裁の立場は、違法性や過失等不法行為の要件をすべて証明する必要はなく、被告の行為により原告の法益について損害が生じたとの客観的事実関係の証明がされれば足りるとする。

(j)　国際裁判管轄と国内裁判管轄

国際裁判管轄が認められた場合、次に、国内のどの裁判所が裁判を行うか、国内裁判管轄が問題となるが、国際裁判管轄が認められる場合、土地管轄のある管轄裁判所が裁判をすることになる。たとえば、不法行為の訴えについて、３条の３第８号により不法行為地が日本国内にあることから国際裁判管轄が認められる場合、５条９号により不法行為地に所在する裁判所に国内裁判管轄が認められる。

しかし、たとえば、日本国内に事務所等を置かずインターネットを通じて日本において事業を行っている者に対する訴えについては、３条の３第５号により国際裁判管轄が認められても、国内土地管轄規定によって管轄裁判所が定まらない。このような場合について民事訴訟法10条の２は「前節の規定により日本の裁判所が管轄権を有する訴えについて、この法律の他の規定又は他の法令の規定により管轄裁判所が定まらないときは、その訴えは、最高裁判所規則で定める地を管轄する裁判所の管轄に属する」と定め、民事訴訟規則６条の２により東京都千代田区となる。

⑼ 家事事件の国際裁判管轄

家事事件には、離婚、親子関係等の事件で人事訴訟が対象とする**人事訴訟事件**（人事訴訟法２条）、後見人の選任、養子縁組の許可などの当事者が対立して争う性質でない事件（家事事件手続法別表第１事件）と親権者の変更、遺産分割など当事者間に争いのある事件（同別表第２事件）について、裁判所が後見的判断により権利・義務関係を具体的に形成する非訟事件として家事審判が対象とする**家事非訟事件**（同39条）および通常の民事訴訟手続で扱われる事件の３つがある。

家事事件の国際裁判管轄も、基本的には、当事者間の公平、裁判の適正、迅速という手続法の基本理念に基づき決せられるべきであるが、財産関係事件とは異なり、公益的性質が強く、また、人の身分、生活に重大な影響を与え、子の福祉が重視されるように弱者保護の要請も強く働くことから、財産関係事件とは別に扱われる。人事訴訟事件は、民事訴訟法３条の２から３条の12までの規定が適用されないことを明文で規定している（人事訴訟法29条）。本書は、国際取引紛争を対象としているので、家事事件の国際裁判管轄については扱わない。

通常の民事訴訟による相続権の確認を求める訴え等については、民事訴訟法が定める被告住所地（３条の２）や財産所在地（３条の３第３号）に管轄が認められるのに加えて、３条の３第12号が相続開始時における被相続人の住所等が日本にある場合、日本の裁判所の管轄を認めている。

家事事件の国際裁判管轄ルールの立法については検討されてきたが、平成30年４月18日、人事訴訟法等の一部を改正する法律（平成30年法律第20号）が成立している（施行期日は平成31年４月１日）。

⑽ 保全命令事件の国際裁判管轄

本案の権利の実現を保全するための暫定的措置として、**仮差押え**および**仮**

処分があり、後者は、**係争物に関する仮処分**と**仮の地位を定める仮処分**とがある（民保法1条）。

仮差押えが、金銭債権の執行を保全するため、債務者の財産、たとえば、不動産、動産、債権等の現状を維持することを目的とするのに対し、係争物に関する仮処分は、非金銭債権の執行を保全するため、その債務の対象となる特定の物または財産権の現状を維持することを目的とし、これには、たとえば、不動産の処分禁止の仮処分がある。

これに対し、仮の地位を定める仮処分は、将来の執行を保全するのではなく、権利関係に争いがあることから債権者に生じる現在の危険や不安を除去するため、暫定的な法律状態を形成し、この状態を維持することによって将来における権利の確定とその実現を図ることを目的とし、これには、たとえば、継続的供給契約が供給者により一方的に解除され、契約内容の履行が拒否されたときに、被供給者がその解除が無効であると争って、契約上の地位の保全を求める場合がある。

国際取引紛争においても、これら暫定的保全措置が必要となる場合があるが、この保全命令事件の国際裁判管轄については、民事保全法11条が、「保全命令の申立ては、日本の裁判所に本案の訴えを提起することができるとき、又は仮に差し押さえるべき物若しくは係争物が日本国内にあるときに限り、することができる」と定める。したがって、①日本の裁判所に本案の訴えを提起することができるとき、または、②仮に差し押さえるべき物若しくは係争物が日本国内にあるときに限り、国際裁判管轄が肯定される。

上記①は、本案訴訟に対する**保全手続の付随性**（民事保全は、本案訴訟の存在を前提とし、本案訴訟が提起されなければ、保全命令は取り消され（民保法37条）、本案訴訟で債権者が敗訴したときは、保全命令は事情の変更により取り消される（民保法38条）。このように保全手続は、本案訴訟に付随（従属）する性質を有する）および裁判所の審理の便宜、上記②は、執行の実効性等からそれぞれ管轄原因を認めるものである。

2．国際訴訟競合

国際化学がサミエル社に供給した製品の欠陥をめぐって両者で紛争となり、サミエル社が国際化学を相手にナタリア国の裁判所に損害賠償を求めて提訴した。これに対し国際化学は、その債務不存在の確認をわが国の裁判所に求めることができるか。

(1) 問題の所在

国際取引紛争の解決をめぐっては、日本の当事者が、外国の裁判所に被告として訴えられ、訴訟が係属した後（わが国の通説によれば、訴状が被告に送達された時に**訴訟係属**が生じる）、これと同一の事件について、わが国の裁判所に重ねて訴えを提起する場合がある。この場合、わが国の裁判所は、外国訴訟と競合する訴えを規制、調整すべきであるか。

すなわち、これを規制、調整せず、放置すると、同一の事件について判決が抵触する可能性が生じ、その場合、両者の処理が問題となる。また、重複する訴訟手続は、当事者の負担が増えることになり、また、裁判所にとっても、費用、労力を費やすことになる。

この国際間で訴訟が競合することは**国際訴訟競合**と呼ばれている。国内であれば、同一の事件について別訴を許すと、重複する訴訟は不経済であり、同一事件について矛盾する判決が生じて法律関係が混乱するおそれがあることから、民事訴訟法142条が、「裁判所に係属する事件については、当事者は、更に訴えを提起することができない」と規定し、訴訟がいったん係属すると、当事者は同一の事件について再び訴えを提起することはできない。これを**二重起訴の禁止**という。

これに対し、国際訴訟競合については、明文の規定がない。また、国際裁判管轄に関するルールの作成作業において国際訴訟競合に関する規定を設けるべきかどうか議論がされたが、最終的には規定は設けられなかった。しかし、国際訴訟競合においても、国内での訴訟競合と同様に、判決の矛盾抵触などの問題が生じ、これを防止することが求められる。

この国際訴訟競合には、同一の事件について、同一の原告が同一の被告を複数国で提訴する原被告共通型と、提訴された被告がその国以外で逆に相手を提訴する原被告逆転型との２つのタイプがある。

前者には、たとえば、外国企業が自国の裁判所に対し日本企業を被告として提訴した後、更にわが国の裁判所に提訴する場合がある。これに対し、後者には、外国で損害賠償請求訴訟の被告とされた日本企業が有利な判断を得ようとして、わが国でその債務不存在確認訴訟を提起する場合がある。

これまで国際訴訟競合の問題について判断した最高裁判決はない。以下では、下級審の判例、学説の立場を見ることにする。

⑵　規制消極説

この問題について裁判所は、民事訴訟法142条の「裁判所」には外国の裁判所は含まれず、国際訴訟競合を規制する規定がないことから、国際訴訟競合を放置する立場（規制消極説）を採ってきたが、最近では、国際訴訟競合の弊害を防止するために、外国訴訟の係属を規制する裁判例が見られ、学説も規制する立場に立っている。

まず、この規制消極説に立った有名な判例として、関西鉄工第１事件の大阪地中間判昭48・10・９判時728号76頁がある。この事件の概要は次のとおりである。

⑶　関西鉄工第１事件判決

米国において日本の商社の現地法人Ｙが日本のメーカーＸから買い受けたプレス機械を米国で販売したところ、その製品を使用して負傷した被害者から損害賠償請求訴訟（米国第一訴訟）を受けた。Ｙは、その訴訟手続で、敗訴した場合に備え、予めＸを相手にその求償を求める訴訟（米国第二訴訟）を提起した。Ｘは、これに対抗して、Ｙを相手に、大阪地裁にその求償債務の不存在の確認を求める訴えを起こした。

Ｙは、本件訴訟について、わが国に国際裁判管轄がなく、米国での訴訟との関係で二重起訴に当たることを理由に、これを不適法却下すべきである旨主張した。

大阪地裁は、国際裁判管轄を肯定した上で、米国での訴訟との関係について、「Y は、本訴が先に係属した米国第二訴訟との関係でいわゆる二重訴訟(民事訴訟法第231条〔現142条〕)にあたるから不適法である旨主張するが、同条にいう『裁判所』はわが国の裁判所を意味するものであって外国の裁判所を含まないと解すべきであるから、この点の Y の主張も理由がない」と判示し、Y の主張を退けた。

この判決は、規制消極説に立ったことから、その後、わが国の判決と矛盾抵触する米国判決のわが国における承認・執行が問題となった。

(4) 規制積極説

最近の学説は、国際訴訟競合を規制する必要があるとする見解に立ち、判例もこの見解に立つものがある。しかし、その具体的な規制の方法については見解が分かれている。

(a) 承認予測説

これは、わが国に国際裁判管轄が認められることを前提に、先に係属した外国訴訟において将来下される判決が、民事訴訟法118条が規定する外国判決の承認要件に照らして、わが国で承認される可能性を検討し、承認されることが予測される場合に、わが国の訴訟を規制すべきであるとする。この立場は、**承認予測説**と呼ばれる。

わが国は、外国判決について、後に見るように、民事訴訟法118条に規定する要件を満たす限り何ら承認のための手続なしに自動的にその効力を認める制度(**自動承認制度**)を採っている。したがって、外国の裁判所に係属している訴訟であっても、将来、わが国で承認が予想されるような判決が下される可能性がある場合には、本案判決を得る必要性がなく、訴えの利益(権利保護の利益)を欠き、その外国での訴訟係属は、国内の他の裁判所に係属しているものと同視することができるので、後の国内での訴えを認めるべきではないとする見解である。

しかし、外国判決が日本で承認されるには民事訴訟法118条の要件をすべて具備する必要があるが、とりわけ公序要件、すなわち、「判決の内容及び訴訟手続が日本における公の秩序又は善良の風俗に反しないこと」（同３号）を具備するか否かを事前に判断することは困難であると批判される。また、この承認予測説は、承認の予測が外れた場合、内外判決が抵触し、あるいは、いずれの裁判所でも裁判を受けることができない事態が生じてしまうという問題がある。

この見解に立つ判例として、たとえば、東京地判平元・５・30判時1348号91頁がある。この事件の概要は次のとおりである。

米国法人Ｙが日本法人Ｘに対し、ノウ・ハウを違法に入手したとして損害賠償等を求めて米国の裁判所に提訴した。これに対し、Ｘは、その損害賠償等の不存在の確認を求める訴えを東京地裁に提起した。Ｙは、本案前の抗弁として、本件訴えは、国際的二重起訴として不適法であるから、却下されるべきであり、仮にそうでないとしても、将来において、米国訴訟の判決が確定し、承認要件の具備が確認されるまでの間、民事訴訟法220条〔現130条〕または221条〔現131条〕に基づき訴訟手続は中止されるべきであると主張した。

東京地裁は、国際裁判管轄を肯定した上で、国際訴訟競合の問題については、次のように判示し訴えを却下する理由はないと判断した。また、Ｙが主張する本件訴訟手続の中止については、実体法上の根拠がないことから否定した。

> 二重起訴の禁止を定める民事訴訟法231条〔現142条〕の該当性については、同条にいう「裁判所」とは、我が国の裁判所を意味するものであって、外国の裁判所は含まないものと解するのが相当であるから、本件訴訟が同条に定める二重起訴に当たるとすることはできない。また、そもそも、国際的な二重起訴の場合は、国内的な二重起訴の場合と異なり、これをいかなる要件のもとにどのように規律すべきかについて実定法上の定めがない上、内国訴訟においては、原告が選択した管轄裁判所で審理することが被告に著しい損害を与える場合には他の管轄裁判所に移送する制度（民事訴訟法31条〔現17条〕）が存するのに対し、外国の裁判所に係属した事件についてはそのような制度がなく、ま

た、主権国家が並存し、各国家間に統一された裁判制度も国際的な管轄の分配に関する一般的に承認された原則も存在しない現状においては、安易に先行する外国訴訟に常に優位を認めることも適当ではないといわなければならない。しかし、国際的な規模での取引活動が広く行なわれている今日の社会において、日本の裁判所に管轄権が認められさえすれば、同一の訴訟物に関する外国訴訟の係属を一切顧慮することなく常に国際的な二重起訴状態を無視して審理を進めてよいとも認め難い。そこで、この点については、同法200条〔現118条〕が一定の承認要件の下に外国判決の国内的効力を承認する制度を設けている趣旨を考え、国際的な二重起訴の場合にも、先行する外国訴訟について本案判決がされてそれが確定に至ることが相当の確実性をもって予測され、かつ、その判決が我が国において承認される可能性があるときは、判決の抵触の防止や当事者の公平、裁判の適正・迅速、更には訴訟経済といった観点から、二重起訴の禁止の法理を類推して、後訴を規制することが相当とされることもあり得るというべきである。

しかしながら、弁論の全趣旨によれば、本件口頭弁論終結時において、米国訴訟は、……全体としていまだ本案審理を開始する段階に至っていないことが認められ、将来において米国訴訟についての本案判決が下され、それが確定するに至るかどうかについては、現段階で相当の確実性をもって予測することはできない。そして、同法200条の要件のうち、3号の要件については、それが将来における米国訴訟の判決の内容のみならずその成立過程に関する事柄を含むものである以上、現段階でいまだ本案審理も開始されていない米国訴訟の判決が同号の要件を具備するものと断定することもまた困難である。

してみれば、本件について、我が国の裁判所が、不法行為地の裁判所として管轄権を有するにもかかわらず、現段階で承認可能性のある本案判決がされるかどうかを確実に予測することができない米国訴訟が先に係属していることを理由に二重起訴の禁止の法理の趣旨を類推して本件訴えを不適法として却下し、その審理を拒絶することは相当ではないといわなければならない。

(b) 比較衡量説

この承認予測説とは別に、国際訴訟競合の規制を国際裁判管轄の決定の問題として捉え、わが国と訴訟が係属する外国のいずれがより適切な法廷地であるかという観点から国際裁判管轄の有無を決定する立場がある。これは、

比較衡量説という（**プロパー・フォーラム説**（**便宜法定地説**）とも呼ばれる）。この見解によれば、多様な利益衡量が行われ、規制の判断における法的安定性を欠くという問題がある。

(c)「特段の事情」の中で考慮

また、先に取り上げた関西鉄工第１事件と同様に、日本企業Ｘが米国企業Ｙに対し米国での製造物責任訴訟（アメリカ第１訴訟）の訴訟手続で提起された求償請求の訴訟（アメリカ第２訴訟）に対抗して、その債務の不存在の確認を求めて東京地裁に提訴したのに対し、東京地判平３・１・29判時1390号98頁は、修正逆推知説の立場に依拠し、国際裁判管轄を否定すべき「特段の事情」の１つとして外国訴訟係属を考慮し、次の４つの事情がこれに当たると判断し、本件訴えを却下した。

> まず当裁判所に裁判権を認めた場合、製造物責任の有無、求債権の存否、範囲等について、審理を尽くすことになるが、本件請求権は、アメリカ第１訴訟で、Ｙがホゼ・ルーナに敗訴し、その損害賠償債務を同人に履行した場合に初めて効力が発生する停止条件付き請求権である。本件で確認の利益が認められるかどうかはさておき、仮にＹがアメリカ第一訴訟で勝訴しその判決が確定すれば、停止条件の不成就が確定し、本件請求権は発生しないことになるので、審理が全くムダになってしまう。また、準拠法の問題、日米両国の製造物責任に関する判例の相違等も相まって、両者の判決が、抵触してしまう可能性も大きい。
>
> Ｘがアメリカ第２訴訟に応訴するだけではなく、本訴を提起したのは、日本で訴訟を追行する便宜もさることながら、一般的にアメリカでは、日本に比べて製造物責任が広く認められる傾向があるので、予め本訴で勝訴判決を取得しておけば、将来Ｘがアメリカ第二訴訟で敗訴したとしても、その判決の我が国での執行を阻止することに役立つからに他ならない……。このように外国における給付判決の執行を阻止することを目的にして、我が国で債務不存在確認訴訟を提起するのは、各国の製造物責任に関する法規や判例（典型的な例として）に大きな差異がある現状では、やむを得ない面もあり、直ちに違法であるとはいい難い。しかしこれを無制限に許すときは、我が国の民事訴訟法の外国判決承認制度の趣旨を没却ないし著しく狭めることになり、また被害者の実質的な救済を困難にし（本件でいえば、アメリカ側当事者に資力がなく、日本側当

事者が日本国内にのみ資力を有するような場合)、ひいては相互主義の見地から、日本の裁判所の判決が外国で承認されなくなる恐れもある。したがって、本件請求権のように、アメリカ第1訴訟の結果如何で停止条件の成就、不成就が決まるような場合にはむしろアメリカで審理を行うのが適切である。

次に本件では、アメリカの訴訟が先行して提起され、準備書面の交換、証拠の収集が相当程度進んでおり、したがってアメリカで審理を行うのが便宜であった。

Xは、本訴においてかかるアメリカ訴訟の進行を考慮すると、両国の製造物責任の範囲の違いからXにのみ不利益を強いることになるし、アメリカの裁判権を日本の裁判権に優先させることになる、と主張する。しかし、今日のように国際交通、商取引が極めて活発に行われ、それに伴う渉外民事紛争も多発している現状では、民事訴訟法が外国判決の承認の制度を採っていることを前述した審理の重複、判決の抵触を避けるという見地から、訴訟追行にどの国の裁判所が最も適切か、という観点からの検討が必要であり、本件でも、国際裁判管轄を決定する要素の一つとして、先行して提起されたアメリカ訴訟の進行状況をも考慮に入れるべきである。

第3に本件に関する証拠は、ほとんどアメリカ国内にあり、この点から審理はアメリカで行うのが便宜である。

最後に、前記のようにXはアメリカに、Yは日本に、それぞれ財産、営業所や事務所、関連会社等を有していない。したがって、相手国での訴訟追行は、お互いに負担になるが、Xは、自社の製品をアメリカに輸出して利益を上げたのであるから、将来アメリカで製造物責任訴訟を提起されることも予期しえたはずである。他方、……Yは、本件製麺機の製造物責任に関する訴訟を日本国内で提起されることなど全くの予期しえなかったであろう。したがって、この点からもYに日本国内で応訴させるのは、不公平である。

この判例と同じ立場に立つ最近の裁判例として、東京地中間判平19・3・20判時1974号156頁、横浜地判平26・8・6判時2264号62頁がある。また、最判平28・3・10民集 70巻3号846頁は、判決が抵触する同一事件ではないが、外国裁判所の関連訴訟が係属していることを民訴法3条の9の「特別の事情」の考慮要素の1つとして挙げている。

この外国において競合する訴訟の存在を「特段の事情」の1つとして考慮

し、国際訴訟競合の規制を図るという判例実務は、民事訴訟法３条の９の下でも維持されるように思われる。

もっとも、原被告共通型の場合と併せて、原被告逆転型の対抗訴訟についてわが国の裁判所が本案について訴訟手続を進めるか否かを予測することは必ずしも容易ではない。また、国際訴訟競合は、規制するとしても、事件によっては、わが国での訴訟が外国での訴訟と並行して進み、その結果、内外判決の抵触という問題も生じる。この内外判決の抵触の問題については、後に取り上げる。

３．国際司法共助による送達

⑴　送達とは何か

国際化学はサミエル社との間で売買契約から生じている紛争の解決のため交渉を重ねてきたが、解決の目途が立たないところ、サミエル社から、直接、国際化学に対し郵便で、売買契約違反による損害賠償請求訴訟をナタリア国の裁判所に提起した旨の訴状と期日呼出状が送られてきた。日本語の訳文の添付はなく、内容がよくわからないが、裁判所が決めた日時に法廷に出頭する旨の記載がされている。このような通知は適法か。

訴訟手続は、訴状という書面を裁判所に提出することにより開始される。これが訴えの提起である（民訴訟133条）。訴えの提起があると、訴状に不備がないか否かが審査され、その後、訴状は被告に交付され、その内容を知らせることになる（同138条）。また、口頭弁論の期日の呼び出しがされる（同139条）。

このような訴状など裁判上の書類を了知させる目的で行う行為を**送達**という。被告が法人の場合、法人の代表者が名宛人となる（民訴法102条、37条）。送達は、送達を受けるべき者の住所、居所、営業所または事務所において行われる（同103条１項）。

この送達は、裁判所が職権で行い（同98条）、郵便または執行官によることになるが（同99条）、通常、前者によることが多いとされる。また、送達は、名宛人に直接交付して行う方法（同101条）によるのが原則である。これを**交付送達**という。この場合、名宛人が不在の場合、その関係者に交付することが認められている（同106条１項、２項）。これを**補充送達**という。また、送達を受けるべき者が正当な理由なく受領を拒絶するときは、その場所に差し置くこともできる（同106条３項）。これを**差置送達**という。このほか、**出会送達**といって、名宛人と出会った場所で送達することも認められている（同105条）。

これらの方法によっても送達ができない場合には、書留郵便等で発送することができる（同107条１項１号）。これを**付郵便送達**といい、書類を発送した時点で送達したことになる（同107条３項）。しかし、この方法によっても送達ができない場合には、送達すべき書類を保管し、出頭すればいつでも送達を受けるべき者に交付する旨を裁判所の掲示板に掲示することによって行う**公示送達**（同110条から113条まで）の方法がある。

(2) 国家主権との関係

以上は、名宛人が国内に所在する場合である。名宛人が国外に所在する場合には、外国における送達として、民事訴訟法は、「外国においてすべき送達は、裁判長がその国の管轄官庁又はその国に駐在する日本の大使、公使若しくは領事に嘱託してする」（民訴法108条）と定めている。

この場合、送達を自国以外の領域で行うことが国際法上許されるか否かが問題となる。すなわち、国際法上、国家は、国家管轄権として、①国内法を制定する権限（**立法管轄権**）、②国内法を適用して具体的な事案を審理、判決を下す権限（**司法管轄権**）、③逮捕、捜査、押収、拘留など物理的な手段によって国内法を執行する権限（**執行管轄権**）を有する。①と②については、自国領域内に限定されないと考えられている。①については、たとえば、独占禁止法が域外適用され、②については、国際裁判管轄法制において見たように、自国領域外に所在する者に対しても裁判権が行使される。これに対し③については、自国領域内に限られ、訴訟手続における送達や証拠調べなどの物理的行為もこれに当たり、これらの行為を他国の領域内で行うことは、他国の同意がない限り、他国の主権を侵害することになり、許されないと考えられている。したがって、送達の場合、通常、国家間の合意に基づき相手国が裁判手続に協力するという方法で行われる。

この外国の裁判手続のために協力することは国際司法共助と呼ばれている。この国家間の合意には、多数国間条約、二国間条約、二国間共助取決め、必要に応じて行われる個別の応諾がある。

⑶　国際司法共助の法源

多数国間条約としては、ハーグ国際私法会議で1954年に作成された「**民事訴訟手続に関する条約**（Convention relative à la procédure civile)」いわゆる**民訴条約**（締約国は2017年３月14日現在、わが国を含め49か国（発効国48））および同条約の送達に関する第１章の規定を改正することを目的として1965年に作成された「**民事又は商事に関する裁判上及び裁判外の文書の外国における送達及び告知に関する条約**（Convention on the Service Abroad of Judicial and Extrajudicial Documents in Civil or Commercial Matters)」いわゆる**送達条約**（締約国は2018年４月11日現在、わが国を含め73か国）がある。

わが国は昭和45年に両方の条約を批准している（昭和45年条約第６号、第７号)。後者は、米国を始め英米法の国も加盟しており、前者に比べてより重要であるとされる。

これに対し、わが国が結んでいる二国間条約としては、「**日本国とアメリカ合衆国との間の領事条約**」（昭和39年条約第16号）いわゆる**日米領事条約**と「**日本とグレート・ブリテン及び北部アイルランド連合王国との領事条約**」（昭和40年条約第22号）いわゆる**日英領事条約**の２つがある。また、わが国が共助の合意をしている国としては、ブラジル、タイなどの国があり（**二国間共助取決め**)、このような包括的な合意ではなく、個別具体的事件について外交上の交渉により共助の合意をし、それに基づき実施することもあり、この**個別の応諾**は、たとえば、韓国との間で行われている。

この国際司法共助に関するわが国の法令には、民訴条約および送達条約の実施に伴う民事訴訟法の特例として、「民事訴訟手続に関する条約等の実施に伴う民事訴訟手続の特例等に関する法律」（昭和45年法律第115号）いわゆる特例法、二国間共助取決めおよび個別の応諾に基づきわが国が司法共助を行う際に適用される国内法として、「外国裁判所ノ嘱託ニ因ル共助法」（明治38年法律第63号）いわゆる共助法等がある。

⑷　わが国の訴訟のために外国で行う送達

⒜　民 訴 条 約

まず、わが国の訴訟のために外国で行う送達方法として、第1に、民訴条約による送達がある。この送達による場合、送達を要請する国である嘱託国の領事官から相手国である受託国の指定する当局である指定当局に送達を要請し、これを受けて、受託国の送達を実施する当局である受託当局が送達を実施する（民訴条約1条1項、2条）。

この送達は、**受訴裁判所→最高裁判所→外務省→在外領事官→指定当局→受託当局→被告**というルートを経て行われる。この送達のことは、**指定当局送達**と呼ばれる。また、外交上のルート、すなわち、外国に駐在するわが国の大使から外国の外務省に要請して送達することを各締約国が希望する旨の宣言をしている場合には、この方法によることになる（民訴条約1条3項）が、この方法による送達が行われることはほとんどないとされる。

民訴条約6条は、その他の送達として、締約国である当該外国が拒否しない場合に限り、① 外国にいる利害関係人に対し直接に文書を郵送する方法、② 利害関係人が直接名宛国の裁判所附属吏または権限のある官吏に送達を行わせる方法、および、③ 各国が外国にいる者に対する直接の送達を自国の外交官または領事官に行わせる方法（**領事送達**）を定めている。

わが国は、②のうち裁判上の文書については拒否している。ここにいう「裁判上の文書」とは、紛争の解決を目的として裁判上用いられる文書であり、訴状、期日呼出状、答弁書、準備書面、書証、判決書などがある。

これに対し、「裁判外の文書」とは、紛争を未然に防止し、または権利を保全するための文書で、特に送達を要するものと限定的に解されており、わが国においては、民事執行法22条5号の執行証書（金銭の一定の額の支払いまたはその他の代替物もしくは有価証券の一定の数量の給付を目的とする請求について公証人が作成した公正証書で、債務者が直ちに強制執行に服する旨の陳述が記載されているもの。債務名義の１つである）がこれに当たるとされる。

③の領事送達については、外国にいる自国民に対して強制を伴わない方法による限り、接受国はこれを拒否することができない（民訴条約６条２項後段）。この場合、自国民に対する送達には翻訳文の添付は要請されておらず、外国にいる日本人に対する送達としては、この方法による場合が多いとされる。この領事送達は、**受訴裁判所→最高裁判所→在外領事官等→被告**というルートを経て行われる。

(b)　送 達 条 約

第２に、送達条約による送達がある。この送達による場合、わが国の外務省、領事官を経ず、受訴裁判所が直接に締約国の中央当局に送達の要請をし、これを受けて、受託国の送達を実施する当局である受託当局が送達を実施する（送達条約３条１項、２項）。この送達は、**受訴裁判所→最高裁判所→中央当局→実施当局→被告**というルートを経ることになる。この送達のことは、**中央当局送達**と呼ばれる。

送達条約は、強制によらない限り、領事送達も認めている（同８条１項）。ただし、文書の作成された国の自国民に対する送達を除き、いずれの国も、これを拒否することができる（同８条２項）。わが国はこの拒否の宣言をしていない。

また、送達条約10条は、締約国が拒否の宣言をしない限り、その他の送達として、① 外国にいる者に対して直接に文書を郵送すること、② 嘱託国の送達権限を有する者が名宛国の送達権限を有する者に送達を行わせること、③ 裁判手続の利害関係人が直接名宛国の送達権限を有する者に送達を行わせることを認めている。

わが国は、②と③については拒否の宣言をしているが、①については拒否の宣言をしていないことから、外国からの①の方法による送達の適否が問題となる。同様の問題は民訴条約についても当てはまる。

(c) 日米領事条約、日英領事条約

この2つの多数国間条約のほか、領事送達を定めている二国間条約として、日米領事条約（17条1項(e)号）および日英領事条約（25条）があり、いずれも、相互に、領事官が派遣国の法令に従い、かつ、接受国の法令に反しない方法で、接受国にいるすべての者に対し裁判上の文書の送達を認めている。この方法による場合、名宛人が任意に受領しない限り、送達はできない。

(d) 二国間共助取決め、個別の応諾に基づく送達

また、二国間共助取決めに基づく送達は、外交上のルートを通じて行われる。この場合の送達の嘱託は、**受訴裁判所→最高裁判所→外務省→在外大使→外国外務省→外国裁判所→被告**というルートを経ることになる。送達の実施は、被告所在地の管轄裁判所が行い、この送達のことは、**管轄裁判所送達**と呼ばれる。

これに対し、個別の応諾に基づく送達は、管轄裁判所送達のほか、国によっては、領事送達が認められている。

(e) 公示送達による送達

外国においてすべき送達について、民事訴訟法108条によることができず、もしくは、これによっても送達をすることができないと認めるべき場合、または、108条の規定により外国の管轄官庁に嘱託を発した後6月を経過してもその送達を証する書面の送付がない場合には、公示送達によることができる（民訴法110条1項3号、4号）。

公示送達は、裁判所の掲示場に掲示を始めた日から2週間を経過することによって、その効力を生じるが（民訴法112条1項）、外国においてすべき送達については、2週間が6週間となる（同2項）。

たとえば、被告が台湾にいる場合、わが国と台湾との間に正式な外交関係はなく、外交上のルールを通じて送達はできない。また、領事官も駐在していないので、領事送達もできない。したがって、公示送達によることになる。その場合、裁判所書記官は、送達すべき文書を被告の住所に対し郵送し、公示送達があったことを通知することになる（民訴規則46条2項）。この

通知は、送達そのものではなく、主権侵害のおそれはないとされる。

もっとも、公示送達による送達が、外国判決の承認要件を具備しない場合、その外国で判決を執行することはできない。

(5) 外国の訴訟のためにわが国が行う送達

逆に、わが国に所在する被告に対する送達も、外国に所在する被告に対する送達と同様に、民訴条約、送達条約、二国間領事条約、二国間共助取決めおよび個別の応諾に基づき実施される。

(6) 送達方法の選択

以上、送達方法について概観したが、実際の訴訟で、複数の送達方法が可能である場合、当事者は受訴裁判所に対しいずれかの方法を選択し申し出ることになる。その場合、領事送達は手続が簡便で送達に要する時間も比較的短期間であるが、被告が任意に受領しない場合は、送達されないという問題がある。

領事送達以外の送達方法の場合、送達には数か月、長い場合は１年以上の期間を要することになるが、被告が受領することを拒否することが予想される場合には、領事送達以外の方法を採らざるをえない。

(7) 送達条約10条(a)による直接郵便送達の問題

(a) 職権送達主義と当事者送達主義

わが国の裁判所に訴えが提起された場合、被告に対して訴状と口頭弁論の期日呼出状を送達することになるが（民訴訟138条、139条）、この送達は、裁判所の職権で行うことになっている（同98条）。これは**職権送達主義**と呼ばれている。

これに対し、英米法の国では、**当事者送達主義**を採り、たとえば、米国では、原告本人や代理人弁護士が訴状や期日呼出状を被告に直接交付する（personal delivery）、あるいは、郵便により送付する方法が採られている。このような米国国内での送達事務の取扱いが、わが国にいる被告に対しても行われ、訴状や期日呼出状が直接郵便で送付されてくることがある。

(b) 直接郵便送達の根拠

送達条約は、上で見たように、中央当局送達以外のその他の送達方法として、10条において、締約国が適用拒否の宣言をしない限り、外国にいる者に対して直接に文書を郵送することを認めている。わが国は、拒否の宣言をしていないことから、外国からの直接郵便による送達の適否が問題となる。

特に、米国の訴訟において、米国の訴訟の原告やその代理人がわが国にいる被告に対し訴状や期日呼出状を直接郵便で送達することが日本法上適法な送達とされるか否かが問題となる。

これは、外国判決の承認・執行の局面において問題となる。すなわち、外国判決の承認・執行要件の1つとして、民事訴訟法118条2号は、「敗訴の被告が訴訟の開始に必要な呼出し若しくは命令の送達（公示送達その他これに類する送達を除く。）を受けたこと」を要求しており、直接郵便による送達がこの要件を具備するか否かが問題となる。

直接郵便による送達が適法であり、この2号の要件を具備するならば、外国訴訟を無視するわけにはいかない。逆に、ここにいう送達に当たらないとすれば、外国での訴訟を無視しても、その結果下された欠席判決がわが国で執行されることはない。

また、この直接郵便による送達は民訴条約にも同じ規定があり（6条）、わが国はその適用の拒否の宣言をしていないので、民訴条約の締約国からの直接郵便による送達も同様に問題となる。

(c) 日本政府の公式見解

わが国の政府は、送達条約10条(a)の適用の拒否をわが国が宣言をしなかったことについて、既に、1989年4月のハーグ国際私法会議特別委員会において、「わが国が10条(a)につき拒否宣言をしていないのは、外国から裁判上の文書が直接郵便されてきたとしても、わが国としては、それを主権侵害とはみなさないということを意味しているだけであって、それをわが国においても訴訟法上の効果を伴う有効な送達として認容することまでをも意味するものではない（[N]o objection to the use of postal channels for sending judicial documents to persons in Japan does not necessarily imply that the sending by such a method is considered valid service in Japan; it merely indicates that Japan does not consider it as infringement of its sovereign power)」との公式見解を表明している。

したがって、この見解によれば、直接郵送がわが国の主権を侵害するものではないものの、民事訴訟法118条２号にいう送達に常に当たるとは言えないと考えられる。

(d)　学　　説

この問題についてわが国の学説は、訳文の添付を問わず、全面的に適法であるとする説、わが国が送達条約10条(a)の裁判上の文書の直接郵送について適用拒否の宣言をしなかったのは、直接郵送の事実上の効果を承認するに過ぎず、これによって外国において行うべき送達に新たな一方法を加えたものとは解されず、全面的に不適法であるとする説、この拒否宣言をしなかった以上、直接郵送による送達は、条約違反とは言えず、不適法とすることはできないが、期日までの時間的余裕が十分にない（**適時性**）、訳文が添付されていない（**了解可能性**）場合には、不適法であるとする説などに分かれている。

(e)　判　　例

裁判例は、これまで４つの下級審判決が公表されている。

わが国が送達条約10条(a)の裁判上の文書の直接郵送について適用拒否の宣言をしていない点に言及しつつ、訳文が添付されていない直接郵便による送達は、民事訴訟法118条２号の要件を具備しないとする立場を採る裁判例として、東京地判平２・３・26金融・商事判例857号39頁がある。

この事件では、原告が日本人の被告に対し損害賠償を命じたハワイ州の裁判所の欠席判決の執行許可を求めて東京地裁に提訴した。裁判所は、次のように判示し、この判決が民事訴訟法200条２号〔現118条２号〕の要件を具備しないとして、原告の請求を棄却した。なお、現行民事訴訟法118条２号の規定は、被告を日本人に限定していた旧民事訴訟法200条２号の規定を改め、被告の国籍要件を撤廃している。

民訴法200条２号〔現118条２号〕にいう「訴訟の開始に必要な呼出しもしくは命令の送達」があったというためには、通常の弁識能力を有する日本人にとって送られてきた文書が司法共助に関する所定の手続を履践した「外国裁判所からの正式な呼出しもしくは命令」であると合理的に判断できる態様のものでなければならず、そのためには、当該文書の翻訳文が添付されていることが必要であるというべきである。

この点に関しては、同条同号の趣旨が、十分な防禦の機会を与えられないまま敗訴した日本人被告を保護しようとするものであるから、送られてきた外国文書を受領した被告が語学に堪能であってその文書の内容を十分に理解できる場合には翻訳文が添付されていなくとも送達の効力を認めて良いとの考えもあろう。しかしながら、右のような個別的主観的事情を考慮しなければ文書の送達の効力を決せられないとすることは、文書を受領した被告の地位を不安定にするばかりか、後日の紛争を防止するために特に厳格な方式が要請される送達制度の趣旨や多数の事件を処理するために要請される訴訟手続の画一性及び安定性に著しく反することになり妥当でない。もっとも、このように解した場合には、わが国が民事又は商事に関する裁判上及び裁判外の文書の外国における送達及び告知に関する条約10条(a)の裁判上の文書の直接郵送につき適用拒否の宣言をしていない点が問題となるが、右はかかる郵送による通知行為としての事実上の効果を承認するにすぎず、外国においてなすべき新しい送達方法を積極的に創設したものとは解されないから、先の結論に影響を及ぼすものではない。弁論の全趣旨及びこれにより真正に成立したものと認められる……を総合すれば、本件外国判決にかかる訴状及び呼出状は1984年（昭和59年）１月４日、原告代理人により　被告宛郵便に付されたが、これには翻訳文が添付されていなかったことが認められる。

そうすると、本件外国判決は、民訴法200条２号の要件を欠くことになるから、その余の点について判断するまでもなく、本訴請求は理由がない。

米国からの直接郵便送達について、この事件と同じ見解を示す裁判例として、東京地八王子支判平９・12・８判タ976号235頁がある。また、同じく米国からの直接郵便送達について、東京地裁昭63・11・11判時870号88頁は、「司法共助に関する所定の手続を履践せず翻訳文も添付しない単なる郵便による送達のように、防御の機会を全うできないような態様での送達は、原則として、その適法性を肯認しがたいものというべきであろう」と判示している。

また、フランスから直接郵送された訴状等の適法性について、訳文が添付されていないことを理由に旧民事訴訟法200条2号の要件を具備しないとした裁判例として東京地判昭51・12・21判タ352号246頁がある。

(f)　直接郵便による送達の適法性

以上の裁判例によれば、送達条約または民訴条約の締約国から訳文が付されずに訴状や期日呼出状が直接郵便により送られてきた場合、適法な送達であると判断されない可能性が高いと考えられる。しかし、判例は下級審しかなく、また、その数も少なく、適法でないと断定し得ない。また、法廷地国に財産があり、直接郵便送達が法廷地国法上、適法とされる可能性が否定できない場合には、訴訟を無視するわけにはいかず、送達の適法性を争って訴えの却下等を求めるか、あるいは応訴して本案について争うことになろう。

(g)　直接交付を不適法とした最高裁判例

わが国の最高裁判所は、直接郵便送達ではないが、香港高等法院が下した訴訟費用負担命令等に基づく執行判決請求訴訟において、わが国において直接被告らに交付された訴訟費用負担命令の申立書であるノーティス・オヴ・モーション（notice of motion）の適法性について次のように判示している。（最判平10・4・28民集52巻3号853頁）。

> 民訴法118条2号所定の被告に対する「訴訟の開始に必要な呼出し若しくは命令の送達」は、我が国の民事訴訟手続に関する法令の規定に従ったものであることを要しないが、被告が現実に訴訟手続の開始を了知することができ、かつ、その防御権の行使に支障のないものでなければならない。のみならず、訴訟手続の明確と安定を図る見地からすれば、裁判上の文書の送達につき、判決国と我が国との間に司法共助に関する条約が締結されていて、訴訟手続の開始に必要な文書の送達がその条約の定める方法によるべきものとされている場合には、条約に定められた方法を遵守しない送達は、同号所定の要件を満たす送達に当たるものではないと解するのが相当である。

> これを本件について見ると、我が国及び当時香港につき主権を有していた英国は、いずれも「民事又は商事に関する裁判上及び裁判外の文書の外国における送達及び告知に関する条約」の締約国であるところ、本件のような被上告人らから私的に依頼を受けた者による直接交付の方法による送達は、右条約上許容されていないのはもとより、我が国及び英国の二国間条約である「日本国とグレート・ブリテン及び北部アイルランド連合王国との間の領事条約」（いわゆる日英領事条約）にもその根拠を見いだすことができない。そうすると、上告人らに対する前記ノーティス・オブ・モーションの送達は、同号所定の要件を満たさない不適法な送達というべきである。

この最高裁判例によれば、送達は、「我が国の民事訴訟手続に関する法令の規定に従ったものであることを要しない」が、「被告が現実に訴訟手続の開始を了知することができ、かつ、その防御権の行使に支障のないものでなければならない」のみならず、「判決国と我が国との間に司法共助に関する条約が締結されていて、訴訟手続の開始に必要な文書の送達がその条約の定める方法によるべきものとされている場合には、条約に定められた方法を遵守」しなければ、この要件を具備しないことになる。

⑻　証拠調べ

⒜　問題の所在

送達が完了すると、訴訟手続は、当事者の主張と立証のための審理手続へと進むが、証拠調べの対象、すなわち、証拠方法が外国に所在する場合には、送達の場合と同様に、執行管轄権の限界により、その国の了解なくその国で証拠調べを行うことは許されない。したがって、証拠調べも、国際司法共助によって行われることになる。

⒝　外国で行う証拠調べ

まず、わが国の訴訟のために外国で証拠調べを行う場合、その国の管轄官庁またはその国に駐在する我が国の大使、公使もしくは領事に嘱託して行うことになる（民訴法184条）。

この証拠調べについては、民訴条約、領事条約、二国間共助取決めまたは個別的応諾に基づき行われる。証拠調べには、証人尋問、検証、鑑定人の指定などがあるが、証人尋問が多いとされる。

第１の民訴条約に基づく証拠調べとして**指定当局証拠調べ**がある。この場合、送達の場合と同様、通常、受訴裁判所→最高裁判所→外務省→在外領事官→指定当局→受託当局というルートを経て行われる（民訴条約９条１項）。証拠調べは、原則として、実施国の法律に従って行われる（同14条１項）。証人は日本人に限らず、証人の出頭を強制することもできる（同11条１項）。嘱託書等には訳文の添付が必要とされる（同10条）。

第２に、民訴条約は、相手国が拒否しない場合には、自国の外交官または領事官に直接証拠調べ等を実施させることができる旨規定している（同15条）。この証拠調べのことは、**領事証拠調べ**と呼ばれる。この証拠調べは、自国民に対する実施のみに限られるが、嘱託書に添付される尋問事項書等の翻訳文は、証人等が日本語を解する場合には、要しない。

この領事証拠調べは、領事条約に基づき実施することも可能である（日米領事条約17条１項(e)号(ii)、日英領事条約25条）。領事条約による場合、接受国にいるすべての者が証拠調べの対象となる。この領事証拠調べは、他の方法と比べて早く、確実であると言われているが、証人が出頭を拒む場合には実施できない。

第３に、**管轄裁判所証拠調べ**がある。これは、二国間共助取決めまたは個別の応諾に基づき実施される。その嘱託は、送達と同様に、受訴裁判所→最高裁判所→外務省→在外大使→外国外務省→外国裁判所というルートを経て行われる。証拠調べは、実施国の法に従って行われ、証人は、日本人に限られず、証人の出頭も強制することができる。

実務上、相手国で認められる司法共助の方法が複数ある場合、いずれの方法を実施すべきかが問題となる。送達の場合と同様に、領事証拠調べが簡便でそれに要する時間も比較的短期間であるため、証人が任意に出頭する場合には、この方法を採ることになろう。

逆に、外国の訴訟のためにわが国で実施される証拠調べについても、指定当局証拠調べ、領事証拠調べおよび管轄裁判所証拠調べによることになる。

4．外国判決の承認・執行

(1) 問題の所在

国家の裁判所の判決は、国家主権である裁判権の行使であるから、判決の効力は、その国の領域内でのみ効力を有するのを原則とする。しかし、外国判決が内国で効力を有しないとすると、外国で勝訴した当事者は、内国で再度訴訟を提起しなければならないという不都合が生じる。

また、内国で訴訟を再度行った結果、既に下された外国の判決と矛盾、抵触するという事態が生じる可能性もある。このような、当事者の権利実現の促進や跛行的法律関係の防止といった観点から外国判決であっても、内国でその効力を認める必要がある。

たとえば、日本の国際化学がサミエル社との損害賠償請求訴訟で勝訴したとしても、その勝訴判決の効力がナタリア国を含め外国で認めらないとすると、国際化学は、ナタリア国その他サミエル社の財産のある国で再び訴訟を起こさなければならず、国際化学にとって時間と費用が余計に掛かることになる。また、サミエル社の財産のある国で訴訟をしたとしても、わが国の裁判所と同一の結果が得られるとは限らない。

したがって、このような問題を回避するために、多くの国では、国内法や条約により、一定の要件を満たすことを条件に外国の判決を国内で承認し、これに基づき強制執行を行うことを認めている。これを外国判決の承認・執行という。

もっとも、わが国の判決がナタリア国その他の外国で効力が認められるか否か、これは、同国の定める要件次第ということになる。国によっては、たとえば、タイやインドネシアでは、外国判決の承認制度がなく、オランダやスウェーデンでは、外国判決は、その国との間に条約がない限り執行は許可されないとされる。また、ベルギー、ルクセンブルクでは、外国判決は、その国と条約がない限り、再度その内容が審理されることになる。

それでは、わが国において、外国判決は、どのような要件を具備する場合、その効力が認められるのであろうか。

国際化学がサミエル社に供給した製品の欠陥をめぐって両者で紛争となり、サミエル社が国際化学を相手にナタリア国の裁判所に損害賠償を求めて提訴した。その結果、サミエル社の請求を一部認容する判決が下された。この判決に基づき、わが国で国際化学の財産に強制執行を行うことができるか。

⑵　法　　源

外国判決の承認・執行に関しては、民事訴訟法に規定がある。すなわち、民事訴訟法118条は、「外国裁判所の確定判決は、次に掲げる要件のすべてを具備する場合に限り、その効力を有する」と規定し、①法令または条約により外国裁判所の裁判権が認められること、②敗訴の被告が訴訟の開始に必要な呼出しもしくは命令の送達（公示送達その他これに類する送達を除く）を受けたことまたはこれを受けなかったが応訴したこと、③判決の内容および訴訟手続が日本における公の秩序または善良の風俗に反しないこと、④相互の保証があることの４つの要件を定める。

この民事訴訟法118条の規定以外に、船舶油濁損害賠償保障法12条に規定がある。同法12条によれば、民事訴訟法118条の特則として、「1992年の油による汚染損害についての民事責任に関する国際条約」９条１項により管轄を有する外国の裁判所が油濁損害賠償請求の訴えについて下した確定判決は、①その判決が詐欺によって取得された場合、②被告が訴訟の開始に必要な呼出しまたは命令の送達を受けず、かつ、自己の主張を陳述するための公平な機会が与えられなかった場合を除き、わが国でその効力が認められる。

⑶　外国判決の承認と執行―自動承認制度

外国判決の効力のうち、同一の事項について再度の審理を遮断する効力である**既判力**、実体法律関係の変動をもたらす効力、たとえば、離婚判決の効力である**形成力**を内国でも認めることを外国判決の承認という。

わが国では、外国判決は、民事訴訟法118条の要件を具備する限り、特別な承認手続を必要としないで当然にその効力が認められる。これを**外国判決の自動承認制度**という。

これに対し、外国判決の執行は、強制執行を許可するものであるから、自動的にその効力を認めず、執行力を付与するに当たっては、裁判所が承認要件を具備するか否かを審査し、これを具備する判決に対してのみ執行を許可する。

わが国の民事執行法は、22条柱書で、「強制執行は、次に掲げるもの（以下「債務名義」という。）により行う」と規定し、同６号で、「確定した執行判決のある外国裁判所の判決」を債務名義の１つとして挙げる。

その上で、24条において、裁判所は、裁判の当否を調査しないでしなければならず（これを**実質再審査禁止の原則**という）、執行判決を求める訴えは、「外国裁判所の判決が、確定したことが証明されないとき、又は民事訴訟法第118条各号に掲げる要件を具備しないときは、却下しなければなら」ず、この要件を具備するときは、「執行判決においては、外国裁判所の判決による強制執行を許す旨を宣言しなければならない」と規定する。したがって、外国裁判所の行った事実認定や法の解釈、適用の当否は、審査の対象とはならない。

この外国判決の承認と執行について、わが国の通説によれば、外国判決の承認とは、外国法上の判決効を内国に拡張されることをいい、外国判決の執行とは、外国判決に対し内国法上の執行力を付与することをいう。

⑷ 承認適格

民事訴訟法118条柱書によれば、わが国で承認・執行の対象となるのは、「外国」の「裁判所」の「確定判決」である。

まず、「外国」とは、わが国以外の国を指す。わが国が国家として認めていない国、たとえば、台湾の場合、「外国」に含まれないのか。国家主権の行使である判決の効力を認めることはその国を承認することに関連するため、承認の対象から外れるとする見解があるが、国際取引における当事者間の私的法律関係から生じる紛争の解決のため、判決の承認・執行を認め、当事者の権利実現を図る必要から、承認・未承認を区別すべきではないと考える。

第2に、外国の「裁判所」とは、判決国法上裁判権を行使する権限を有する裁判機関である。第3に、「確定判決」とは、手続保障が確保された手続、すなわち、当事者に主張、立証の機会が保障された手続によって裁判所が終局的に行った民事裁判である。命令、決定等その判決国の形式、名称は問わない。上訴によって取り消され、あるいは変更される可能性のある判決は対象外である。判例もこの考え方に立っている（前掲最判平10・4・28）。

なお、身分関係事件の判決については、離婚判決のように、争訟性があるものは、承認適格があるとするのが判例、多数説である。これに対し、当事者間の権利、義務について判断するのではなく、権利、義務関係を具体的に形成する非訟事件判決については、争訟性の強弱によって118条を全面的に適用する見解と、以下に見る間接管轄、公序の2つの要件で足りるとする見解がある。

(5)　承認要件

(a)　間接管轄

民事訴訟法は118条1号で、「法令又は条約により外国裁判所の裁判権が認められること」を承認要件として挙げる。この要件は、裁判を行う正当な権限のない国の裁判手続に被告が応じる義務はなく、そのような権限がないにもかかわらず判決が下された場合には、その判決の効力をわが国で認める必要はないことを定めたものである。

この外国判決の承認要件である判決国の国際裁判管轄のことは、法廷地国の裁判所が有する国際裁判管轄のことを**直接管轄**（**判決管轄**）と呼ぶのに対し、**間接管轄**（**承認管轄**）と呼ばれる。この管轄の有無を判断する基準について、見解が分かれているが、民訴法改正による国際裁判管轄規定は、直接管轄のみならず間接管轄をも定めているとされる。

学説は、外国で既にされた判決に対する事後的評価をするものであり、間接管轄は直接管轄より緩やかな基準により判断すべきであるとする見解があるが、従来から直接管轄と間接管轄は同じ基準によるとの見解（鏡像理論）が通説である。これに対し判例は、最判平26・4・24民集68巻4号329頁が

「人事に関する訴え以外の訴えにおける間接管轄の有無については、基本的に我が国の民訴法の定める国際裁判管轄に関する規定に準拠しつつ、個々の事案における具体的事情に即して、外国裁判所の判決を我が国が承認するのが適当か否かという観点から、条理に照らして判断すべきものと解するのが相当である」と判示し、直接管轄と間接管轄とを同一の基準とする通説とは異なる判断を示したと解する見解がある一方、この点は明らかではないとする見解もある。

(b) 送　　達

第２の要件として、「敗訴の被告が訴訟の開始に必要な呼出し若しくは命令の送達（公示送達その他これに類する送達を除く）を受けたこと又はこれを受けなかったが応訴したこと」（２号）が承認要件として挙げられている。

これは、外国の訴訟で敗訴した被告が訴訟の開始の通知を受けなかった場合、その判決の効力をわが国で認めないこととして、被告の手続保障を図ったものであり、この送達を受けなかったことが外国判決の承認・執行拒否事由とされる。この要件を具備するには、適正な方式に則って送達がなされ（**適式性**）、かつ、その送達が、被告が実際に手続の開始を知り、実効的な防御をすることができる時期・方法で行われたこと（**了解可能性・適時性**）を要するとされる。

適式性の要件に関して、既に見たように、最判平10・４・28は、「判決国と我が国との間に司法共助に関する条約が締結されていて、訴訟手続の開始に必要な文書の送達がその条約の定める方法によるべきものとされている場合には、条約に定められた方法を遵守しな」ければ、２号の要件を具備しないとの判断を示している。

また、被告が応訴した場合には、送達が不備であっても、これは治癒されるので、判決の承認・執行を否定する理由はない。応訴管轄によって直接管轄が認められる場合とは違い、被告の手続保障を問題とするので、管轄違いの抗弁など手続問題に関する主張をした場合であっても、この応訴の要件は充足する。

上記最高裁判決は、「民訴法118条２号所定の被告が『応訴したこと』とは、いわゆる応訴管轄が成立するための応訴とは異なり、被告が、防御の機会を与えられ、かつ、裁判所で防御のための方法をとったことを意味し、管轄違いの抗弁を提出したような場合もこれに含まれると解される」と判示している。

(c) 公　　序

第3の要件は、「判決の内容及び訴訟手続が日本における公の秩序又は善良の風俗に反しないこと」（3号）である。このうち外国判決の内容に関する公序を**実体的公序**、外国の訴訟手続に関する公序を**手続的公序**とそれぞれ呼んでいる。

前者の実体的公序については、わが国が法廷地となっている場合、実体準拠法である外国法の適用に関し通則法42条による公序審査が行われるが、外国が法廷地の場合には、外国の裁判所が適用する準拠法に関しては、通則法42条による公序審査をする余地はない。したがって、外国判決の承認・執行の局面でこの公序審査をすることが必要となる。

この公序の審査は、外国判決の**承認結果の異常性**と**事案の内国関連性**という2つの要素を総合衡量して判断される。公序違反の有無は、判決の主文に限られず、理由中の判断に記載されている事実も審査の対象となる。

したがって、たとえば、主文が単に金銭給付を命じている場合であっても、それが麻薬売買契約に基づくときは、公序違反を理由に、判決はわが国で承認される余地はないと考えられる。

この実体的公序が問題となった著名な裁判例として、萬世工業事件の最判平9・7・11民集51巻6号2530頁がある。

この事件では、賃貸借契約の効力をめぐって米国のパートナーシップ（組合）であるXと日本法人Y_1の現地子会社との間で紛争が生じ、Xは、カリフォルニア州裁判所に対しY_1およびその社長であるY_2を被告として、契約の締結について欺罔行為があったとして損害賠償を求めた。

カリフォルニア州裁判所は、同州法に基づき、Y_1およびY_2に対し、補償的損害賠償として42万ドル余、懲罰的損害賠償として112万ドル余の支払いを命じた。同判決は、控訴を経て確定し、その後、Xがわが国の裁判所に対し執行判決を求めた。

この事件において、懲罰的損害賠償を命じる米国の判決が、わが国の公序に反するか否かが争点となった。最高裁判所は、以下のように述べて、判決のうち、懲罰的損害賠償としての金員の支払いを命じた部分については、わが国の公序に反するとして、その効力を拒否した。

> 執行判決を求める訴えにおいては、外国裁判所の判決が民訴法200条〔現118条〕各号に掲げる条件を具備するかどうかが審理されるが（民事執行法24条3項）、民訴法200条3号は、外国裁判所の判決が我が国における公の秩序又は善良の風俗に反しないことを条件としている。外国裁判所の判決が我が国の採用していない制度に基づく内容を含むからといって、その一事をもって直ちに右条件を満たさないということはできないが、それが我が国の法秩序の基本原則ないし基本理念と相いれないものと認められる場合には、その外国判決は右法条にいう公の秩序に反するというべきである。
>
> カリフォルニア州民法典の定める懲罰的損害賠償（以下、単に「懲罰的損害賠償」という。）の制度は、悪性の強い行為をした加害者に対し、実際に生じた損害の賠償に加えて、さらに賠償金の支払を命ずることにより、加害者に制裁を加え、かつ、将来における同様の行為を抑止しようとするものであることが明らかであって、その目的からすると、むしろ我が国における罰金等の刑罰とほぼ同様の意義を有するものということができる。これに対し、我が国の不法行為に基づく損害賠償制度は、被害者に生じた現実の損害を金銭的に評価し、加害者にこれを賠償させることにより、被害者が被った不利益を補てんして、不法行為がなかったときの状態に回復させることを目的とするものであり（最高裁昭和63年(オ)第1749号平成5年3月24日大法廷判決・民集47巻4号3039頁参照）、加害者に対する制裁や、将来における同様の行為の抑止、すなわち一般予防を目的とするものではない。もっとも、加害者に対して損害賠償義務を課することによって、結果的に加害者に対する制裁ないし一般予防の効果を生ずることがあるとしても、それは被害者が被った不利益を回復するために加害者に対し損害賠償義務を負わせたことの反射的、副次的な効果にすぎず、加害者に対する制裁及び一般予防を本来的な目的とする懲罰的損害賠償の制度とは本質的に異なるというべきである。我が国においては、加害者に対して制裁を科し、将来の同様の行為を抑止することは、刑事上又は行政上の制裁にゆだねられている

のである。そうしてみると、不法行為の当事者間において、被害者が加害者から、実際に生じた損害の賠償に加えて、制裁及び一般予防を目的とする賠償金の支払を受け得るとすることは、右に見た我が国における不法行為に基づく損害賠償制度の基本原則ないし基本理念と相いれないものであると認められる。

したがって、本件外国判決のうち、補償的損害賠償及び訴訟費用に加えて、見せしめと制裁のために被上告会社に対し懲罰的損害賠償としての金員の支払を命じた部分は、我が国の公の秩序に反するから、その効力を有しないものとしなければならない。

以上によれば、本件外国判決のうち懲罰的損害賠償としての金員の支払を命ずる部分について執行判決の請求を棄却すべきものとした原審の判断は、是認することができる。

次に、後者の手続的公序は、被告の手続保障や裁判官の独立・公正といった点においてわが国の手続基本原則に反する手続によって判決が下された場合、その判決の承認を拒否し、被告の手続的保護を図る。この手続的公序は、旧民事訴訟法には、明文で規定されていなかったが、判例、学説が一致して認めてきた。これが平成８年の法改正において明文化された。

手続的公序に関する裁判例としては、たとえば、日本在住の韓国人間の婚姻関係の存在を確認する韓国の裁判所による審判が、婚姻届出がわが国において受理された旨の偽造文書により詐取されたものであると認定し、わが国の公序に反するとしてわが国おける効力を認めることができないとした東京地判平10・２・24判時1332号109頁、東京高判平２・２・27判時1344号139頁がある。

また、被告の手続保障の有無を審査する機能に加え、後に取り上げる内外判決の抵触の問題を手続的公序で処理する考え方がある。

(d)　相互の保証

最後４つ目の承認要件は、「相互の保証があること」（４号）である。この相互の保証とは、国家の平等という国際法上の原則の下、判決の承認に関し相互主義を採用するものである。すなわち、相手国が自国の判決を承認する場合、相手国の判決を自国で承認するという考え方である。

この相互の保証の有無を決する基準は、外国判決をした「外国裁判所の属する国において、我が国の裁判所がしたこれと同種類の判決等が同条〔118条〕各号所定の要件と重要な点で異ならない要件の下に効力を有するものとされていることをいう」(最判昭58・6・7民集37巻5号611頁)。したがって、たとえば、ベルギーのように、実質的再審査を行う国との間では相互の保証はない。

相互の保証を否定した裁判例として、中国の裁判所による権利関係の確認判決のわが国における効力が問題となった大阪高判平15・4・9判時1841号111頁は、次のように判示して、中国とわが国との間には相互の保証がないと判断した。

「相互の保証があること」とは、当該判決をした外国裁判所の属する国において、我が国の裁判所がしたこれと同種類の判決が、同条各号所定の条件と重要な点で異ならない条件のもとに効力を有するものとされていることをいうものであり、これに関して、相互保証が、あらかじめ条約その他何らかの国家間の合意により確保されている必要はないと解される。

ところで、上記認定によれば、中華人民共和国民事訴訟法268条は、外国の裁判所が下した法的効力を生じた判決等について、中華人民共和国が締結若しくは加盟した国際条約に従い、または互恵の原則により審査を行った後、中華人民共和国の法の基本原則または国家主権・安全・社会公共の利益に反しないと認めるときは、その効力を承認する裁定をする旨定めている。これは、中華人民共和国において外国の裁判所の判決の効力を承認する裁定をするについて、必ずしも条約その他何らかの国家間の合意により確保されている必要はないとするものと解されるが、中華人民共和国の法の基本原則または国家主権・安全・社会公共の利益に反しないことを要件としており、同国が我が国とは経済体制を異にすることからすると、我が国の裁判所の経済取引に関する判決が中華人民共和国においてその効力を承認されるかどうかは判然としない。……中華人民共和国最高人民法院が司法解釈をした「中華人民共和国民事訴訟法の実施に関する若干問題の意見」の第318条には、「外国裁判所が下した法的効力が生じた判決・決定の承認と執行を請求しあるいは申し立てたときに、もしその外国の裁判所の所在国と中華人民共和国との間に締結若しくは加盟した国際条約あるいは互恵の関係がない場合には、中国の法院はその判決・決定を承認または執行することができない。」としており、これについては、中華人民共和国が二国間の司法共助条約・協定があることを外国判決の承認と執行を認める前提条件としていることを示すとする解釈があり、横浜地方裁判所小田原支部の貸金請求訴訟の判決について熊本地方裁判所玉名支部がした差押え、譲渡命令について、同事件の申立人が、中華人民共和国大連市中級人民法院に、上記判決及び差押え、譲渡命令の承認と強制執行を申し立てた事案において、上記最高人民法院は、1994年6月26日、大連市中級人民法院の上級裁判所である遼寧省高級人民法院の問合わせに対し、「我が国が右各裁判（上記判決及び差押え、譲渡命令）を承認、執行しうるか否かにつき検討した結果、当院は、以下のとおり思量する。我が国と日本は、相互に裁判所の判決、決定を承認、執行するとの国際条約を締結していない。相互の関係も作り上げられていない。民事訴訟法第268条の規定に基づき、人民法院は、日本の裁判所の判決を承認、執行しない。それゆえ、日本人Ａ（上記承認、執行の申立人）の申立てを却下するとの貴院の処理意見に同意する。」との回答をし、これを受けて、大連市中級人民法院は、同年11月5日、中華人民共和国の法律の基本原則または国家主権、安全、社会公共利益に違反するものは承認及び執行をしないとの原則を述べたうえで、「中華人民共和国と日本との間には相互に裁判所の判決、決定を承認・執行する国際条約を締結し、また加盟していないし、相互の互恵関係も成立していない。」として、上記申立てを却下する決定をしたことが認められる。

そして、他に、経済取引に関する我が国の裁判所の判決の効力が、中華人民共和国で承認された事例はないし、上記相互の互恵関係を認める有権解釈がされた事実もないと認められる。

以上のような中華人民共和国における我が国の裁判所の判決に対する扱いによれば、中華人民共和国において、我が国の裁判所の判決が重要な点で異ならない条件のもとに効力を有するものとされているとまで認めることはできず、本件人民法院判決は、民事訴訟法118条4号の要件を満たしているものと認めることはできない。

また、名誉毀損による慰謝料の支払いを命じる中国判決に基づく執行判決請求事件において、東京高判平27・11・25判例集未登載（LEX/DB25541803）（原審・東京地判平27・3・20判タ1422号348頁）は、日本と中国との間には相互保証がないとして請求を棄却した原判決が相当であるとして控訴を棄却したが、その判断において、「中華人民共和国民事訴訟法が要求する互恵の原則による審査とは、同国との間で判決の承認に関する条約を締結せず、同国とともにそのような条約に加盟することもない国の裁判所がした判決については、諸事情を総合的に考慮して裁量的に承認の可否を判断する余地を留保する趣旨のものであるとみるのが合理的である」と判示している。

5．内外判決の抵触

サミエル社が国際化学を被告としてナタリア国の裁判所に対し国際化学の契約違反による損害賠償を求めて提訴した。これに対抗して国際化学は、その債務不存在の確認を求めてわが国の裁判所に提訴した。その結果、ナタリア国とわが国とで訴訟が並行して進み、ナタリア国ではサミエル社が勝訴し、わが国では国際化学が勝訴した。ナタリア国の判決をわが国で執行することはできるか。

⑴ 問題の所在

国際訴訟競合が規制されない場合、たとえば、外国で損害賠償請求訴訟の被告とされた日本企業がわが国でその債務不存在確認訴訟を提起し、その訴えが却下されないときは、外国とわが国の裁判所で同一の事件について訴訟が係属することになる。その結果、外国判決とわが国の判決とが抵触する場合、外国判決がわが国で承認・執行されるのか否かという問題が生じる。

この問題に関し学説は多岐にわたるが、判例は、先に取り上げた関西鉄工第１事件判決により国際訴訟競合が規制されなかった結果、日本判決と抵触する米国判決が下され、その判決のわが国での執行の許否について判断した関西鉄工第２事件の大阪地判昭52・12・22判タ361号127頁の１件だけである。

⑵ 関西鉄工第２事件判決

関西鉄工第１事件の米国訴訟において、日本法人Ｙは、管轄を争ったが、その主張は受け容れられず、その後本案について答弁せず、審理が進み、昭和49年９月17日、米国の裁判所によってＹに８万６千ドルの支払いを命じる判決が下された。その判決は昭和49年10月17日に確定し、日本の商社の現地法人Ｘによってその確定判決の強制執行の許可を求める訴訟が大阪地裁に提起された。

他方、わが国の訴訟においては、Ｙの対抗訴訟について管轄を肯定し、その後、Ｘは本案について答弁せず、昭和49年10月14日、Ｙの債務不存在確認請求を認容する判決が下され、その判決は、Ｘが送達を受けた日から２週間の控訴期間（民訴法285条）を経過した同年12月５日に確定した。

大阪地裁は、次のように判示し、わが国の判決と抵触する米国判決を承認することは、民事訴訟法200条３号（現118条３号）が定める公序に反するとして承認を拒否した。

> 右当事者間に争いのない事実及び認定事実によれば本訴提起の際にＸが執行判決を求める本件米国判決と同一事実について矛盾抵触する日本裁判所の確定判決があつたことが認められる。
> そこで、右米国判決について民訴法200条〔現118条〕各号の要件があたるかどうか検討するに、同一司法制度内において相互に矛盾抵触する判決の併存を認めることは法体制全体の秩序をみだすものであるから訴の提起、判決の言渡、確定の前後に関係なく、既に日本裁判所の確定判決がある場合に、それと同一当事者間で、同一事実について矛盾抵触する外国判決を承認することは、日本裁判法の秩序に反し、民訴法200条３号〔現118条３号〕の「外国裁判所の判決が日本における公の秩序に反する」ものと解するのが相当である。そうすると本件米国判決は民訴法200条３号の要件を欠くので我国においてその効力を承認することができず原告の本訴請求はその余の点を判断するまでもなく理由がない。

この判決によれば、外国判決の承認が問題とされる時点で、既にそれと矛盾、抵触するわが国の判決が存在する場合、外国判決の承認は民事訴訟法118条３号の公序に反することになる。しかし、先に見たように、わが国は、外国判決の承認について自動承認制度を採っており、これにより、外国判決は、民事訴訟法118条の承認要件を具備する限り、その確定時点でわが国において効力を有するので、この判決は、自動承認制度の考え方と相容れないことになる。

(3) 学　　説

上記判例に対し学説はどうか。学説は多岐にわたるが、内外判決の抵触を外国判決の承認・執行の要件、すなわち、民事訴訟法118条３号の手続的公序の問題とする立場と、外国判決の自動承認制度により、外国判決を承認した上で、内外判決平等の原則に立ち、判決抵触に関する一般法理によって処理する立場とに大別される。

外国判決が先に確定し、その後に内国判決が確定した場合、先に確定した外国判決は、自動承認制度の結果、その確定時にわが国で効力が生じるので、これと抵触する内国判決は、民事訴訟法338条１項10号の再審事由（不服の申立てに係る判決が前に確定した判決と抵触すること）に当たり、再審の手続により取り消されることになり、他方、内国判決が先に確定した場合には、その後に確定した外国判決は、手続的公序に反するとして、民事訴訟法118条３号に基づき承認されないという見解がある。結論としてはこの見解が妥当であろう。

外国で提起された訴えに対抗する訴訟を日本の裁判所に提起し、その訴訟係属が認められた場合、外国確定判決がわが国で承認されるか否かは、この問題について判断した判例が上記の大阪地裁判決しかなく、現在のところ判然としない。この大阪地裁判決に依拠する限り、外国判決の執行を阻止するには、わが国で執行判決請求訴訟が提起されるまでに、先に日本で有利な確定判決を得ておく必要がある。

6. 主権免除

サミエル社は国際化学から購入した製品の代金を支払わず、その代金が未払いとなっている。サミエル社はナタリア国の国有企業である関係から、同国がこの代金の支払いについて債務保証をしている。国際化学は東京地裁に対し、ナタリア国を相手に、この債務保証の履行を求めて提訴することはできるか。

⑴　問題の所在

国家が国内法を適用して裁判を行う権能である裁判権を及ぼすことができる対象である被告の当事者については、国際法上、外国国家に対する**裁判権免除**（jurisdictional immunity）という原則がある。この原則は、**主権免除**（sovereign immunity）とも呼ばれる。すなわち、国家は、国際法上、国家平等の原則により、原告として外国の裁判所に訴えを提起することができても、自ら応訴する場合を除いて、その同意なく被告として外国の裁判権に服するよう強制されない。

⑵　裁判権免除の範囲

この主権免除の原則については、かつては、国家は外国の裁判権から絶対に免除されるという**絶対免除主義**が支配的であったが、近年は、国家の享有する免除の範囲を制限しようとする制限免除主義が有力になってきている。**制限免除主義**は、国家の**主権的行為**（**公法的行為**とも呼ばれる）ではない**非主権的行為**（**私法的行為**とも呼ばれる）については、裁判権免除を認めないという立場である。

その場合、両者を区別する基準が問題となる。国家が行った行為の目的を基準として、国家の主権的目的を達成するための行為については、裁判権免除が認められるとする考え方（**行為目的説**）と、国家が行った行為の客観的性質を基準として、その性質上私人でも行い得る行為については、その目的の如何にかかわらず、裁判権免除が認められないとする考え方（**行為性質説**）がある。今日では一般に後者が有力であるとされる。

この制限免除主義の考え方は、第２次世界大戦後、先進諸国において主流を占めるようになり、たとえば、米国、英国では、制限免除主義に依拠した立法がされている。また、国連は、主権免除の具体的範囲等を明確にするため、1978年から主権免除に関する条約を作成する作業を行ってきたが、2004年12月の国連総会で「**国家及び国家財産の裁判権免除に関する国際連合条約**

(United Nations Convention on Jurisdictional Immunities of States and Their Property)」（**国連国家免除条約**）を採択した。この条約は、30か国の締結により発効するが、2018年10月末現在発効していない。わが国は平成19年１月にこの条約に署名し、平成21年に国会で承認されている。

わが国においては、以下に見るように、最高裁は、平成18年７月21日の判決（民集60巻６号2542頁）において、絶対免除主義を採用した昭和３年12月28日の大審院決定（民集７巻12号1128頁）を変更し、制限免除主義を採用することを明らかにした。

しかし、外国に対する自国の民事裁判権の範囲がすべて明らかにされたわけではなく、また、制限免除主義に依拠した国内法制を整備している国も少なくないことから、わが国においても、当事者の予測可能性、法的安定性を高めるため、国連国家免除条約に準拠した内容の国内法制を整備するための作業が進められ、「**外国等に対する我が国の民事裁判権に関する法律**（平成21法律第24号。本書では単に「**民事裁判権法**」という）」が制定され、2010年４月１日から施行されている。

以下では判例の変遷を見た上で、この民事裁判権法を見ることにする。

⑶　判　　　例

⒜　絶対免除主義

中華民国代理公使が振り出した約束手形を裏書譲渡により取得した日本人がその支払いを求めて中華民国を訴えた松山事件において、大決昭３・12・28民集７巻1128頁は、次のように判示し、絶対免除主義の立場を示した。

> 凡ソ国家ハ其ノ自制に依ルノ外他国ノ権利作用ニ服スルモノニ非サルカ故ニ不動産ニ関スル訴訟等特別理由ノ存スルモノヲ除キ民事訴訟ニ関シテハ外国ハ我国ノ裁判権ニ服セサルヲ原則トシ只外国カ自ラ進ンテ我国ノ裁判権ニ服スル場合ニ限リ例外ヲ見ルヘキコトハ国際法上疑ヲ存セサル所ニシテ此ノ如キ例外ハ条約ヲ以テ之カ定ヲ為スカ又ハ当該訴訟ニ付若ハ予メ将来ニ於ケル特定ノ訴訟手続ニ付外国カ我国ノ裁判権ニ服スヘキ旨ヲ表示シタルカ如キ場合ニ於テ之ヲ見ルモノトス然レトモ此ノ如キ旨ノ表示ハ常ニ国家ヨリ国家ニ対シテ之ヲ為ス

コトヲ要スルハ勿論ニシテ仮ニ外国ト我国臣民トノ間ニ民事訴訟ニ関シテ外国カ我国ノ裁判権ニ服スヘキ旨ノ協定ヲ為スモ其ノ協定自体ヨリ直ニ外国ヲシテ我国ノ裁判権ニ服セシムルノ効果ヲ生スルコトナキモノト謂ハサルヘカラス

その後、わが国の下級審は、第二次世界大戦後もこの判例を踏襲してきたが、以下に見るように、最近、制限免除主義の立場を採る下級審の裁判例が現れる中、最高裁は、横田基地夜間飛行差止等請求事件における最判平14・4・12民集56巻４号729頁を経て、平成18年７月21日、パキスタン貸金請求事件において制限免除主義を採用した。

たとえば、東京地判平12・11・30判時1740号54頁がある。この事件では、ナウル共和国金融公社法に基づき設立された金融公社であるナウル共和国金融公社が同共和国の保証の下に発行した円貨債券を取得した英国法人がナウル共和国および同金融公社に対し、債券の元金10億円とこれに対する約定利息の支払いを求めて東京地裁に提訴したのに対し、被告らは、外国国家およびその政府機関として、外国国家またはその機関が他の国の裁判権に服さないという主権免除を主張し、訴えの却下を求めた。

裁判所は、この政府保証債券について、債券発行主体であるナウル共和国金融公社と債券上で保証した同共和国は、いずれも本件債券の券面上の約束において、本件債券に関する訴訟については、東京地方裁判所の裁判管轄権に服し、日本の裁判所における訴訟においては判決の取得等の司法上の手続からの免責特権を放棄する意思を書面で明示的に表示し、本件訴訟の請求原因事実が、外国政府の保証による債券発行という経済活動に属する性質の行為であることから、このような場合についてまで、その経済取引の主体である外国国家またはその国家機関に対し、他国の裁判管轄権からの免除を認めることはできない旨判示し、被告らの主権免除の主張を退け、原告の請求を認容した。

もっとも、この判決は、裁判権免除の意思表示と国家の私法的行為の両者を認定した上で裁判権免除を否定しているので、国家が裁判権免除の意思表示をしなかった場合に、これを主張することができるのか否かは明らかではなかった。

その後、この事件の控訴審である東京高裁は、平成14年３月29日、厳格な絶対免除主義の立場から、ナウル共和国は、わが国に対し裁判権免除を放棄する旨の意思表示をしたとは認められないとして、わが国の裁判権からの免除を認め、他方、同金融公社は、国家とは独立した法人であり、外国国家と同等の裁判権免除を有せず、債券の券面上で行った免除放棄は有効であると認めて、裁判権免除を否定した（LEX/DB28072402）。

(b) 制限免除主義を採用した最高裁判決

このような下級審判決に対し、先に挙げた最判平14・４・12は、在日米国軍機の横田基地での夜間早朝における離発着による騒音によって被害を受けた住民が人格権を侵害されたとして、米国に対し離発着の差止めと損害賠償を請求した、いわゆる横田基地夜間飛行差止等請求事件において、次のように判示し、米国の裁判権免除を認めた。

> 外国国家に対する民事裁判権免除に関しては、いわゆる絶対免除主義が伝統的な国際慣習法であったが、国家の活動範囲の拡大等に伴い、国家の私法的ないし業務管理的な行為についてまで民事裁判権を免除するのは相当でないとの考えが台頭し、免除の範囲を制限しようとする諸外国の国家実行が積み重ねられてきている。しかし、このような状況下にある今日においても、外国国家の主権的行為については、民事裁判権が免除される旨の国際慣習法の存在を引き続き肯認することができるというべきである。本件差止請求及び損害賠償請求の対象である合衆国軍隊の航空機の横田基地における夜間離発着は，我が国に駐留する合衆国軍隊の公的活動そのものであり、その活動の目的ないし行為の性質上、主権的行為であることは明らかであって、国際慣習法上、民事裁判権が免除されるものであることに疑問の余地はない。したがって，我が国と合衆国との間でこれと異なる取決めがない限り、上告人らの差止請求及び損害賠償請求については被上告人に対して我が国の民事裁判権は及ばないところ、両国間にそのような取決めがあると認めることはできない。

このように判示し、最高裁は、国家の裁判権免除について制限免除主義に理解を示しつつ、米国軍隊の夜間離発着は、米国の主権的行為であるから主権免除が認められると結論付けた。

その後、東京地決平15・7・3判時 1850号84頁は、上記東京地判平12・11・30と同種のナウル共和国金融公社が発行した円建て債券の保証債務の履行請求に係る再審請求事件において、上記最判平14・4・12が大審院決定を実質的に変更したものと理解すべきであるとしつつ、制限免除主義の立場に立ち、「再審原告共和国は、再審原告公社が日本国内において発行した額面総額40億円にのぼる本件債券につき、本件債券の要項に従って支払われるべき金員の支払いを保証したというのであり、再審原告共和国の当該行為は、今日の国際社会において国際金融取引として大規模にかつ幅広く行われている経済的活動に属する行為であることが明らかである。しかも、本件債券の別紙の保証の要項上には、再審原告共和国に対する本保証に関するすべての訴訟は東京地方裁判所及び日本法上当該裁判所からの上訴を審理する権限を有する日本の裁判所に対し提起できるものとし、その裁判管轄からの主権免除を放棄する意思を明示的に表示しているのである。そうであるとすれば、再審原告共和国の主張する民事裁判権の免除は認められないというべきである。」と判示した。

その後、最高裁は、先述のように平成18年7月21日、パキスタン貸金請求事件において、制限免除主義を採用する立場を明らかにした。この事件の概要は次のとおりである。

日本法人のXらが、それぞれ、パキスタン・イスラム共和国であるYの国防省の関連会社でありYの代理人であるA社との間で、Yに対して高性能コンピューター等を売り渡す旨の売買契約を締結し、売買の目的物を引き渡した後、売買代金債務を消費貸借の目的とする準消費貸借契約を締結したと主張して、Yに対し貸金等の支払を求めた。

1審の東京地判平13・8・27民集60巻6号2551頁は、Yは適式の呼出しを受けながら、口頭弁論期日に出頭せず、答弁書その他の準備書面も提出しなかったため、**擬制自白**（当事者が口頭弁論の期日に出頭しない場合、相手方の主張した事実を争わないものとして扱われる（民訴法159条3項））の成立を認めて、Xらの請求を認容した。

これに対し、Yは控訴し、A社が本件各売買契約および本件各準消費貸借契約の締結についてYの代理権を有していたことを否認し、Xらとの間の各契約の成立を争うとともに、主権国家としてわが国の裁判権に服することを免除されると主張し、訴えの却下を求めた。

控訴審の東京高判平15・2・5金商1259頁64頁は、上記昭和3年12月28日の大審院決定に依拠し、Yの裁判権免除を認め、原判決を取り消し、訴えを却下する判断をした。これに対しXらが上告した。最高裁は、以下のように判示し、原判決を破棄し、事件を原審に差し戻した。

> 外国国家に対する民事裁判権免除に関しては、かつては、外国国家は、法廷地国内に所在する不動産に関する訴訟など特別の理由がある場合や、自ら進んで法廷地国の民事裁判権に服する場合を除き、原則として、法廷地国の民事裁判権に服することを免除されるという考え方（いわゆる絶対免除主義）が広く受け入れられ、この考え方を内容とする国際慣習法が存在していたものと解される。しかしながら、国家の活動範囲の拡大等に伴い、国家の行為を主権的行為とそれ以外の私法的ないし業務管理的な行為とに区分し、外国国家の私法的ないし業務管理的な行為についてまで法廷地国の民事裁判権を免除するのは相当でないという考え方（いわゆる制限免除主義）が徐々に広がり、現在では多くの国において、この考え方に基づいて、外国国家に対する民事裁判権免除の範囲が制限されるようになってきている。これに加えて、平成16年12月2日に国際連合第59回総会において採択された「国家及び国家財産の裁判権免除に関する国際連合条約」も、制限免除主義を採用している。このような事情を考慮すると、今日においては、外国国家は主権的行為について法廷地国の民事裁判権に服することを免除される旨の国際慣習法の存在については、これを引き続き肯認することができるものの（最高裁平成11年(オ)第887号、同年（受）第741号同14年4月12日第二小法廷判決・民集56巻4号729頁参照）、外国国家は私法的ないし業務管理的な行為についても法廷地国の民事裁判権から免除される旨の国際慣習法はもはや存在しないものというべきである。
>
> そこで、外国国家の私法的ないし業務管理的な行為に対する我が国の民事裁判権の行使について考えるに、外国国家に対する民事裁判権の免除は、国家がそれぞれ独立した主権を有し、互いに平等であることから、相互に主権を尊重するために認められたものであるところ、外国国家の私法的ないし業務管理的

な行為については、我が国が民事裁判権を行使したとしても、通常、当該外国国家の主権を侵害するおそれはないものと解されるから、外国国家に対する民事裁判権の免除を認めるべき合理的な理由はないといわなければならない。外国国家の主権を侵害するおそれのない場合にまで外国国家に対する民事裁判権免除を認めることは、外国国家の私法的ないし業務管理的な行為の相手方となった私人に対して、合理的な理由のないまま、司法的救済を一方的に否定するという不公平な結果を招くこととなる。したがって、外国国家は、その私法的ないし業務管理的な行為については、我が国による民事裁判権の行使が当該外国国家の主権を侵害するおそれがあるなど特段の事情がない限り、我が国の民事裁判権から免除されないと解するのが相当である。

また、外国国家の行為が私法的ないし業務管理的な行為であるか否かにかかわらず、外国国家は、我が国との間の条約等の国際的合意によって我が国の民事裁判権に服することに同意した場合や、我が国の裁判所に訴えを提起するなどして、特定の事件について自ら進んで我が国の民事裁判権に服する意思を表明した場合には、我が国の民事裁判権から免除されないことはいうまでもないが、その外にも、私人との間の書面による契約に含まれた明文の規定により当該契約から生じた紛争について我が国の民事裁判権に服することを約することによって、我が国の民事裁判権に服する旨の意思を明確に表明した場合にも、原則として、当該紛争について我が国の民事裁判権から免除されないと解するのが相当である。なぜなら、このような場合には、通常、我が国が当該外国国家に対して民事裁判権を行使したとしても、当該外国国家の主権を侵害するおそれはなく、また、当該外国国家が我が国の民事裁判権からの免除を主張することは、契約当事者間の公平を欠き、信義則に反するというべきであるからである。

原審の引用する前記昭和３年12月28日大審院決定は、以上と抵触する限度において、これを変更すべきである。

本件についてみると、Ｘらの主張するとおり、Ｙが、Ｘらとの間で高性能コンピューター等を買受ける旨の本件各売買契約を締結し、売買の目的物の引渡しを受けた後、Ｘらとの間で各売買代金債務を消費貸借の目的とする本件各準消費貸借契約を締結したとすれば、Ｙのこれらの行為は、その性質上、私人でも行うことが可能な商業取引であるから、その目的のいかんにかかわらず、私法的ないし業務管理的な行為に当たるというべきである。そうすると、Ｙは、前記特段の事情のない限り、本件訴訟について我が国の民事裁判権から免除されないことになる。

また、記録によれば、Y政府代理人A社名義の注文書にはYが本件各売買契約に関して紛争が生じた場合に我が国の裁判所で裁判手続を行うことに同意する旨の条項が記載されていることが明らかであり、更にY政府代理人A社名義でXらとの間で交わされた本件各準消費貸借契約の契約書において上記条項が本件各準消費貸借契約に準用されていることもうかがわれるから、Xらの主張するとおり、A社がYの代理人であったとすれば、上記条項は、Yが、書面による契約に含まれた明文の規定により当該契約から生じた紛争について我が国の民事裁判権に服することを約したものであり、これによって、Yは、我が国の民事裁判権に服する旨の意思を明確に表明したものとみる余地がある。

したがって、上記大審院の判例と同旨の見解に立って、Xらの主張する事実関係について何ら審理することなく、Yに対して我が国の民事裁判権からの免除を認めて、本件訴えを却下した原審の判断には、判決に影響を及ぼすことが明らかな法令の違反がある。論旨は理由がある。

以上のように判示し、最高裁は、上記昭和3年の松山事件の大審院決定を78年ぶりに変更し、制限免除主義を採用することを明らかにした。また、主権的行為と非主権的行為とを区別する基準については、行為性質説によることを明らかにした。

もっとも、最高裁判例によれば、私人でも行うことが可能な取引であっても、わが国による民事裁判権の行使が外国国家の主権を侵害するおそれがあるような「特段の事情」がある場合には、主権免除が認められる余地があることになる。

(4) 執行免除

国家を被告とする訴訟、仲裁の結果、判決、仲裁判断による国家の財産に対する強制執行を行うことが必要となる場合、国家が強制執行からの免除(immunity from execution)を主張することができるか否か、すなわち、**執行免除**の許否が問題となる。

というのも、国家が判決を任意に履行しない場合、国家の財産に対し強制執行を行うことが必要となるが、執行免除の壁に阻まれ、これを行うことができなければ、いくら訴訟、仲裁で有利な判断を得たとしても、権利の実現は図れないからである。

この執行免除についても、かつては、外国のあらゆる財産が強制執行から免除されるという絶対免除主義が一般的であったが、今日においては、商業目的に使用されている財産に対しては執行免除を認めないという制限免除主義が一般的であるとされる。わが国において執行免除に関する裁判例はないが、民事裁判権法がこれについて定めている。

(5) 民事裁判権法

先述したとおり、国連国家免除条約の内容に準拠して制定された民事裁判権法が2010年4月1日から施行されている。わが国は、先に挙げた平成18年7月21日の最高裁判決において、制限免除主義の立場を採用したが、制限免除の例外について具体的な基準を示さず、不確実な面が残っていた。民事裁判権法の制定によりこの問題は改善されることになる。以下ではこの法律の概要を見ることにする。

この法律が適用される手続は刑事に係るもの以外の裁判手続に適用され（1条)、民事保全、民事執行のほか行政訴訟も含まれる。

この法律が適用される外国の当事者は、国および政府機関（2条1号)、主権的な権能を行使する権限を有する連邦国家の州等（同2号)、主権的な権能を行使する権限を付与された団体（当該権能の行使としての行為をする場合に限る）（同3号）など（**外国等**）である。

(a) 裁判権免除の原則

> **第4条**　外国等は、この法律に別段の定めがある場合を除き、裁判権（我が国の民事裁判権をいう。以下同じ。）から免除されるものとする。

この法律が適用される者（外国等）は、この法律に別段の定めのある場合を除き、わが国の裁判権から免除されるとし、免除の原則を定める。この法律に別段の定めのある場合、すなわち、以下の場合には、外国等がわが国の民意裁判権から免除されないことになる。

(b) 裁判手続について免除されない場合

(i) 外国等の同意等があるとき

（外国等の同意）

第５条　外国等は、次に掲げるいずれかの方法により、特定の事項又は事件に関して裁判権に服することについての同意を明示的にした場合には、訴訟手続その他の裁判所における手続（外国等の有する財産に対する保全処分及び民事執行の手続を除く。以下この節において「裁判手続」という。）のうち、当該特定の事項又は事件に関するものについて、裁判権から免除されない。

一　条約その他の国際約束

二　書面による契約

三　当該裁判手続における陳述又は裁判所若しくは相手方に対する書面による通知

２　外国等が特定の事項又は事件に関して日本国の法令を適用することについて同意したことは、前項の同意と解してはならない。

まず、外国等が書面による契約等によりわが国の民事裁判権に服することについての同意を明示的にした場合には、訴訟手続その他の裁判所の手続（外国等の有する財産に対する保全処分および民事執行の手続を除く）についてわが国の民事裁判権から免除されない。

また、外国等が自ら裁判手続を開始した場合、係属中の裁判手続に参加した場合等、外国等の行為からわが国の民事裁判権に服することについて同意が擬制できる場合にも、外国等はわが国の民事裁判権から免除されない（６条、７条）。

(ii) 商業的取引に関する裁判手続

（商業的取引）

第８条　外国等は、商業的取引（民事又は商事に係る物品の売買、役務の調達、金銭の貸借その他の事項についての契約又は取引（労働契約を除く。）をいう。次項及び第16条において同じ。）のうち、当該外国等と当該外国等（国以外のものにあっては、それらが所属する国。以下この項において同じ。）以外の国の国民又は当該外国等以外の国若しくはこれに所属する国等の法令に基づいて設立された法人その他の団体との間のものに関する裁判手続について、裁判権から免除されない。

２　前項の規定は、次に掲げる場合には、適用しない。

一　当該外国等と当該外国等以外の国等との間の商業的取引である場合

二　当該商業的取引の当事者が明示的に別段の合意をした場合

外国等は、原則として、他の国の国民または法人等との間の商業的取引（民事または商事に係る物品の売買、役務の調達、金銭の貸借その他の事項についての契約または取引（労働契約を除く））に関する裁判手続については、わが国の民事裁判権から免除されない（１項）。

「商業的取引」に当たるか否かを判断する基準として、先に述べたように、行為性質説と行為目的説の２つの立場があるが、最高裁は、前者の立場を採ることを明らかにしており、本条の「商業的取引」の該当性の判断基準もこれに沿って判断すべきであると考える。もっとも、民事裁判をわが国で行うことが外国等の主権を侵害することになるような極めて例外的な場合には、「商業的取引」に該当しないとされる余地があるとされる。

ただし、外国等同士の商業的取引である場合および商業的取引の当事者間で明示的に別段の合意をした場合は、この免除の規定は適用されない（２項）。

(iii)　労働契約に関する裁判手続

（労働契約）

第９条　外国等は、当該外国等と個人との間の労働契約であって、日本国内において労務の全部又は一部が提供され、又は提供されるべきものに関する裁判手続について、裁判権から免除されない。

２　前項の規定は、次に掲げる場合には、適用しない。

一　当該個人が次に掲げる者である場合

イ　外交関係に関するウィーン条約第１条(e)に規定する外交官

ロ　領事関係に関するウィーン条約第１条１(d)に規定する領事官

ハ　国際機関に派遣されている常駐の使節団若しくは特別使節団の外交職員又は国際会議において当該外国等（国以外のものにあっては、それらが所属する国。以下この項において同じ。）を代表するために雇用されている者
ニ　イからハまでに掲げる者のほか、外交上の免除を享有する者
二　前号に掲げる場合のほか、当該個人が、当該外国等の安全、外交上の秘密その他の当該外国等の重大な利益に関する事項に係る任務を遂行するために雇用されている場合
三　当該個人の採用又は再雇用の契約の成否に関する訴え又は申立て（いずれも損害の賠償を求めるものを除く。）である場合
四　解雇その他の労働契約の終了の効力に関する訴え又は申立て（いずれも損害の賠償を求めるものを除く。）であって、当該外国等の元首、政府の長又は外務大臣によって当該訴え又は申立てに係る裁判手続が当該外国等の安全保障上の利益を害するおそれがあるとされた場合
五　訴えの提起その他の裁判手続の開始の申立てがあった時において、当該個人が当該外国等の国民である場合。ただし、当該個人が日本国に通常居住するときは、この限りでない。
六　当該労働契約の当事者間に書面による別段の合意がある場合。ただし、労働者の保護の見地から、当該労働契約に関する訴え又は申立てについて日本国の裁判所が管轄権を有しないとするならば、公の秩序に反することとなるときは、この限りでない。

外国等は、原則として、当該外国等と個人との間の労働契約であって、日本国内で労務の全部または一部が提供され、または提供されるべきものに関する裁判手続について、わが国の民事裁判権から免除されない（1項）。

ただし、例外として、①当該個人が外交官、領事官などである場合（2項1号）、②当該個人が外国等の安全や外交上の秘密等に関係する任務を遂行するために雇用されている場合（同2号）、③裁判手続が当該個人の採用または再雇用の契約の成否に関するもの（いずれも損害賠償を求めるものを除く）である場合（同3号）、④裁判手続が当該個人の解雇その他の労働契約の終了の効力に関するもの（いずれも損害賠償を求めるものを除く）であって、外国等の元首等によって、当該裁判手続が当該外国等の安全保障上の利益を害するおそれがあると判断された場合（同4号）、⑤裁判手続の開始の申立

てがあった時点で、当該個人が外国等の国民である場合（当該個人が日本に通常居住するときを除く）（同５号）、労働契約の当事者間に書面による別段の合意がある場合（労働者保護の見地から無効とされる場合を除く）（同６号）が挙げられている。

上記③は、個人の採用や再雇用については、外国等に広い裁量を認め、それを強制することは相当でないことから裁判権免除を認めているとされる。したがって、採用されていること、すなわち、労働契約が成立していることを理由として地位確認を求める裁判手続については、外国等は、裁判権から免除されることになる。

これに対し④は、既に存在する労働契約における労働者の保護という要請を重視し、③の場合より限定して、外国等の元首等によって裁判手続が外国等の安全保障上の利益を害するおそれがあるとされた場合に限り、外国等は、裁判権から免除されることになる。

また、③、④は、損害賠償請求訴訟は除かれているので、不当な不採用等や不当な解雇を理由とする損害賠償請求訴訟については、外国等の裁判権の免除は認められないことになるとされる。

ⅳ　人の死傷または有体物の滅失などに関する裁判手続

（人の死傷又は有体物の滅失等）
第10条　外国等は、人の死亡若しくは傷害又は有体物の滅失若しくは毀損が、当該外国等が責任を負うべきものと主張される行為によって生じた場合において、当該行為の全部又は一部が日本国内で行われ、かつ、当該行為をした者が当該行為の時に日本国内に所在していたときは、これによって生じた損害又は損失の金銭によるてん補に関する裁判手続について、裁判権から免除されない。

外国等は、人の死亡もしくは傷害または有体物の滅失もしくは毀損が、当該外国等が責任を負うべきものと主張される行為によって生じた場合において、当該行為の全部または一部が日本国内で行われ、かつ、当該行為をした者が当該行為の時に日本国内に所在していたときは、これによって生じた損害または損失の金銭によるてん補に関する裁判手続について、わが国の民事裁判権から免除されない。

たとえば、外国等の職員が職務中に日本国内で交通事故を起こし、被害者が当該外国等に対し使用者責任（ある事業のために他人を使用する者が、被用者がその事業の執行について第三者に損害を加えた場合にそれを賠償しなければならない（民法715条第１項本文））に基づく損害賠償請求訴訟を提起する場合がこれに当たる。

(v) 不動産に係る外国等の権利利益等に関する裁判手続

（不動産に係る権利利益等）
第11条　外国等は、日本国内にある不動産に係る次に掲げる事項に関する裁判手続について、裁判権から免除されない。
一　当該外国等の権利若しくは利益又は当該外国等による占有若しくは使用
二　当該外国等の権利若しくは利益又は当該外国等による占有若しくは使用から生ずる当該外国等の義務
２　外国等は、動産又は不動産について相続その他の一般承継、贈与又は無主物の取得によって生ずる当該外国等の権利又は利益に関する裁判手続について、裁判権から免除されない。

外国等は、日本国内にある不動産に係る①当該外国等の権利・利益、占有・使用（１項１号)、②これらから生じる当該外国の義務（同２号)、③動産・不動産について相続、贈与等によって生じる当該外国等の権利・利益に関する裁判手続については、わが国の民事裁判権から免除されない（２項)。

したがって、たとえば、①に関しては、不動産を占有する外国等に対する明渡を求める裁判手続、②に関しては、不動産賃借人である外国等に対する賃料等の支払いを求める裁判手続、③に関しては、贈与による動産・不動産の所有権の取得を主張する外国等に対するその動産・不動産の返還を求める裁判手続については、外国等はわが国の民事裁判権から免除されない。

(vi) 知的財産権に関する裁判手続

（知的財産権）
第13条　外国等は、次に掲げる事項に関する裁判手続について、裁判権から免除されない。
一　当該外国等が有すると主張している知的財産権（知的財産基本法（平成14年法律第122号）第２条第１項に規定する知的財産に関して日本国の法令により定められた権利又は日本国の法律上保護される利益に係る権利をいう。次号において同じ。）の存否、効力、帰属又は内容
二　当該外国等が日本国内においてしたものと主張される知的財産権の侵害

当該外国等が有すると主張している日本国の法令によって生じる知的財産権または日本の法律上保護される知的財産権の存否、効力、帰属または内容に関する裁判手続についてわが国の民事裁判権から免除されない。前者には、特許権、商標権、意匠権、著作権などの権利が挙げられる。他方、後者には、たとえば、判例等によって既に権利として認められているパブリシティ権や不正競争防止法によって保護される営業秘密による事業者の利益に係る権利等が挙げられるとされる（１号）。

また、当該外国等が日本国内においてしたものと主張される知的財産権の侵害に関する裁判手続について、わが国の民事裁判権から免除されない（２号）。したがって、知的財産権の侵害を理由とする外国等に対する損害賠償請求や侵害行為の差止請求の訴訟が挙げられる。

ⅶ　仲裁合意に基づく仲裁手続に関する裁判手続

（仲裁合意）
第16条　外国等は、当該外国等（国以外のものにあっては、それらが所属する国。以下この条において同じ。）以外の国の国民又は当該外国等以外の国若しくはこれに所属する国等の法令に基づいて設立された法人その他の団体との間の商業的取引に係る書面による仲裁合意に関し、当該仲裁合意の存否若しくは効力又は当該仲裁合意に基づく仲裁手続に関する裁判手続について、裁判権から免除されない。ただし、当事者間に書面による別段の合意がある場合は、この限りでない。

外国等は、原則として、当該外国等と他の国の国民または法人その他の団体との間の商業的取引に係る書面による仲裁合意に関し、当該仲裁合意の存

否もしくは効力または当該仲裁合意に基づく仲裁手続に関する裁判手続について、当事者間に書面による別段の合意がある場合を除き、わが国の民事裁判権から免除されない。

したがって、仲裁判断の取消しの申立て（仲裁法44条）や仲裁判断の執行決定の申立て（同46条）に係る裁判手続については、外国等はわが国の民事裁判権から免除されない。

(c) 外国等の有する財産に対する保全処分および民事執行の手続について免除されない場合

外国等は、原則として、当該外国等がわが国の領域内に有する財産に対する保全処分および民事執行の手続については、わが国の民事裁判権から免除される（4条）が、以下の場合には、免除が認められない。

(i) 外国等の同意等がある場合

> **（外国等の同意等）**
> **第17条**　外国等は、次に掲げるいずれかの方法により、その有する財産に対して保全処分又は民事執行をすることについての同意を明示的にした場合には、当該保全処分又は民事執行の手続について、裁判権から免除されない。
> 一　条約その他の国際約束
> 二　仲裁に関する合意
> 三　書面による契約
> 四　当該保全処分又は民事執行の手続における陳述又は裁判所若しくは相手方に対する書面による通知（相手方に対する通知にあっては、当該保全処分又は民事執行が申し立てられる原因となった権利関係に係る紛争が生じた後に発出されたものに限る。）
> 2　外国等は、保全処分又は民事執行の目的を達することができるように指定し又は担保として提供した特定の財産がある場合には、当該財産に対する当該保全処分又は民事執行の手続について、裁判権から免除されない。
> 3　第5条第1項の同意は、第1項の同意と解してはならない。

外国等は、書面による契約等により、当該外国等が有する財産に対し保全処分または民事執行をすることについての同意を明示的にした場合には、当該保全処分または民事執行の手続について、わが国の民事裁判権から免除されない（１項)。

また、外国等は、保全処分または民事執行の目的を達することができるように指定しまたは担保として提供した特定の財産がある場合には、当該財産に対する当該保全処分または民事執行の手続について、わが国の民事裁判権から免除されない（２項)。

したがって、たとえば、外国等がその有する不動産に抵当権を設定した場合、当該外国等は、当該抵当権に基づく不動産担保権の実行の手続についてわが国の民事裁判権から免除されない。なお、外国等が、本案の裁判手続についてわが国の民事裁判権に服することに同意した場合であっても（５条１項)、当該同意は17条１項の同意とは解されない（３項)。

(ii)　特定の目的に使用される財産

（特定の目的に使用される財産）

第18条　外国等は、当該外国等により政府の非商業的目的以外にのみ使用され、又は使用されることが予定されている当該外国等の有する財産に対する民事執行の手続について、裁判権から免除されない。

２　次に掲げる外国等の有する財産は、前項の財産に含まれないものとする。

一　外交使節団、領事機関、特別使節団、国際機関に派遣されている使節団又は国際機関の内部機関若しくは国際会議に派遣されている代表団の任務の遂行に当たって使用され、又は使用されることが予定されている財産

二　軍事的な性質を有する財産又は軍事的な任務の遂行に当たって使用され、若しくは使用されることが予定されている財産

三　次に掲げる財産であって、販売されておらず、かつ、販売されることが予定されていないもの

イ　当該外国等に係る文化遺産

ロ　当該外国等が管理する公文書その他の記録

ハ　科学的、文化的又は歴史的意義を有する展示物

３　前項の規定は、前条第１項及び第２項の規定の適用を妨げない。

外国等が、当該外国等により政府の非商業的目的以外にのみ使用され、ま

たは使用されることが予定されている当該外国等の有する財産に対する民事執行の手続について、わが国の民事裁判権から免除されない（1項)。

「政府の非商業的目的以外にのみ使用され、または使用されることが予定されている当該外国等の有する財産」とは、たとえば、外国等が一般への賃貸用に所有している不動産や外国等が商業的用途の資金管理のために開設した預金口座に係る預金債権がこれに当たる。外国等が、主権の行使に当たる行為に使用する資金とそうでない資金を1つの口座に管理している場合（混合口座の場合)、当該預金債権はここにいう財産ではない。また、外交使節団、領事機関等の任務遂行に使用される財産、軍事に係る財産、文化遺産、公文書、科学的・文化的・歴史的意義を有する展示物等は、民事執行の対象とはならない（2項)。

もっとも、2項に列挙される財産であっても、当該財産を有する外国等が当該財産に対し民事執行をすることについて同意等をした場合には、当該外国等は、当該民事執行の手続についてわが国の民事裁判権から免除されない（3項)。

ⅲ　外国中央銀行等の取扱い

> **(外国中央銀行等の取扱い)**
> **第19条**　日本国以外の国の中央銀行又はこれに準ずる金融当局（次項において「外国中央銀行等」という。）は、その有する財産に対する保全処分及び民事執行の手続については、第2条第1号から第3号までに該当しない場合においても、これを外国等とみなし、第4条並びに第17条第1項及び第2項の規定を適用する。
> 2　外国中央銀行等については、前条第1項の規定は適用しない。

日本国以外の国の中央銀行またはこれに準ずる金融当局は、外国等に当たるか否かを問わず、その有する財産に対する保全処分および民事執行の手続については、17条1項、2項が定める同意等をしない限り、わが国の民事裁判権から免除される。**中央銀行**は、一般に、発行銀行（銀行券（通貨）を発行する銀行)、銀行の銀行（政府のほか金融機関とのみ取引を行う銀行）および政府の銀行（政府との預金取引、国庫事務、外国為替事務等を行う銀行）の３つの機能を有するとされる。

また、民事裁判権法は、外国等がわが国の民事裁判権に服する場合の訴状等の送達の方法と外国等が裁判手続に出頭しない場合の取扱いについて定めている。

(d)　訴状等の送達の方法

外国等に対する訴状その他これに類する書類および訴訟手続その他の裁判所における手続の最初の期日の呼出状（以下「訴状等」という）の送達は、次の方法による（20条１項）。

①条約その他の国際約束で定める方法によることになる。民訴条約や送達条約がこれに当たる。②①の方法がない場合には、外交上の経路を通じてする方法、当該外国等が送達の方法として受け入れるその他の方法、たとえば、個別の応諾による方法によることになる。また、外国等は、異議を述べないで本案について弁論または申述をしたときは、訴状等の送達の方法について異議を述べる権利を失う（同３項）。

(6)　外国等以外の裁判権免除

(a)　外交官、領事官

外交官などの外交使節に対しては裁判権が免除される。

わが国では、1961年の「外交関係に関するウィーン条約」（昭和39年条約第14号）が適用され、同条約は、外交官は、接受国の刑事裁判権からの免除を享有するほか、①接受国の領域内にある個人の不動産に関する訴訟（その外交官が使節団の目的のため派遣国に代わって保有する不動産に関する訴訟を含まない）、②外交官が、派遣国の代表者としてではなく個人として、遺言執行者、遺産管理人、相続人又は受遺者として関係している相続に関する訴訟、③外交官が、接受国において自己の公の任務の範囲外で行なう職業活動又は商業活動に関する訴訟を除いて、民事裁判権および行政裁判権からの免除を享有する（31条）。また、外交官の家族の構成員でその世帯に属するものは、接受国の国民でない場合には、外交官と同様に裁判権の免除を享受する

(37条１項)。

他方、領事官については、国家を代表する外交使節とは違い、自国の通商促進や自国民の保護を遂行することを任務とすることから、裁判権免除の範囲は狭くなる。

わが国では、1963年の「領事関係に関するウィーン条約」(昭和58年条約第14号) が適用され、同条約によれば、領事官は、領事任務の遂行に当たって行った行為に関し、接受国の司法当局または行政当局の裁判権に服さないが、①領事官が派遣国のためにする旨を明示的にも黙示的にも示すことなく締結した契約に係る民事訴訟、②接受国において車両、船舶または航空機により引き起こされた事故による損害について第三者の提起する民事訴訟については裁判権の免除を享受し得ない (43条)。

(b) 国際機関

国際機関は、複数の国家によって共通の目的を達成するために、国家間の条約に基づき設立された組織である。国際機関およびその職員もまた、裁判権免除が認められるのであろうか。

たとえば、国際連合については、わが国において、1946年の「国際連合の特権及び免除に関する条約」(昭和38年条約第12号) が適用される。同条約は、国連に関し「国際連合並びに、所在地及び占有者のいかんを問わず、その財産及び資産は、免除を明示的に放棄した特定の場合を除き、あらゆる形式の訴訟手続の免除を享有するが、免除の放棄は、執行の措置には及ばないものと了解される」と規定する (２条２項)。他方、国際連合の職員は、「公的資格で行った口頭又は書面による陳述及びすべての行動に関して、訴訟手続を免除される」(５条18項ａ号) と規定する。したがって、裁判権免除は、国連およびその職員に対し認められている。

わが国の裁判例として、国連大学に関する東京地決昭52・９・21判時884号77頁がある。この事件では、わが国に本部を置く国連大学により雇用期間の更新を拒否された日本人職員が提起した地位保全仮処分申請に対し、裁判所は、国連大学は国連の目的を達成するためにその機関として設立されたものであり、「国際連合の特権及び免除に関する条約」の趣旨は、国連自体のみならずその機関についても、免除特権を享有せしめる意味に解するのが相当であるなどと判示し、同大学の裁判手続からの免除を認め、同大学がこの免除を放棄しないことを確認した上で申請を却下した。

第3章　国際取引紛争と仲裁・ADR

1．仲　　裁

⑴　仲裁制度とは何か

⒜　仲裁制度の役割

国際取引紛争を終局的に解決する方法としては、訴訟と仲裁がある。これまで見てきたように、訴訟の場合、どこの国の裁判所で紛争を解決することができるのかという国際裁判管轄の問題、また、わが国と相手国の両方の裁判所に事件が係属するという国際訴訟競合という問題、さらには、わが国で得た勝訴判決を相手の国で強制執行することができるのかという外国判決の承認・執行という問題などそれを利用する上において障害となる法律問題がある。

また、相手国の裁判所で紛争を解決する場合、公正な判断を期待することができるかというと、実務上、自国の法人、個人に有利な判断をするおそれもあり、また国によっては、裁判官の汚職といった問題もある。かと言って、当事者の所属する国以外の第三国の裁判所を管轄合意したとしても、当事者、事件と関係のない国が裁判権を行使するとは限らない。

このように、国際取引紛争を訴訟で解決する場合、法律上、また実務上も問題が多くあり、そのため、国際取引紛争を解決する方法としては古くから、訴訟に代えて仲裁が広く利用されている。

⒝　仲裁制度の意義

仲裁とは、一般に、当事者が訴訟に代えて、紛争の解決を第三者（**仲裁人**）の判断に委ね、その判断（**仲裁判断**）に服する旨の合意（**仲裁合意**）に基づき紛争を解決する制度である。

したがって、仲裁によって紛争を解決するには、必ず当事者間に仲裁合意が必要である。仲裁合意は通常、紛争が生じてから締結することは難しく、契約を締結する際に仲裁合意も一緒に締結される。契約書の一条項として定められることが多い。これを**仲裁条項**という。これに対し、紛争が起きてから締結される仲裁合意のことを一般に**仲裁付託合意**と呼んでいる。

(c) 法　　源

わが国においては、仲裁法（平成15年法律第138号）が適用される。この仲裁法は、司法制度改革の一環として、国連の**国際商取引法委員会**（**UNCITRAL**（United Nations Commission on International Trade Law））が1985年に作成した「**国際商事仲裁モデル法**（UNCITRAL Model Law on International Commercial Arbitration)」（本書では単に「**モデル法**」という）を採用して作成され、明治23年の旧民事訴訟法第8編（仲裁手続）を全面改正した法律である。2004年3月1日から施行されている。

他方、条約については、仲裁に関する多数国間条約として、1923年の「仲裁条項ニ関スル議定書」（昭和3年条約第3号）いわゆるジュネーヴ議定書、「1927年9月26日にジュネーヴで署名された外国仲裁判断の執行に関する条約」（昭和27年条約第11号）いわゆるジュネーヴ条約がある。

前者は、仲裁条項の効力を国際的に承認することを目的として作成された条約である。これに対して後者は、ジュネーヴ議定書の定める仲裁合意に基づく外国仲裁判断の執行を目的として作成された条約である。

ジュネーヴ条約は、適用範囲や執行要件に制限が多く、実務の要請に十分に応えるものではなかったことからその不備を改善するため、1958年に国連において作成された条約として、「**外国仲裁判断の承認及び執行に関する条約**」（昭和36年条約第10号）がある。この条約は、仲裁合意の効力を承認するとともに、外国仲裁判断の承認・執行の要件を定めている。現在締約国は159か国（2018年10月末現在）に上る。ニューヨークの国連本部で作成されたことから、通称**ニューヨーク条約**と呼ばれている。

外国仲裁判断の承認・執行に関しては、上記の多数国間条約のほか、わが国が締結している通商条約の中で規定がされているものがある。たとえば、米国との友好通商航海条約は4条において、相互に仲裁判断の執行を認める旨の規定を置いている。

このように外国仲裁判断の執行に適用される条約は複数があるが、ニューヨーク条約が最も執行要件が緩く、通常、この条約の適用を受ける仲裁判断の執行に他の条約が適用されることはない。

また、主として発展途上国に対する外国からの投資をめぐる紛争の解決のため、1965年3月に国際復興開発銀行いわゆる世界銀行が中心となって作成し、翌年10月に発効した「**国家と他の国家の国民との間の投資紛争の解決に関する条約**」いわゆる**投資紛争解決条約（ICSID条約）**がある。この条約は、**投資紛争解決国際センター**（International Centre for Settlement of Investment Disputes（ICSID））を創設し、このセンターによる仲裁判断が条約の締約国において確定判決として執行することを締約国に義務付けている（54条1項）。この条約の加盟国は162か国（2018年10月末現在）に上る。

(d) 仲裁制度のメリット

(i) 仲裁判断の国際的効力―条約による国際的ネットワークの存在

まず第1に、仲裁判断の効力が条約の下で国際的に認められているというメリットがある。仲裁判断の効力は、わが国において確定判決と同一の効力が認められている（仲裁法45条1項）。しかし、その効力には、判決と同様に、原則として、地理的限界がある。すなわち、判決の効力は、原則として、判決を下した裁判所が所属する国である判決国の領域内に限られるが、仲裁判断の場合も、原則として、仲裁地国の領域内に限られる。

したがって、たとえば、国際化学とナタリア国のサミエル社との間の売買契約で、国際化学がサミエル社に販売した製品に欠陥があることを理由にサミエル社が代金を支払わず、両者の間で紛争になったとする。そして、その紛争がわが国で仲裁により解決され、サミエル社に対し、売買代金3千万円の支払いを命じる仲裁判断が下されたとする。ところが、サミエル社が、この仲裁判断に従わなかった場合、わが国にサミエル社の財産があれば、この仲裁判断に基づきその財産に対して強制執行を行うことができる。その結果、国際化学はこの強制執行の手続によってサミエル社の財産から3千万円の金銭を回収することができる。

しかし、わが国にサミエル社の財産がない場合には、この仲裁判断に基づきわが国で強制執行はできない。したがって、国際化学としては、サミエル社の財産に対し強制執行をするには、サミエル社が財産を持っている国に出向き、その国の裁判所に頼んで、わが国の仲裁判断に基づきサミエル社の財産に対して強制執行をしてもらうことになる。その場合、裁判所がわが国の仲裁判断の効力を認めて、これに基づき強制執行をするかが問題となる。すなわち、外国判決の場合と同様に、外国仲裁判断の承認・執行が問題となる。

この問題に対し、上で述べたように、仲裁には、外国仲裁判断を国内で承認しこれに基づき強制執行することを許可する要件を定めたニューヨーク条約がある。この条約によれば、外国仲裁判断は、条約の締約国で、条約の定める限られた要件を充足しさえすれば、強制執行が許可される。したがって、サミエル社の財産所在地、たとえば、ナタリア国がニューヨーク条約の締約国であれば、わが国の仲裁判断は、この条約に基づき強制執行が許可される。

これに対して、外国判決の承認・執行に関しては、先に見たように、ニューヨーク条約のような国際的ネットワークは存在せず、また、外国判決の承認・執行に関しわが国が締約国となっている条約は存在しない。

したがって、仲裁には、訴訟にはない仲裁判断の国際的効力というメリットがあり、国際取引紛争の解決に仲裁が利用される所以は正しくこの点にあるといっても過言ではない。

⒤ **中　立　性**

第２に、仲裁には、訴訟とは異なり、手続、判断の中立性（neutrality）を確保することができるというメリットがある。

訴訟の場合、裁判所は国家が運営している紛争解決機関であるので、紛争の相手企業が所在する国の裁判所で紛争を解決することに対しては、裁判所が相手に有利な判断を下しはしないかという不安がつきまとう。もちろん、現実にそのような判断が下されるとは限らないが、米国の訴訟において陪審裁判を嫌う外国企業が多いのも事実である。また、訴訟と一口にいっても、国によってその質は異なり、裁判官が腐敗している国もある。

これに対し、仲裁はどうかというと、一般に、紛争を仲裁で解決する当事者は、仲裁を行う地に関係なく、仲裁人を自由に選ぶことができる。たとえば、日本企業と米国企業との仲裁において、日本と米国以外の国籍、たとえば、スイスを国籍とする人を仲裁人に選ぶことができる。

また、国際仲裁では、仲裁人の数を、１人ではなく、３人とすることが少なからずあるが、その場合、たとえば、日本人、米国人、ドイツ人といった国籍の人を仲裁人に選ぶことができる。このようにして仲裁人を選ぶことにより、訴訟では不可能な中立性を確保することができる。

また、仲裁の質も仲裁人によることになるが、当事者は、紛争の事案に最も適した専門知識や国際仲裁に豊富な経験を持つ公正・中立で信頼できる人を仲裁人に選ぶことができる。

もちろん、訴訟の場合であっても、たとえば、国際化学とサミエル社との紛争を日本とナタリア国以外の第三国の裁判所で解決するという選択肢が考えられなくはない。しかし、仲裁と違い、当事者が中立という理由から合意で指定したとしても、事件と無関係な第三国の裁判所が、必ず裁判をしてくれるか、また、してくれるとしても、第三国の裁判所がその紛争の解決に常に適しているとは限らない。

(iii)　手続の柔軟性

第３に、仲裁は、訴訟とは異なり、当事者の合意を基礎とする紛争解決方法であるので、手続の進め方について広く当事者の合意が認められている。訴訟では、一般に**任意訴訟の禁止**という原則があり、手続のルールについて当事者が合意により決めることは原則として認められない。これに対し仲裁では、訴訟とは違い、手続保障が確保されておけば、当事者が自由に手続のルールを取り決めることができる。

たとえば、国際取引では、多くの場合、そのコミュニケーションの言語として、英語が使用されているが、いざ、紛争を解決するために、訴訟を提起するとなれば、その手続で使用できる言語は、訴訟を行う国の公用語に限られる。わが国の場合、裁判所法74条は、「裁判所では、日本語を用いる」と規定している。

したがって、たとえば、フランスで訴訟を行うとすれば、裁判所でのすべての手続をフランス語で行わなければならず、日本語や英語で作成された文書を証拠として提出する場合、フランス語の訳文を添付しなければならない。そのために要する翻訳の時間と費用は、事件によっては、膨大なものとなる。

これに対して、仲裁では、当事者が使用言語を自由に取り決めることができるので、いちいち文書を翻訳する手間を省くことができる。また、訴訟の場合、代理人は、その国の弁護士に限られるが、仲裁の場合には、通常、自国の弁護士に代理させることが認められているので（外国弁護士による法律事務の取扱いに関する特別措置法５条の３、58条の２参照）、言語や国籍を同じくする自国の弁護士に代理人になってもらうことができる。したがって、当事者としては、外国で仲裁をするといっても安心感がある。

(iv)　国際司法共助を要しない

また、既に見たように、訴訟では、外国にいる被告に対する送達は、その国の了解なく勝手に行うことは、その国の主権侵害となるので、国家間の合意に基づく国際司法共助によることになる。しかし、送達には、国や送達方法によって異なるが、数か月から長い場合、１年以上の期間を要する。

これに対して、仲裁は、国家主権の行使ではなく、このような国際司法共助による面倒な送達は必要とされておらず、訴状に当たる仲裁申立書は、通常、受領の確認ができる民間のクーリエ・サービスにより送付される。したがって、それに要する時間は、数日程度と短期間で済む。事件によっては、訴状の送達が完了する前に仲裁により紛争が解決されていることもあろう。

(v)　非 公 開 性

第４に、訴訟が一般に公開で行われるのに対して、仲裁は、非公開で行われる。わが国では、憲法82条１項が、「裁判の対審及び判決は、公開法廷でこれを行ふ」と規定し、裁判の公開を保障している。仲裁では、その性質上、当事者の同意がない限り、部外者がその手続に参加することはない。したがって、企業の場合、その競合先、あるいは顧客に知られず、秘密裏に紛争を解決したい場合には、仲裁が優れている。

しかし、当事者が仲裁手続に関する情報について秘密保持義務を負うかというと、この点については、わが国では議論がされていないが、国際的には、判例、学説とも見解が分かれており、当事者が仲裁の秘密を保持するためには合意でそれを定めておくことが必要となる。

もっとも、株式を上場している会社の場合、投資者保護などの要請から、訴訟の提起を受けた場合、それを適時に開示することが求められており（東京証券取引所有価証券上場規程402条2号d)、仲裁に関しても訴訟と同様に、適時開示により、それがマスコミに報道されることがある。

(vi) 専　門　性

第5に、当事者は、紛争の事案に最も適した専門知識や国際仲裁に豊富な経験を持つ公正、中立で信頼できる法律家を仲裁人に選ぶことができる。特に、国際取引紛争においては、外国法が契約の準拠法となることが多く、その場合、国内の裁判所が紛争の解決に適しているとは言えない。

これに対し仲裁では、たとえば、紛争の原因となる契約の準拠法が英国法であり、英国法の解釈、適用が争点となっている場合、英国法に精通した英国の裁判官、弁護士を仲裁人に選任することも可能である。また、国際建設工事紛争の場合、その分野に関する技術的知識、経験のある法律家を仲裁人に選任することにより、迅速、適確な解決が可能となる。

(vii) 仲裁は迅速・低廉か

このように、訴訟と比べて仲裁にはいくつかのメリットがある。しかし、従来からよく言われてきた、仲裁による紛争解決は、手続が迅速で、費用も低廉であるという点については、国際仲裁の現実に照らすと、これは幻想であり、そのようなことはない。

たしかに、訴訟の場合は、上訴という制度があるのに対し、仲裁の場合には、通常、1回限りなので、この点を考慮すると、訴訟と比べて紛争解決までに要する時間は短くて済むが、手続自体が訴訟と比べて迅速であるかというと、必ずしもそうとは言えない。事件の複雑さによっても異なるが、仲裁手続でも数か月から1年、あるいは、それ以上の時間を要することもある。仲裁手続に要する費用についても、仲裁人の報酬は当事者の負担となり、決して低廉であるとは言えない。最近、国際仲裁において手続の遅延化、高額化が問題となっており、その改善が求められている。

⒠　仲裁制度のデメリット

このように、仲裁には訴訟に優位する点がいくつかあるが、逆に、訴訟に劣位する点もある。

(i)　仲裁合意の必要性

まず、仲裁は、それを利用するには必ず当事者間に仲裁合意が必要となる。契約関係にない相手との紛争を仲裁により解決することは、相手がそれに同意しない限り不可能である。現実に、相手が仲裁による解決に同意してくれるかというと、通常、紛争が生じてから同意を相手から取り付けることは、仲裁合意のみならず、その他の問題についても通常容易ではない。

したがって、契約を締結する際に仲裁合意も併せて締結する場合を除いて、通常、契約関係にない相手との紛争を仲裁によって解決することはできず、その終局的な解決は、訴訟によることになる。

(ii)　上訴制度がない

仲裁は、通常、１回限りの手続であるため、仲裁判断の内容に不満であっても、裁判所で仲裁判断を取り消すことはできない。つまり、上訴して審理をやり直す途はない。

(iii)　費用はすべて利用者負担

さらに、訴訟の場合には、訴えの手数料は、当事者が負担しなければならないが、それ以外の裁判所の物的・人的施設に要する費用を負担する必要はなく、これらはすべて国が負担している。これに対して、仲裁の場合、仲裁人の報酬など手続に要する費用はすべて当事者の負担となる。

したがって、その分は、訴訟と比べて余分に費用が掛かることになる。もっとも、当事者が負担する費用のうち最も大きな割合を占めるものは、代理人の弁護士費用であり、これは、訴訟の場合にも同様に生じ、当事者の負担となる。

⒡　訴訟と仲裁の選択

国際契約を締結するに際し、これらを総合的に考慮して紛争解決手続を決定することになるが、通常は自国での訴訟が有利となろう。自国の訴訟であれば、事情のわかった裁判所で自国の言語により裁判を行うことができるので、これを選択することは、極自然なことのように思われる。しかし、紛争解決手続の選択も、相手あっての話であり、こちらにとって有利であればあるほど、逆に相手にとっては不利となる。したがって、個別の具体的な事案にもよるが、現実には、この選択は難しい。

もっとも、わが国で訴訟を行う場合であっても、日本の判決の効力が認められていない国にしか相手の資産がなければ判決に基づき強制執行を行うことはできないので、訴訟を選択する余地はない。たとえば、既に見たとおり、判例上、中国では日本の判決の効力は認められていない（大阪高判平15・4・9判時1841号111頁）。

その場合、次の選択肢としては、公正、適正かつ迅速な手続が期待できる中立的第三国での訴訟か、あるいは、仲裁を選択することになる。訴訟を選択する場合、先述のとおり、中立的第三国と言っても、事件と無関係な裁判所が管轄権を行使して裁判をしてくれるか否か、これを事前に調べておく必要がある。また、判決の強制執行という点も、自国での訴訟の場合と同様に問題となる。

これに対して、仲裁の場合には、ニューヨーク条約により、仲裁判断の国際的効力が認められている。したがって、結論としては、通常、仲裁ということになろう。もちろん、個々の具体的事案によってこの結論は異なる。また、仲裁を選択する場合、以下で見るように、仲裁をどこで行うか、仲裁地の選択が重要となる。

⑵ 仲 裁 合 意

⒜ 仲裁合意の性質

仲裁合意の性質について、学説は旧法下から、仲裁合意が訴訟を排除する訴訟法上の効果があることから仲裁合意を訴訟契約と見る立場（**訴訟契約説**）と、仲裁合意は、当事者が仲裁判断に従うことに合意する点で和解契約に類似するとし、実体契約と見る立場（**実体契約説**）とに大別されるが、このほか、両者の混合であるとする立場（**混合契約説**）もある。古い判例ではあるが、大判大７・４・15民録 24輯865頁は、「民事訴訟法786条以下ニ規定セル仲裁契約ハ仲裁人ヲシテ民事上ノ争訟ヲ判断セシムル合意ニシテ其結果当事者ハ妨訴抗弁ヲ有スルニ至リ又此契約ニ基キテ為サレタル仲裁判断ハ確定判決ト同一ノ効力ヲ有スルニ至ルカ故ニ斯ル契約ハ民事訴訟法上ノ契約ニシテ実体法上ノ契約ニアラス」と判示し、訴訟契約説の立場を採っていた。

仲裁合意は、仲裁法上、紛争の解決を私人である第三者（仲裁人）に委ね、かつ、その判断（仲裁判断）に服する旨の合意をいい（仲裁法２条１項)、この合意により仲裁合意の当事者は、仲裁人の判断の結果である仲裁判断に従う義務を負っており、和解契約の性質を有する。しかし、その一方で、仲裁法は、仲裁合意に基づく第三者の判断に確定判決と同一の効力を付与し（45条１項)、仲裁を訴訟に代替する紛争の終局的解決手続として法認し、その結果、仲裁合意は訴訟手続を排除する効力を有し（14条１項)、訴訟法上の効果を生じさせる契約であるので、管轄の合意や不起訴の合意と同様に訴訟契約の性質を有する。したがって、この意味において、仲裁合意は、実体契約、訴訟契約の両者の性質を有する混合契約と見ることもできる。

しかし、仲裁合意の性質から演繹的に、仲裁合意を規律する法が民法か民事訴訟法か、また、国際仲裁における仲裁合意の成立、効力の準拠法について当事者自治の原則を認めるか、これを否定し法廷地法により規制するかが決まるものではなく、これらの問題は個別に合目的的に決すべきであり、たとえば、仲裁合意の意思の欠缺、瑕疵の問題については、民法の規定を適用することになると考えられる。したがって、仲裁合意の性質を論じることは実益に乏しい。

(b)　仲裁合意の締結

まず、訴訟に代えて仲裁により紛争を解決するには、仲裁合意が必要であるが、この仲裁合意は、通常契約の一条項である仲裁条項として規定されることが多い。

仲裁条項を規定する場合、まず、仲裁機関を利用する仲裁とそれを利用しない仲裁の２つがある。一般に、前者を**機関仲裁**（institutional arbitration）、後者を**アド・ホック仲裁**（ad hoc arbitration）とそれぞれ呼んでいる。

(c) 機関仲裁とアド・ホック仲裁

(i) 機関仲裁

機関仲裁は、仲裁機関を利用する仲裁である。仲裁機関（arbitral institution）は、一部の例外を除き、多数の国家の合意に基づき設立された国際組織（international organization）ではない。

仲裁機関とは、仲裁手続を行うための独自の仲裁規則を用意し、その規則に従って、仲裁手続の開始から仲裁判断までの一連の手続が支障なく効率的に行われるよう手続全体を専門の職員によって管理する機関である。

仲裁手続の管理には、仲裁人の選任、忌避手続（以下で見るように、仲裁人の忌避とは、仲裁人に仲裁手続の公正性を阻害する事由がある場合に、当事者が仲裁人をその任務から排除することをいう。また、この申立てを当事者から受けた仲裁機関がその当否を決定する手続のことを忌避手続という）、仲裁判断の審査、点検、仲裁人の報酬額の決定、仲裁手続に必要な費用に充当するため当事者が支払う予納金の管理のほか、仲裁手続における口頭審理で必要な施設、通訳の手配などのロジ関係の仕事がある。このように仲裁機関は手続を管理するが、その内容は機関によって異なる。また、言うまでもなく、仲裁判断をするのは仲裁人であり、仲裁機関ではない。

機関仲裁のことは、仲裁手続を管理するということから、administered or supervised arbitration とも呼ばれている。

仲裁機関の提供する役務の内容は各機関によって異なる。たとえば、国際商業会議所の国際仲裁裁判所（International Court of Arbitration of the International Chamber of Commerce（ICC））では、仲裁判断を当事者に交付する前に、その判断が取り消されない、あるいは執行が拒否されないよう事前に審査（scrutiny）するという制度を設けている。

仲裁機関は、世界50か国以上の国に100位存在すると言われている。また、仲裁機関の連携強化、仲裁、ADR の啓蒙普及などを目的として1985年に設立された IFCAI（International Federation of Commercial Arbitration

Institutions）には、50以上の機関がメンバーとなっている。

最も実績の多い機関は、ICC 国際仲裁裁判所で、同機関は、1923年に設立されて以来１万件以上もの事件を取り扱っている。同機関が2017年に受けた国際仲裁事件の申立件数は810件に上る。

アジアでは、中国国際経済貿易仲裁委員会（China International Economic and Trade Arbitration Commission（CIETAC））が最も多くの国際仲裁事件を扱っている。2016年の取扱件数は485件である。また、シンガポール国際仲裁センター（Singapore International Arbitration Centre（SIAC））の利用が近時著しく伸びており、アジアにおける国際仲裁センターとなってきている。2016年の取扱件数は、2006年の90件に対し343件と４倍近く増えている。

わが国には、日本商事仲裁協会（Japan Commercial Arbitration Association（JCAA））があるが、諸外国の仲裁機関に比べて国際仲裁事件の件数は少なく、申立件数は、年間20件程度である。

他方、欧州には、1892年に設立された国際商事紛争を扱う世界で最も古い仲裁機関として、ロンドン国際仲裁裁判所（London Court of International Arbitration（LCIA））がある。また、米国では、アメリカ仲裁協会（American Arbitration Association（AAA））が、国際仲裁のみならず国内紛争の解決のための各種紛争解決事業を広く行っている。2016年の取扱件数は、LCIA が303件、AAA が1,050件である。

また、仲裁機関の中には、例外的に条約に基づき設立された機関として、先に挙げた投資紛争解決国際センター（ICSID）がある。

ICSID に申し立てられた事件の件数は、1980年半ばまでは年２、３件であったが、その後、条約の適用を受けない紛争も一定の条件で扱うとともに（条約の適用を受けない仲裁は、ICSID 追加的利用制度規則（Additional Facility Rules）に基づき行われる）、北米自由貿易協定（North American Free Trade Agreement（NAFTA））や二国間投資協定（Bilateral Investment Treaty（BIT））などの中で、投資家が投資受入国との紛争の解決を ICSID などの仲裁により解決する仕組みが設けられており（投資受入国は、条約上の義務として予め仲裁に同意している）、それに伴い、ICSID 仲裁の取扱件数は一挙に増加し、2000年に入ってから年に20件以上仲裁が申し立てられ、2016年の取扱件数は48件に上る。

(ii) アド・ホック仲裁

これに対して、アド・ホック仲裁は、当事者のニーズに応じた柔軟な手続ができるいわばテイラー・メイドの仲裁である。機関仲裁では、仲裁機関に対し管理料金という手数料を支払う必要があるが、アド・ホック仲裁ではそのような手数料は発生しないので、その分費用は少なくて済む。しかし、仲裁法自体は詳細な手続ルールを定めておらず、仲裁機関が関与しないので、手続上の問題が生じ、それを当事者または仲裁人が協議し、迅速に処理することができなければ、これによって手続が遅延することになる。

また、仲裁人の選任についても、仲裁人の数が１人の場合、通常、当事者が合意により仲裁人を選任することは困難であり、当事者間で仲裁人が選任できなければ、裁判所にその選任を求めざるを得ないが、これによる手続の遅延が懸念される。また、仲裁人の報酬についても、当事者は仲裁人と直接協議して決めなければならないが、この協議が上手くいくとも限らない。特に、相手方当事者が手続に参加してこない場合には、困難を伴う。したがって、当事者と仲裁人との間で協議が調わない場合、仲裁人が自ら「相当な」額の報酬を決めることになる（仲裁法47条２項）が、報酬額の相当性をめぐって当事者と仲裁人が対立すれば、この問題の解決も裁判所に求めざるを得ない。

(iii) UNCITRAL 仲裁規則の利用

したがって、アド・ホック仲裁でも、実際に仲裁手続を進める上で、仲裁規則が必要となり、通常、仲裁規則として、UNCITRAL が1976年にアド・ホック仲裁のために作成した**UNCITRAL 仲裁規則**が利用される。

UNCITRAL 仲裁規則は、30年以上改正されてこなかったが、2010年、実務の変化に対応し、より効率的な手続を目指して大幅な改正がされている。

UNCITRAL 仲裁規則を利用する場合、仲裁人の選任、忌避は、仲裁人選任機関（appointing authority）によって行われ、裁判所に援助を求める必要はない。仲裁人選任機関は、当事者が合意により選択し、かかる合意がない場合には、常設仲裁裁判所の事務局長に対し、その指定を求めることができる。また、当事者の申立てにより、仲裁人選任機関が、仲裁廷が定めた仲裁人の報酬・費用の決定方法および決定額を査定する仕組みが規定されているので、通常、仲裁人の報酬・費用の額の当否が裁判所で争われることはないと考えられる。

また、UNCITRAL は2013年、投資協定仲裁における透明性に関するUNCITRAL 規則（UNCITRAL Rules on Transparency in Treaty-based Investor-State Arbitration）を採択し、公益に係わる投資仲裁の性格上要請される手続の公開、当事者の提出する主張書面等の公表、第三者による意見書の提出等を定めている。

⒤ 機関仲裁とアド・ホック仲裁のいずれを選択すべきか

それでは、現実の仲裁で、機関仲裁とアド・ホック仲裁のいずれを選択すべきか。機関仲裁の場合、仲裁機関に支払う管理料金が余分に掛かるが、手続が途中でデッドロックに陥ることはまずない。したがって、個別のケースによって結論は変わってくるが、通常、国際取引紛争の解決には、仲裁機関を利用することが無難であり、現実にもその場合が多いと思われる。また、UNCITRAL 仲裁規則が使用される場合であっても、たとえば、予納金の管理や手続に必要なロジ関係など、仲裁機関の管理を必要とするときがあり、そのようなときは、UNCITRAL 仲裁規則に基づく仲裁手続に対し仲裁機関が管理を行うことがある。

⒟ 仲　裁　地

⒤ 法 的 概 念

仲裁条項を規定する際、通常、仲裁地を規定することになるが、仲裁地とは何か。通常、仲裁手続を行う地であると考えられるが、これを具体的に定義した法律はない。では、これにはどのような意味があるか。仲裁地には**法的概念**と**物理的概念**の２つの意味がある。

前者は、仲裁を仲裁法に連結させる概念である。すなわち、仲裁地国の仲裁法が仲裁に適用される。仲裁法は３条において、仲裁地がわが国にある場合に適用することを原則とする旨定めている。この仲裁地を法の適用基準とする考え方は、**仲裁地法主義**（属地主義）と呼ばれる。この仲裁地主義はモデル法が採用していることから、モデル法を採用したわが国の仲裁法もそれと同じ規律をしている。

また、ニューヨーク条約の適用の有無を決める基準ともなる。すなわち、ニューヨーク条約は１条１項において、「仲裁判断の承認及び執行が求められる国以外の国の領域内においてされ」た仲裁判断を適用対象としているが、この「仲裁判断がされた地（**仲裁判断地**）」は仲裁地と同義であると解されている。

(ii) 物理的概念

他方、仲裁地の物理的概念については、これは、仲裁手続が行われる地（本書では単に「**仲裁手続地**」という）をいう。通常、仲裁手続は仲裁地で行われる。たとえば、仲裁地が東京である場合、通常、仲裁手続は東京で行われるが、必要に応じて東京以外の地で仲裁手続が行われることもある。

この点に関し仲裁法は28条において、仲裁地は当事者が合意により決めることができ（１項)、その合意がない場合には、仲裁廷が、当事者の利便その他の紛争に関する事情を考慮して仲裁地を定め（２項)、仲裁廷は、仲裁地にかかわらず、適当と認めるいかなる場所においても、仲裁手続を行うことができる旨（３項）をそれぞれ規定する。

したがって、たとえば、仲裁地が東京であっても、証人尋問を行うに際し、証人がすべてニューヨークに居住しているような場合には、仲裁廷が適当と認めて証人尋問をニューヨークで行うことがある。なお、**仲裁廷**（**arbitral tribunal**）とは、聞きなれない言葉ではあるが、１人の仲裁人または２人以上の仲裁人の合議体をいう（仲裁法２条２項)。

(iii) 仲裁地と仲裁手続地とが異なる仲裁

また、仲裁手続を仲裁地以外で行うことを前提とする仲裁もある。たとえば、オリンピック競技における競技者と国際オリンピック委員会との紛争の解決を行うスイスのローザンヌにあるスポーツ仲裁裁判所（Court of Arbitration for Sport（CAS)）の仲裁は、仲裁地はローザンヌであるが、実際の仲裁手続地はオリンピックの開催地である。

(e) 仲裁条項の例

国際契約において仲裁条項を規定する場合、たとえば、次のような仲裁条項が定められる。

> All disputes, controversies or differences which may arise between the parties hereto, out of or in relation to or in connection with this Agreement shall be finally settled by arbitration in Tokyo, in accordance with the Commercial Arbitration Rules of the Japan Commercial Arbitration Association.
>
> [日本語訳]
> この契約からまたはこの契約に関連して、当事者の間に生ずることがあるすべての紛争、論争または意見の相違は、日本商事仲裁協会の商事仲裁規則に従って、東京において仲裁により最終的に解決されるものとする。

これは、日本商事仲裁協会（JCAA）を仲裁機関として指定する機関仲裁の場合の仲裁条項である。仲裁条項では、紛争を仲裁により最終的に解決する当事者の意思を明確に示すとともに、仲裁機関名、仲裁規則、仲裁に付託する紛争の範囲、仲裁地が規定される。

(f) 仲裁条項の起草上の留意点

実務上、仲裁条項の規定の不備が問題となる。たとえば、機関仲裁の場合、存在しない仲裁機関を指定し、あるいは、訴訟と仲裁とが並存するような規定がされることがある。このような仲裁条項は、**欠陥仲裁条項**（**パソロジカル・クローズ**（pathological clause））と呼ばれるが、現実には欠陥仲裁条項が作成されていることが極めて多い。

たとえば、次のような仲裁条項が規定されていることがある。

> Any dispute under this Agreement shall be submitted to arbitration in Tokyo District Court of Japan and the award rendered by the arbitrators shall be final and binding upon the parties.
>
> 〔日本語訳〕

この契約に基づく一切の紛争は、日本の東京地方裁判所の仲裁に付託し、仲裁人が行った仲裁判断は、終局的であり、当事者を拘束するものとする。

欠陥仲裁条項が作成されてしまうと、現実に生じた紛争を仲裁により解決する際、その不備を理由に相手方から仲裁合意が存在しない、無効といった異議が出され、その不備の軽重にもよるが、最悪、仲裁による解決ができなくなってしまう場合もあるので、十分留意して仲裁条項を規定しなければならない。

このような欠陥を回避するには、機関仲裁の場合、通常、利用する仲裁機関が推薦している標準仲裁条項があるので、それをそのまま使うべきある。

(i) **広範仲裁条項と限定仲裁条項の違い**

また、米国判例法上、仲裁条項の紛争の範囲を画する文言によってその範囲が異なる解釈がされていることに留意する必要がある。

「この契約からまたはこの契約に関連して生じる紛争（all disputes arising out of or in relation to with this Agreement)」という紛争の範囲を画する文言を例にとると、このうち、「に関連して（in relation to)」という文言を含む仲裁条項のことは「広範」仲裁条項（“broad” arbitration clause）と、逆に、このような文言を含まない仲裁条項のことは「限定」仲裁条項（“narrow” arbitration clause）とそれぞれ呼ばれているが、前者は、後者に比べて仲裁条項の範囲が広いと解釈されている。

この問題について判断を示した重要な裁判例として、1961年3月16日の連邦第2巡回区控訴裁判所による In re Petition of Kinoshita & Co., 287 F.2d 951（2d Cir. N.Y. 1961）がある。

この事件では、傭船契約の締結を誘引する詐欺をめぐる紛争が仲裁条項の範囲に含まれるか否かが問題となったが、裁判所は、仲裁条項の範囲を画する「この傭船契約の下に生じるすべての紛争または意見の相違（any dispute or difference arising under this Charter)」という文言では、契約の解釈と履行に関する紛争は仲裁条項の範囲に含まれるが、契約の締結を誘引する詐欺をめぐる紛争はその範囲には含まれず、それを含めるには、“Any controversy or claim arising out of or relating to this contract, or the breach thereof, shall be settled by arbitration….”というアメリカ仲裁協会の標準仲裁条項を規定する必要がある旨を判示した。

その後、判例は、このような文言であっても、広範仲裁条項であると解釈すべきであるとするものや、また、「この契約から生じる（arising out of this contract）」という文言についても、判例法上、広範仲裁条項と限定仲裁条項の2つに解釈は分かれているが、「に関連して生じる」という文言を含む広範条項の場合には、その対象は、契約の解釈と履行に関する紛争に限定されないことは、判例法上一致している。

したがって、実務上、特に、米国企業との契約において仲裁条項を規定する場合、その範囲を特定の紛争に限定するのでなければ、広範仲裁条項にしておくことが肝要である。

(ii)　仲裁地の指定

国際契約において仲裁条項を規定する場合、仲裁地をどこにするかが問題となる。仲裁地を選択する場合、法的、物理的の両面から考慮していくことになる。前者については、適用を受ける仲裁法に問題がないか否か、あるいは、仲裁地国の裁判所が仲裁に好意的であるか否か、とりわけ、不当な理由で仲裁判断を取り消していないか否か、また、仲裁地国がニューヨーク条約の締約国であるか否かなどが考慮されることになる。

仲裁法に関しては、既述したように、仲裁法の国際標準とも言えるモデル法を採用した国か否かが仲裁地選択の1つの目安となる。もっとも、モデル法を採用していると言っても、国によっては、たとえば、エジプトのように、それに修正を加え、仲裁判断の取消事由を拡張する国もあり、留意する必要がある。

他方、後者の物理的面からは、仲裁人の給源や仲裁を実施するための人的、物的施設などの点が考慮されることになるが、通常、当事者にとって、自国で仲裁を行うことが便宜である。

したがって、前者の法的面から必要な条件を満足しているとしても、後者の条件が当事者間で対立することから、契約の交渉力が圧倒的に強い場合を除き、仲裁地を自国に引っ張ってくることは難しい。

そのような場合、仲裁地の選択には、次の2つの選択方法が考えられる。

第1に、手続の公平という見地から、原告は自らの権利を実現するには被告の住所地に出向いて訴えを提起すべきである、いわゆる「原告は被告の法廷地に従う」という裁判管轄のルールを仲裁にも適用し、仲裁の相手方である被申立人の所在地を仲裁地とする方法である。これは、一般に、被告地主義、クロス式の仲裁条項と言われる。

> All disputes arising out of or in connection with this Agreement shall be finally settled by arbitration in Tokyo, Japan pursuant to the Commercial Arbitration Rules of The Japan Commercial Arbitration Association if X (foreign corporation) requests the arbitration or in (the name of the city in foreign country) pursuant to (the name of rules) of (the name of arbitral institution) if Y (Japanese corporation) requests the arbitration.
>
> この契約からまたはこの契約に関連して生ずるすべての紛争は、X(外国法人)が仲裁を申し立てる場合は、日本商事仲裁協会の商事仲裁規則に基づき日本国東京において、または、Y(日本法人)が仲裁を申し立てる場合には、(仲裁機関の名称)の(仲裁規則の名称)に基づき(外国の都市名)において仲裁により最終的に解決されるものとする。

この被告地主義の仲裁条項については、欧米の実務家から、契約違反を受けた当事者の権利救済を阻み、不当に和解を強制することにもなり、これを規定すべきではないという意見が強い。また、上記仲裁条項の例でXが仲裁を申し立てたところ、Yが別の仲裁を申し立て場合、同一の事件について2つの仲裁手続が並行的に進み、仲裁の競合を招くといった問題も指摘されている。

このような問題があるものの、現実の国際契約では、当事者の妥協の結果、被告地主義の仲裁条項が契約に規定されることがある。また、仲裁の競合という問題は、理論的には生じ得るが、実際は、仲裁を申し立てられた当事者が別の新たな仲裁を申し立てることはなく、訴訟の反訴に当たる反対請求の申立てをし、これによって審理が併合されるので、実務上問題が生じることは少ないと考えられる。

もっとも、自国での仲裁手続において自己に不利な展開となった当事者が、相手国での仲裁を申し立てる可能性のあることに留意する必要があり、この問題を完全に解決するには、仲裁が競合しないよう更に規定を追加する必要がある。

第2に、欧州においてよく規定されると言われる当事者の所属国から見た第三国いわば中立国を仲裁地国とする方法がある。

たとえば、ドイツの会社とオランダの会社がスイスのジュネーヴを仲裁地とすることがある。この仲裁地を第三国に指定する方法は、欧州では容易に決めることができるが、わが国の企業が当事者の場合、たとえば、米国の企業との契約でどこが第三国になるのか、この適当な地を決めることは容易でない。たとえば、スウェーデンのストックホルムを仲裁地と選択する場合、両者にとって不便宜であり、この方法が妥当であるとは必ずしも言えない。

また、当事者は、仲裁条項と併せて準拠法条項を交渉することが少なからずあり、その場合、仲裁地も準拠法も自国に持ってくることが有利であるが、交渉力が圧倒的に強い場合以外は、現実にこれは不可能であり、いずれかを相手に譲らなければならない。その場合、いずれを譲るか。

相手国を仲裁地とすることは仲裁手続に関与する裁判所の中立性、公正性が問題となることがあるが、一般に、契約の準拠法自体に中立性を欠くことはない。したがって、通常は、仲裁地を取り、準拠法を相手に譲る方が妥当である。

(g)　仲裁合意の方式

(i)　書面要件

国際取引において、仲裁合意は、口頭で結ばれることは少なく、通常は、契約の仲裁条項として結ばれることが多いと思われる。仲裁法は、旧法下では口頭による仲裁合意を認めていたが、現行法下では、モデル法に倣い方式として書面によることを要求している。したがって、仲裁合意は要式契約である。

仲裁法は、13条２項において、「仲裁合意は、仲裁合意は、当事者の全部が署名した文書、当事者が交換した書簡又は電報（ファクシミリ装置その他の隔地者間の通信手段で文字による通信内容の記録が受信者に提供されるものを用いて送信されたものを含む。）その他の書面によってしなければならない」と規定して、書面性を明文で要求している。

また、現在実務で使用されている通信技術に適合するため、仲裁法は、13条４項において、「仲裁合意がその内容を記録した電磁的記録（電子的方式、磁気的方式その他人の知覚によっては認識することができない方式で作られる記録であって、電子計算機による情報処理の用に供されるものをいう。）によってされたときは、その仲裁合意は、書面によってされたものとする」と規定し、インターネットを利用した電子メールやウェブサイト上での意思表示の交換によっても書面要件を具備するとしている。

以上の書面要件に加え、仲裁法13条３項は、「書面によってされた契約において、仲裁合意を内容とする条項が記載された文書が当該契約の一部を構成するものとして引用されているときは、その仲裁合意は、書面によってされたものとする」と規定する。実務上、契約書の中で仲裁条項を規定するのではなく、仲裁条項を含む約款（企業が不特定多数の相手と契約する場合、契約を画一的、定型的に締結、処理するために予め定めておく契約条項のことをいう。普通取引約款とも呼ばれる）などを引用して仲裁条項を契約書に合体させることがある。この場合であっても、仲裁条項は書面要件を具備することになる。

また、当事者が仲裁手続の開始後、仲裁合意を争わない場合も書面要件を具備することになる。すなわち、仲裁法は、13条５項において、「仲裁手続において、一方の当事者が提出した主張書面に仲裁合意の内容の記載があり、これに対して他方の当事者が提出した主張書面にこれを争う旨の記載がないときは、その仲裁合意は、書面によってされたものとみなす」と規定している。したがって、仲裁合意が口頭で結ばれていても、当事者が主張書面においてその合意の存否を争わない場合には、黙示の合意が成立し（23条２項参照）、書面要件を具備することになる。

なお、**主張書面**とは、「仲裁手続において当事者が作成した仲裁廷に提出する書面であって、当該当事者の主張が記載されているもの」をいう（1条3項）。

(ii)　モデル法の改正と仲裁法

このように、仲裁法は、モデル法を採用したことによって仲裁合意に書面性を要求することになった。他方、UNCITRALでは、実務に適合するため、モデル法7条の書面要件を更に緩和する方向で検討が進められてきたが、2006年に改正がされ、仲裁法13条4項とほぼ同じ規定が設けられたほか、仲裁合意は、その内容が記録されていれば、口頭、行為その他の方法によって締結されていても書面要件を具備するとして、更に書面要件を緩和するとともに、書面要件を要求しないことも採択された。

したがって、国連加盟国、とりわけ、わが国を含めモデル法を採用している国では、書面要件を緩和するか、あるいは、書面要件を廃止するか、これを検討することになる。もっとも、仲裁法は、13条2項で「その他の書面」を規定していることから、モデル法の改正によって緩和された書面要件を既にカバーしているようにも解される。

この点に関し東京地判平20・3・26判例集未登載（2008WLJPCA03268009）は、「仲裁法13条2項は、『仲裁合意は、当事者の全部が署名した文書、当事者が交換した書簡又は電報その他の書面によってしなければならない。』と定めているが、これは、仲裁合意をする当事者の意思を明確にし、後の紛争に備えて仲裁合意の存在と内容を証明できるよう記録する趣旨であるから、同項の『その他の書面』とは、仲裁合意が記録された書面であって、後から証拠とし得るものであれば足りると解される」と判示している。

(h)　仲裁合意の分離独立性（独立性）

仲裁合意は、契約の中の仲裁条項として規定されることがあるが、その場合、仲裁条項は、それを含む契約（主たる契約と呼ばれる）とは分離、独立した合意として扱われる。これを仲裁合意の**分離独立性**（separability）という。

この分離独立性は、国際的に広く認められた原則で、仲裁法は13条6項において、「仲裁合意を含む一の契約において、仲裁合意以外の契約条項が無効、取消しその他の事由により効力を有しないものとされる場合においても、仲裁合意は、当然には、その効力を妨げられない」と規定し、この原則を明文で規定している。

したがって、主たる契約が発効していない、あるいは終了しても、これによって仲裁合意も効力を有しないということにならない。仲裁合意は紛争を仲裁によって解決するいわば紛争解決手続に関する当事者の合意であるのに対し、主たる契約は売買といった実体に関する合意であり、両者は目的、性質を異にする契約であり、分離独立性が認められるのは当然であると解される。

東京地判平17・10・21判時1926号127頁は、原告が被告に対して特許ライセンス契約に基づきライセンス料の支払を求めたのに対し、被告が仲裁合意の存在を妨訴抗弁として主張し、訴えの却下を申し立てた事案において、「仮に原告の主張するとおり、本件契約がランニング・ロイヤルティの未払を解除原因として原告の解除の意思表示によって終了したとしても、仲裁法13条6項によれば、『仲裁合意を含む一の契約において、仲裁合意以外の契約条項が無効、取消しその他の事由により効力を有しないものとされる場合においても、仲裁合意は、当然には、その効力を妨げられない』のであるから、本件契約の解除によって、本件合意〔仲裁条項〕の効力がさかのぼって無効になるものではない」と判示し、仲裁合意の分離独立性の原則を確認している。

もっとも、主たる契約と併せて仲裁合意の効力が争われる場合、たとえば、主たる契約が強迫によって取り消される場合、通常、仲裁合意も強迫によって取り消されることになるが、錯誤の場合には、主たる契約が無効となっても、仲裁合意が無効となるとは限らず、これは当事者の意思解釈の問題である。したがって、当事者間に仲裁合意が有効に存在する限り、主たる契約の効力をめぐる紛争は仲裁により解決されることになる。

(i) 仲裁合意の対象となる紛争

(i) 法律上の争訟

仲裁合意は、「既に生じた民事上の紛争又は将来において生ずる一定の法律関係（契約に基づくものであるかどうかを問わない。）に関する民事上の紛争」を対象とし（仲裁法2条1項）、仲裁は訴訟に代わる紛争解決手続であるので、仲裁の対象は、民事訴訟の対象となる紛争に限られると考えられる。わが国では、訴訟は「法律上の争訟」を対象とし（裁判所法3条1項）、法律上の争訟とは、判例上、当事者間の具体的な権利義務ないし法律関係の存否に関する紛争（**事件性**）で、かつ、それが法令の適用によって終局的に解決できるもの（**法律性**）をいい、この2つの要件を具備しなければ、法律上の争訟には当たらないとされる（最判昭56・4・7民集35巻3号443頁）。

したがって、この2つの要件を具備した紛争が仲裁の対象となる。抽象的な法令の解釈、効力に関する紛争は事件性がなく、また、法律を適用して判断することができない学問上、技術上、政治上などの見解の対立は、法律性がなく、これらは仲裁合意の対象とはならない。

また、仲裁判断の前提問題となる事実の存否に関する紛争も、権利義務ないし法律関係の存否に関する紛争ではなく、法律上の争訟に当たらず、仲裁の対象を民事訴訟の対象となる紛争に限る限り、訴訟で例外的に認められている**証書真否確認**（民訴法134条は、「確認の訴えは、法律関係を証する書面の成立の真否を確定するためにも提起することができる」と定め、法律関係を証する書面、たとえば、契約書、遺言書の真否、すなわち、その書面が、作成者と主張される者の意思に基づいて作成されたか否かの事実の確認を裁判所に求めることができる）を除き、仲裁合意の対象から外れることになるが、次の（iii）で述べるように、事実の存否に関する紛争は、訴訟の対象から外れるとしても、仲裁の対象にはなると考えられる。

さらに、大学、宗教団体、弁護士会などの団体による処分、決定をめぐる紛争は、判例上、団体の自律性を尊重するため、単なる内部規律等の問題に関しては、司法権は及ばず、そうではない一般市民法秩序と直接の関係を有する事項に関しては、具体的権利義務関係に関する紛争であるとして司法審査の対象となるとされる。また、団体の自律性から団体が自ら決すべき事項については、司法権は及ばないとされる。

⒤ **スポーツ仲裁と仲裁法**

スポーツ競技団体による代表選手選考決定の取消しを求める競技者と競技団体との紛争について、わが国では日本スポーツ仲裁機構が仲裁を行っているが、これは、法律上の争訟に当たらず、仲裁法が対象とする紛争には当たらないとする見解がある。

しかし、仲裁は、訴訟と違い国家の裁判権の行使ではなく、団体の自律権を侵害せず、団体の自律性の尊重を根拠に事件性が否定されることにはならず、仮にそうだとしても、団体内部の紛争を仲裁に付託することは、団体の自律権の範囲であると考えられ、また、その範囲を超えるとしても、団体が個別の事案において、自発的意思により自律権を放棄することは許され、自ら処分、決定すべき事項を第三者である仲裁廷の判断、更には、国家権力である裁判所の判断にも委ねることができると解される。したがって、団体内部の紛争は、仲裁法上、仲裁合意の対象になると解される。

(iii) **仲裁鑑定契約**

仲裁合意に類似しているが、これと区別されるものとして**仲裁鑑定契約**がある。仲裁合意が民事上の紛争の解決を第三者（仲裁人）に委ね、その判断（仲裁判断）に服する旨の合意である（仲裁法２条１項）のに対し、仲裁鑑定契約は、仲裁法に規定はないが、一般に、当事者が法律関係の前提となる事実の確定を第三者（仲裁鑑定人）の判断に委ね、その判断に服する旨の合意をいう。

仲裁鑑定（expert determination）という呼称は、主として特殊な知識経験を必要とする業務に関しその道の専門家の鑑定を依頼するために利用されるからである。したがって、仲裁人が法律関係の確定を任務とするのに対し、仲裁鑑定人は事実の確定を任務とし、この点に両者の違いがある。仲裁鑑定の例としては、事実を事実として確定する純然たる事実の存否の鑑定、物品の品質等を評価する鑑定、事故と損害との因果関係の存否、加害者の過失の存否など事実が一定の法概念に該当するかどうかを確定する鑑定などが挙げられる。

仲裁鑑定契約が仲裁法上の仲裁合意に当たるか否か。この点に関し見解は分かれる。単なる事実の存否に関する争いが訴訟の対象とならないので、訴訟に代替する仲裁においてもその対象とならないという見解がある。しかし、訴訟の場合、被告および裁判所との関係で原告が勝訴判決を得ることを正当化する訴訟的利益が必要となるが、仲裁の場合には、当事者の合意に基づき自主的に設置された裁判機関により紛争を解決する制度であり、また、裁判所の負担に関しても、裁判所の仲裁手続への関与は補完的、限定的であるので、当事者が合意により事実の存否に関する紛争を仲裁廷に付託する限り、事実の存否に関する紛争は、仲裁合意の対象になると考えられる。

(iv)　仲裁可能性（仲裁適格）

また、仲裁は、訴訟と違い、法律上の争訟のうち、一定の紛争に対象が限られる。この仲裁によって解決することができる紛争であるか否かという問題を**仲裁可能性（仲裁適格）**という。

仲裁法は、「仲裁合意は、法令に別段の定めがある場合を除き、当事者が和解をすることができる民事上の紛争（離婚又は離縁の紛争を除く。）を対象とする場合に限り、その効力を有する」と規定し（13条１項）、仲裁可能性は和解可能性を基準に判断すると定める。

仲裁法制定前の旧法下においても、仲裁合意は、「当事者カ係争物ニ付キ和解ヲ為ス権利アル場合ニ限リ其効力ヲ有ス」（公示催告手続及ビ仲裁手続ニ関スル法律786条）と定め、和解可能性を基準に仲裁可能性を判断することとし、仲裁法13条１項の規定は、この旧法の規定と同趣旨であるとされる。

もっとも、旧法とは違い、「法令に別段の定めがある場合」を除くと定め、立法政策上の判断から、法令により、当事者が和解をすることができない紛争に仲裁可能性を認め、あるいは、当事者が和解をすることができる紛争に仲裁可能性を認めないことを明文で許容し、後者に関しては、後に取り上げるが、附則４条の将来において生じる個別労働関係紛争がこれに当たるとされる。

「和解」の意義に関しては、従来から学説上諸説があるが、旧法の立法過程によれば民法上の和解と考えられており、13条1項に関しても、旧法の解釈と同様に、立法者の意思に従った民法上の和解と解し、政策的判断から、和解可能性のない紛争に仲裁可能性を肯定し、あるいは、逆に和解可能性のある紛争に仲裁可能性を否定する必要がある場合には、「法令に別段の定めがある場合」で処理すれば足りると考える。

当事者が民法上の和解をすることができる紛争、すなわち、当事者が自由に処分することができる紛争であれば、仲裁による解決が可能である。したがって、当事者の合意によって法律関係を確定することかできない紛争は、仲裁の対象から外れる。この紛争は、利害関係を有する第三者との関係で画一的に確定する必要があるので、訴訟により、**対世効**（訴訟の当事者だけではなく、第三者にも認められる判決の効力を言い、**第三者効**とも呼ばれる）のある判決によって解決することになる。

したがって、たとえば、人事訴訟事件（離婚、親子関係等の紛争）の場合、第三者との関係で画一的に法律関係を確定する必要があることから、その性質上、離婚、離縁の紛争を除き、当事者の自由な処分が許されず、和解可能性はなく（人事訴訟法19条2項、民事訴訟法267条）、仲裁可能性が否定される。もっとも、仲裁法13条1項は、離婚、離縁の紛争については、和解可能性があるにもかかわらず、仲裁可能性を否定しているが、これは、家庭裁判所により解決するという政策的判断によるものと考えられる。

これに対し、国際取引紛争においては、通常、仲裁可能性が否定されることはほとんどないが、特許権や独占禁止法をめぐる紛争の仲裁可能性が問題となる。

(v) **特許権の有効性をめぐる紛争**

特許の有効性に関しては、当事者が対世効を有する特許の無効を求める場合には、特許庁に対し無効審判を請求することになる（特許法123条）ので、仲裁可能性はないと考える。これに対し、特許ライセンス契約事件や特許侵害事件において特許の無効が主張される場合には、特許の有効性を仲裁廷が判断することができるか否かが問題となる。この問題に関し、訴訟では、特許法が、特許権侵害訴訟において、当該特許が特許無効審判により無効にされるべきものと認められるときは、特許権者は、相手方に対しその権利を行使することができない、と定めている（104条の３）。これに対し仲裁では、このような規定は定められていない。

多数説は、特許権者が第三者との間で特許権を自由に処分することができ、仲裁判断が当事者間の相対的効力しか有しないなどの理由から、仲裁廷は、前提問題として特許権の有効性について判断することができるとし、仲裁可能性を肯定する。

(vi)　独禁法違反の存否

独禁法違反に基づく損害賠償請求権（独禁法25条、民法709条）については、多数説は、当事者が処分可能な私法上の権利であることを理由に、仲裁可能性を肯定する。

これに対し、独禁法違反を理由に契約の無効が主張されることがあるが、独禁法違反の存否に関しては、仲裁可能性の存否が問題となる。すなわち、独禁法違反の存否を当事者が自由に処分し得るか否かが問題となる。

独禁法違反の存否については、当事者間の紛争解決に止まらず社会一般の利益、とりわけ、経済秩序維持という公益に影響を及ぼし得るという紛争の性質上、和解可能性がない紛争と解する余地があるが、その一方で、自由処分権は、独禁法違反という公序良俗に反する法状態を作出する場合に限り、制約を受けるが、そうでない場合、否定されず、仲裁が訴訟に代替する国家が法認した紛争の終局的解決手続であるという点を考慮すると、独禁法違反の存否に関し仲裁可能性を否定すべきではないと考える。

しかし、その場合であっても、仲裁判断の結果生じる法状態が経済秩序維持という社会一般の利益にも作用し得ることになるので、仲裁判断の結果生じ得る経済秩序侵害から国民を守るため国家裁判所が仲裁判断の取消し、執行決定の手続において、一定の司法審査を行う必要があると考える。

(j)　仲裁合意の効力

(i)　積極的効力

仲裁合意の効力には、**積極的効力**と**消極的効力**の２つの効力がある。前者は、仲裁合意によって、当事者は紛争を仲裁に付する義務を負い、仲裁廷は仲裁を行う権限を与えられるという効力である。

これに対し後者の消極的効力とは、仲裁合意が存在するにもかかわらず、当事者の一方が仲裁合意の対象となる紛争について訴訟を提起した場合、相手方の当事者である被告の申立てによって裁判所が訴えを却下するという効力である。

(ii) **消極的効力—妨訴抗弁**

この後者の消極的効力について、仲裁法は明文で規定を置いている。すなわち、仲裁法は14条1項柱書において、仲裁合意の対象となる紛争について訴えが提起された場合、裁判所は、被告の申立てにより、訴えを却下しなければならないと定めている。この被告の申立てのことは、一般に、仲裁合意の**妨訴抗弁**と呼ばれている。裁判所が訴えを却下した場合、通説は、この判決（訴訟判決）にも既判力が生じるとし、仲裁合意の存否、効力をめぐる紛争は終局的に解決されることになる。

もっとも、仲裁合意が無効、取消しその他の事由により効力を有しない、または仲裁合意に基づき仲裁手続を行うことができないときは、仲裁合意の抗弁は認められず、裁判所は、本案の審理を進めることになる（14条1項1号、2号）。

この被告の申立ては「本案について、被告が弁論をし、又は弁論準備手続において申述をした後にされたものであるとき」（同3号）は、することができない。つまり、被告は、訴訟の進行を止めるには、権利義務関係ないし法律関係について口頭で陳述する時、あるいは、それより前に妨訴抗弁を提出しなければならない。この時期は、応訴管轄が生じる場合と同じである（民訴法3条の8、12条）。

応訴管轄の場合と同様に、被告が口頭で陳述せず、本案に関する事項を記載した**準備書面**（当事者が口頭弁論において陳述する事項を記載した書面（民訴法161条）。事前に裁判所に提出し、相手方当事者にも送ることになる）を提出しただけでは、訴訟によって紛争を解決しようとした原告の利益、期待の保護や訴訟経済という点を考慮しても、「本案について、被告が弁論をし、又は弁論準備手続において申述をした」ことにはならないと考えられる。東京地判平24・８・７判例集未登載（LEX/DB25496039）もこの見解に立っている。

すなわち、被告らが「原告の請求を棄却する」旨の請求の趣旨に対する答弁を記載した答弁書を提出して陳述が擬制された後に仲裁の抗弁を主張したのに対し（当事者が最初の口頭弁論期日に欠席した場合、準備書面に記載した事項は陳述したものとみなされる（民訴法158条）。これを**擬制陳述**という）、「仲裁法14条１項３号が、本案について被告が弁論をした後は仲裁合意の対象となる民事上の紛争につき却下の申立てがなされても訴えを却下しない旨を定めた趣旨は、被告が、仲裁合意に関する問題を離れて原告の主張に係る権利又は法律関係に対する事実上又は法律上の争点について弁論をして訴訟を進行させた後に仲裁の抗弁を提出することは、訴訟手続を混乱させ遅延させるものであることから、その混乱及び遅延を避けるためであると解される。請求の趣旨に対する答弁は、口頭弁論の一部に属するものではあるが、通常簡単になされるものであり、これを述べたからといって事実上又は法律上の争点について弁論をして訴訟を進行させ、その後に仲裁の抗弁を提出することが訴訟手続を混乱させ遅延させるものとは言い難いから、請求の趣旨に対する答弁の陳述擬制は、仲裁法14条１項３号のいう本案についての弁論に当たらないと解すべきである。」と判示し、被告らの妨訴抗弁を認めて訴えを却下した。

なお、仲裁廷は、仲裁合意の対象となる訴えが係属している間においても、仲裁手続を開始し、または続行し、かつ、仲裁判断をすることができる（仲裁法14条２項）。

これは、仲裁手続の遅延戦術を回避することを意図した規定であるが、手続が無駄になる可能性を考えると、仲裁廷は、仲裁合意が当事者間に明らかに存在すると認められる場合を除き、裁判所の判断が下されるまで、手続を中止すべきであろう。

ⅲ　仲裁合意の人的範囲

仲裁合意の効力は、当事者以外の者にも及ぶか。仲裁合意の当事者の包括承継人は、当事者の権利義務のすべてを一体として受け継ぐことから、仲裁合意上の地位も承継することになる。したがって、仲裁合意の当事者が死亡した場合、当該権利義務を相続により承継する者は仲裁合意に拘束される。また、仲裁合意の当事者である法人が合併により消滅した場合、合併によって設立された法人または合併後に存続する法人に仲裁合意上の地位が移転することになる。

特定承継人については、見解が分かれている。たとえば、債権譲渡の場合、仲裁合意がそれを含む主たる契約上の権利に付着し、両者が不可分一体の関係にあり、債権譲渡によって仲裁合意上の地位も譲受人に移転するという見解がある。しかし、債権譲渡に仲裁合意上の地位の譲渡が必要不可欠であると言うわけではなく、また、仲裁合意は、債権に関連はするが、債権とは性質の違う紛争解決に関する合意であり、常に両者の間に不可分の関係があるとまでは言えず、したがって、この問題は、譲渡人、債務者、譲受人の三者の利益を衡量して決すべきであると考えられる。

その場合、債権を譲渡する債権者の立場を考慮する必要はないが、債務者については、譲受人に仲裁合意の効力が及ばないならば、債権に関する紛争を仲裁により解決することを選択した債務者の利益は害されることになる一方、譲受人については、仲裁合意の効力が及ぶことになると、債権の譲渡を受けることにより提訴権が奪われてしまうことになるが、譲受人は、仲裁合意の付着した債権の譲渡を受けるかどうかを自ら決し得る立場にあるのであるから、仲裁により紛争を解決する権利を一方的に奪われてしまう債務者の立場と比較すると、譲受人の提訴権は、債務者の仲裁により紛争を解決する利益に譲るべきであり、仲裁合意の効力は譲受人に及ぶべきであると考えられる。

債権譲渡の譲受人のほか、たとえば、契約上の地位の譲受人、債権者代位における代位債権者についても、三者の利益を衡量して決すべきであると考えるが、判例は、東京地判平26・10・17判タ1413号271頁が、特に理由を示さず、仲裁合意上の地位も契約上の地位の譲受人に移転するとし、また、宮崎地判平27・1・23裁判所ウェブサイト（2015WLJPCA01239003）も、不法行為に基づく損害賠償請求権を行使する被害者が債権者代位に基づき加害者に代わって加害者が締結していた損害賠償責任保険契約に基づく保険金請求権を保険者に対し代位行使する事案において、特に理由を示すことなく、保険契約中の仲裁合意の効力が代位債権者にも及ぶとした。

また、破産債権者については、破産法上、破産手続開始決定により破産者の総財産について破産者の管理処分権が剥奪され、その総財産が清算目的のために破産管財人の管理下に置かれ、破産者に管理処分権が残るものを除き破産財団に属する財産の管理処分権は破産管財人に専属することになる（破産法78条１項）。破産管財人は、この管理処分権を行使する前提として、破産者の締結した契約上の地位を引き継ぐことになり、法律行為の当事者としての権利義務を破産者から承継することになるとともに、その権利義務を確定するための仲裁合意についても、破産管財人がその地位を承継するものと考えられる。もっとも、破産管財人が仲裁により解決し得る紛争は、破産者の地位を承継する関係から、破産者が仲裁により解決し得る紛争の範囲に限定されると考えられる。

したがって、たとえば、破産者が破産手続開始前にした法律行為を否認すること（破産法160条以下）は、破産法が破産管財人に対し破産債権者の代表者として特別に与えた、法律行為の当事者性からは導くことのできない特別の権能であり、否認権に関する紛争は、破産法固有の問題であり、そもそも破産者が破産前に有していた権利から生じたものではなく、仲裁可能性を有しない。

この問題に関し、傭船契約中の仲裁地をロンドンとする仲裁合意の効力が傭船者である更生会社管財人に及ぶか否かという点について、東京地判平27・１・28判時2258号100頁は、更生会社と相手方が、傭船料債権が共益債権に当たるか否か等会社更生法の解釈固有の問題に係る紛争を仲裁に付託する旨の合意をしたものと解することはできないとしたが、この問題は、そもそも、更生手続前の更生会社と相手方との契約から生じる紛争ではなく、更生会社から仲裁合意上の地位を承継した更生管財人と相手方との仲裁合意の対象とはなり得ないと考えられる。

(iv)　国際仲裁と妨訴抗弁

この仲裁合意の消極的効力について、ニューヨーク条約は、２条１項で、

2項の書面要件を具備する仲裁合意を承認するとした上で、3項で、本案訴訟の裁判所は、仲裁合意が無効、失効、または履行不能であると認める場合を除き、被告の申立てにより、仲裁に付すべきことを原告に命じなければならないとする。書面要件を定める2項は、書面による仲裁合意とは、当事者が署名し、または交換した書簡もしくは電報に載っているものを含むものとする、と規定している。

ニューヨーク条約は、2条の適用対象となる仲裁合意については規定を置いていない。条約は、外国仲裁判断の承認・執行を主な目的とするが、その目的を遂行するには、2条の妨訴抗弁の局面において広く国際的要素のある仲裁合意の効力を承認すべきである。したがって、条約は国際的仲裁合意を適用の対象としていると解すべきであると考えるが、そうでない見解もある。

また、わが国では、条約は、批准または加入した後、公布によって自動的に国内的効力を有するという**一般的受容方式**が採られているが、国内的効力を有する条約が国内立法措置（国内担保法の制定）を必要とせず、直接適用されるか否かという問題がある。

この問題について、条約が法律の形式で規定し直さなくても、そのまま裁判規範となり得るか否か、すなわち**自動執行性**を備えた条約であるか否か、また、立法技術上の要請から国内立法措置を講じる理由があるか否か、これらが検討されることになるが、ニューヨーク条約は、国内立法措置を要しないとされ、わが国の裁判所において直接裁判規範として適用される。また、憲法98条2項により、条約は法律に優位する。

したがって、わが国の裁判所において国際的仲裁合意に基づく妨訴抗弁が提出された場合、仲裁法ではなく、ニューヨーク条約2条を適用して訴えを却下することになると考えるが、判例上、2条を適用したものは見当たらない。

(v)　**仲裁合意の準拠法**

この場合、仲裁合意の実質的成立要件と形式的成立要件（方式要件）の準拠法の決定が問題となる。前者については、一般の契約と同様に通則法7

条、8条を適用して決定すべきであるとする考え方がある。旧法下ではあるが、リングリング・サーカス事件の最判平9・9・4民集51巻8号3657頁は、旧法例7条を適用するとしてこの考え方を示した。

この事件では、日本法人が米国法人との間で締結したサーカス興行契約をめぐって米国法人の代表者を被告として不法行為に基づく損害賠償を東京地裁に求めたのに対し、同代表者がサーカス興行契約中のクロス式の仲裁合意を抗弁として提出し、仲裁合意の効力の準拠法の決定が問題となった。

最高裁は、旧法例7条1項により、仲裁地であるニューヨーク市において適用される法律をもって仲裁合意の準拠法とする旨の黙示の合意を認めた。

これに対し、仲裁法は、仲裁判断の取消事由の1つとして、当事者が合意により仲裁合意に適用すべきものとして指定した法令、その指定がない場合は、日本の法令により、仲裁合意の効力を有しないことを挙げている（仲裁法44条1項2号）。この規定によれば、仲裁判断の取消しの局面において、仲裁合意の効力の有無は、第1段階として当事者の合意した法、第2段階として日本法により判断することになる。

この規定を一般化して、仲裁合意の準拠法は、当事者の合意した法、その合意がないときは、仲裁地法になるとする見解が有力である。

最高裁判例以後、仲裁法の下での裁判例として、東京地決平19・8・28判時1991号89頁は、仮処分命令申立事件において、通則法7条を適用し、主たる契約に定められていた契約の準拠法である韓国法が仲裁合意の効力の準拠法であると決定し、東京高判平22・12・21判時2112号36頁は、旧法例7条に依拠しつつ、当事者の黙示の合意も認められない場合、7条2項による行為地法ではなく、仲裁法44条1項2号、45条2項2号の規定の趣旨にかんがみ、仲裁地法によるとするが、その根拠は必ずしも明らかでなく、このような結論を導くのであれば、上記学説の見解によるべきであったと考える。

また、東京地判平23・3・10判タ1358号236頁は、リングリング・サーカス事件と同様に、クロス式の仲裁条項が契約に規定されていたが、最高裁の立場を採用しつつ、通則法7条により仲裁地法を当事者の黙示の合意と認めた。

仲裁合意の準拠法について、妨訴抗弁の局面と仲裁判断の取消しの局面でその決定ルールが異なると、仲裁合意の効力について跛行的法律関係が生じてしまう可能性がある。

すなわち、妨訴抗弁の局面において、通則法８条により定まる準拠法である外国法を適用して、仲裁地がわが国にある仲裁合意の成立を認めて訴えを却下したところ、その後仲裁手続が進み、仲裁判断が出されたが、その判断の取消しの局面において、仲裁地国である日本法を適用して仲裁合意の成立が認められないとして仲裁判断を取り消した場合、仲裁合意の成否について判断が食い違うことになる。

したがって、準拠法ルールを単一にすべきであり、妨訴抗弁の局面においても、通則法ではなく、仲裁法44条１項２号の抵触規則を適用すべきであろう。もっとも、通則法８条によれば、当事者間に準拠法の選択がないときは、最密接関係地法によることになるが、通常、仲裁地法がこれに当たり、通則法と仲裁法のいずれのルールによっても結論に違いは生じないであろう。また、仲裁地が未定の場合が問題となるが、その場合には、仲裁法の抵触規則を適用することはできないので、通則法により、仲裁合意の最密接関係地法を決定することになると考えられる。

⑹ 仲裁合意の方式

また、妨訴抗弁の局面において仲裁合意の方式が問題となる場合、ニューヨーク条約２条２項の規定によることになる。この２条２項が定める書面要件は、必要十分条件であるとされ、この要件を最低限具備する必要があるが、かと言って、これ以上の要件も要求されない。

この条約の書面要件よりも緩い要件を定めた国内法がある場合、これを当事者が援用することができるか否かという問題がある。

この問題について、ニューヨーク条約７条１項は、仲裁判断の承認・執行の局面で国内法の援用を認めているが、この規定の解釈として、妨訴抗弁の局面でも国内法の援用が認められるとする見解がある。また、UNCITRALは、2006年の改正の際、ニューヨーク条約２条２項の書面要件は、これが例示列挙であると解釈すべきであり、また、７条１項は、仲裁地国の国内法または条約に基づき、当事者が仲裁合意の効力の承認を求める権利を利用することを認めるよう適用されるべきである旨を勧告している。

仲裁合意の方式の準拠法に関し、先に挙げた東京高判平22・12・21は、ニューヨーク条約に何ら言及することなく、仲裁合意の成立・効力および方式は、旧法例７条、８条の規定によるとした。

(k)　仲裁合意と消費者、労働者

(i)　仲裁合意と消費者保護

仲裁は、訴訟に代わる紛争の終局的解決手続であり、仲裁合意を結んだ当事者は、その合意に拘束され、仲裁合意の対象となる紛争の解決を裁判所に求めることは、当事者がその旨変更の合意をしない限り、行うことはできない。したがって、事業者が消費者と結ぶ契約中に仲裁条項が規定されている場合にも、事業者および消費者のいずれも、その仲裁合意に拘束される。

しかし、消費者が事業者と契約を行う場合、仲裁合意の存在やその意味を十分に知らないで仲裁合意を結び、あるいは、それらを十分に知っていたとしても、契約は約款によることが多く、事業者との交渉力の格差から、仲裁合意の締結を拒むという選択肢が事実上なく、訴権を剥奪される結果になってしまうことがある。

(ii)　仲裁法が定める消費者保護規定

わが国の仲裁法は、消費者保護の観点から、附則３条において、当分の間、事業者と消費者との間で結ばれる将来の紛争を対象とする仲裁合意は、消費者が解除することができる旨を規定している。

(iii)　仲裁合意の解除権

すなわち、消費者契約法に規定する消費者（消費者契約法２条１項）と事業者（同条第２項）の間の将来において生じる民事上の紛争を対象とする仲裁合意（**消費者仲裁合意**）については、消費者は、仲裁の申立人となる場合を除いて、仲裁合意を解除することができる（附則３条２項）。消費者契約法にいう消費者とは、個人（事業者としてまたは事業のために契約の当事者となる場合におけるものを除く）をいい、また事業者とは、法人その他の団体および事業としてまたは事業のために契約の当事者となる場合における個人をいう。

(iv) 口頭審理に先立つ仲裁廷による説明義務

消費者仲裁合意が消費者により解除されていない場合において、事業者は、消費者仲裁合意に基づく仲裁手続の仲裁申立人となるときは、仲裁廷が構成された後遅滞なく、32条１項の規定による口頭審理の実施の申立てをしなければならず、その場合、仲裁廷は、他のすべての審理に先立って、口頭審理を実施する旨を決定し、当事者双方にその日時および場所を通知しなければならない（附則３条３項、４項）。また、消費者である当事者に対しては、それと併せてできる限り平易な表現を用いて、書面により次に掲げる事項を通知しなければならない（同５項）。

すなわち、①仲裁判断には、確定判決と同一の効力があること、②仲裁合意の対象となる紛争について裁判所に訴えを提起した場合、その訴えは却下されること、③消費者は、消費者仲裁合意を解除することができること、④消費者である当事者が口頭審理の期日に出頭しないときは、消費者である当事者が消費者仲裁合意を解除したものとみなされることの４つの事項である。

(v) 口頭審理時における仲裁廷による説明義務

その上で、消費者が口頭審理の期日に出頭した場合、仲裁廷は、まず、消費者である当事者に対し、口頭で、上記①から③までの事項について説明しなければならない（附則３条６項前段）。そして、消費者である当事者が消費者仲裁合意の解除権を放棄する旨の意思を明示しないときは、これを解除したものとみなされる（同後段）。

また、消費者が口頭審理の期日に出頭しない場合には、消費者仲裁合意を解除したものとみなされる（３条７項）。

(vi) 国際契約と消費者保護

この仲裁法の規定は、仲裁地が日本国内にある仲裁合意に適用されるとする見解のほか、公序則を通して日本法による消費者保護を図る、あるいは、通則法11条を仲裁合意に類推適用することにより附則３条の適用を可能にするなどの見解が主張されている。

しかし、国際裁判管轄法制において示された消費者保護政策、すなわち、消費者に便宜な裁判所へのアクセスを確保するという政策を実現、貫徹するには、専属的裁判管轄合意のみならず、仲裁合意の効力も否定すべきであり、附則3条は、仲裁地の如何を問わず、消費者の住所地が日本国内にある消費者仲裁合意に常に適用されると解すべきであると考える。

(vii)　個別労働仲裁合意は無効

また、仲裁法は、将来において生じる個別労働関係紛争（個別労働関係紛争の解決の促進に関する法律1条に規定する労働条件その他労働関係に関する事項についての個々の労働者と事業主との間の紛争（労働者の募集および採用に関する事項についての個々の求職者と事業主との間の紛争を含む））を対象とする仲裁合意（本書では単に「**個別労働仲裁合意**」という）は無効とする（附則4条）。

これも、消費者仲裁合意と同様に、労働者は、事業主との関係において経済的にも弱い立場にあり、また、労働者の側から仲裁合意を解除することは、継続的雇用関係を維持する上で困難であることから、消費者以上により手厚く保護する必要があるため設けられたものである。

(viii)　国際契約と労働者保護

外国企業と雇用契約を結ぶ労働者も、消費者と同様に、その保護が問題となる。学説は、附則4条は、仲裁地が日本国内にある場合に適用されるとする見解のほか、公序則を通して日本法による労働者保護を図る、あるいは、通則法12条を仲裁合意に類推適用することにより附則4条の適用を可能にするなどの見解が主張されている。

しかし、消費者仲裁合意と同様に、国際裁判管轄法制において示された労働者保護政策の観点から、附則4条は、仲裁地の如何を問わず、労働者の労務提供地が日本国内にある個別労働仲裁合意に常に適用されるべきであると考える。

この問題に関する裁判例として、東京地判平23・2・15判タ1350号189頁がある。この事件では、米国法人の日本支店のマネージング・ディレクターとして勤務していた米国人の原告が、被告である米国法人による解雇が権利濫用に当たり無効であると主張して、雇用契約上の地位確認および賃金の支払いを求めて東京地裁に提訴した。

これに対し、被告は原告との間の雇用契約中の仲裁条項に基づき訴えの却下を申し立てた。裁判所は、両者間の雇用契約の解消や終了についての紛争は米国ジョージア州アトランタ市での仲裁手続で解決されるという趣旨の仲裁合意をしたことが認められとし、訴えを却下した。

裁判所は、仲裁合意は、仲裁法の施行前に既に成立したと認定し、仲裁法附則4条は適用されないと判断したが、同条の適用範囲に関し**傍論**（裁判所が示す紛争の解決に直接必要のない法解釈）ではあるが、「仲裁法附則4条の趣旨は、同法施行時における労働者と使用者との間の情報量や交渉力の格差及び仲裁が紛争解決手続として浸透していないわが国の現状を踏まえて、労働者保護のため、わが国において同法施行後に成立した仲裁合意について、当分の間無効としたものと考えられる。そうすると、仲裁地や手続をすべて米国のものとする本件仲裁合意に、同条は適用されないものと解される」と判示した。

したがって、判旨は明快ではないが、仲裁地が日本国内にない個別労働仲裁合意に関しては、附則4条は適用されない旨の判断を示したように解される。

⑶ 仲　裁　人

仲裁合意の当事者間で紛争が生じ、和解による解決ができない場合、当事者は、仲裁合意に基づき仲裁手続を開始することになる。仲裁手続のルールは、当事者が合意により決めることができる（仲裁法26条1項）。機関仲裁の場合、当事者が選択した仲裁機関の仲裁規則の内容が当事者の合意となり、その規則に従って手続は進められる。

機関仲裁の場合には、当事者（**申立人**）が仲裁機関の仲裁規則に従い仲裁機関に対し仲裁申立書を提出することによって手続が開始される。仲裁申立てを適式に受けた仲裁機関は、相手方である当事者（**被申立人**）に対し、仲裁申立書の送付と併せて仲裁申立てのあった旨を通知し、答弁書（被申立人が最初に提出する主張書面）の提出を求める。

その後、手続は仲裁人の選任へと移る。

(a)　仲裁人の選任

仲裁人の数、選任方法は当事者が合意により決めることができる（仲裁法16条、17条）が、機関仲裁の場合、当事者間に別段の合意がない限り、仲裁機関の仲裁規則が定めるルールによることになる。

仲裁規則の内容は、仲裁機関によって異なるが、仲裁規則が仲裁人の数を１人と定めている場合、通常、当事者が協議して仲裁人（**単独仲裁人**）を選任することになり、当事者による選任ができない場合、仲裁機関が当事者に代わって選任することになる。これに対し、当事者間に仲裁人の数を３人とする合意がある場合には、当事者がそれぞれ１人の仲裁人を選任し、仲裁廷を構成するもう１人の仲裁人（**第三仲裁人**）は、仲裁機関の仲裁規則によって異なるが、たとえば、既に選任されている２人の仲裁人が選任し、仲裁人による選任ができない場合には、仲裁機関が選任することになる。

どのような人を仲裁人に選ぶか。これは当事者の自由であるが、仲裁人の任務は、当事者間で対立している争点について、事実を認定し、これに法を適用して判断をすることなので、通常、弁護士、大学教授など法律の専門家が選任されている。

仲裁人が選任されると、仲裁人として選任された者が、仲裁人への就任を承諾することによって当事者と仲裁人との間に**仲裁人契約**が成立する。仲裁人契約は一方当事者が選任する仲裁人を含め仲裁人の選任方法の如何に係わらず、すべての仲裁人について、全当事者と仲裁人との間で成立する。

(b)　仲裁人候補者、仲裁人の開示義務

仲裁人は公正に審理、判断する義務があるが、それを確保するため、仲裁人候補者、また仲裁人就任後においても仲裁人には、公正性、独立性に関する開示義務が要求されている。

すなわち、まず、仲裁人への就任の依頼を受けた者は、その依頼をした者に対し、自己の公正性または独立性に疑いを生じさせるおそれのある事実の全部を開示しなければならない（仲裁法18条３項）。仲裁人に公正性、独立性

を疑うに足りる相当な理由がある場合、当事者は、その仲裁人を忌避する、すなわち、仲裁人をその任務から排除することが認められており（同１項)、この開示によって、仲裁人への就任を依頼した者は、忌避されるおそれのある者を仲裁人に選任するか否かを判断するための資料を入手することになる。

また、仲裁人候補者は、自己に忌避事由があると考える場合には、**裁判官の回避**（裁判官が裁判の公正を確保するため、除斥事由（民訴法23条１項が列挙する法律上当然に職務執行ができない事由)、忌避事由（裁判所の公正を妨げるべき事情（民訴法24条１項））があると考える場合、自ら職務執行を避けることになる（民訴規12条)）と同様に、自発的に仲裁人への就任を避けるべきであると考える。

仲裁人についても、仲裁人候補者と同様に、開示義務がある。仲裁法18条４項によれば、仲裁人は、仲裁手続の進行中、当事者に対し、自己の公正性または独立性に疑いを生じさせるおそれのある事実（既に開示したものを除く）の全部を遅滞なく開示しなければならない。これは、手続の公正を確保するため、当事者に対し、仲裁人を忌避するか否かを判断するための資料を提供することを目的とする。

また、仲裁人は、(5)(b)(iii)で取り上げるが、この開示義務を果たすためには、当該事情があるかどうかを把握する必要があり、仲裁人には合理的な範囲内でこれを調査する義務があると解される（最高決平29・12・12民集 71巻10号2106頁)。

この仲裁人候補者、仲裁人の開示義務については、どのような事情をどの程度まで開示しなければならないのか。実務上、開示の具体的範囲が問題となる。

この問題に関し、**IBA**（**国際法曹協会**（1947年国連の設立に呼応して設立された国連加盟国の弁護士会による世界弁護士会連合会)）は、2004年に「**国際仲裁における利益相反に関するIBAガイドライン**（IBA Guidelines on Conflicts of Interest in International Arbitration)」を作成し、2014年に一部改正しているが、その中で、原則として仲裁人に就任することができない事情（レッド・

リスト)、仲裁人が開示しなければならない事情（オレンジ・リスト)、開示する必要のない事情（グリーン・リスト）を網羅的ではないが具体的に列挙しており、実務上参考となる。

もっとも、これに従った開示が仲裁法の要求する開示範囲と合致しているとは必ずしも言い切れないが、実務上、当事者、仲裁人がこれに依拠しており、また、仲裁人の忌避を扱う裁判所もこれを言及するケースが増えているとも言われる。

また、IBA は、このガイドラインの作成以前に、仲裁人が遵守すべき倫理規範として1987年に「**IBA 国際仲裁人倫理規則**（IBA Rules of Ethics for International Arbitrators)」を作成しており、これも実務上参考となる。この倫理規則とガイドラインが抵触する場合は、ガイドラインが優先する。

この倫理規則にも規定されているが、仲裁人候補者は、仲裁人を依頼する者と本案について協議することは、仲裁人の公正性に反するので避けるべきである（IBA 国際仲裁人倫理規則５条１項)。また、仲裁人候補者が仲裁人の就任に当たって、その依頼者から贈物や饗応を受けるべきでない（同５項)。

この点に関し、仲裁法は、公務員と同様に、仲裁人候補者、仲裁人に収賄罪を適用し、その依頼者にも贈賄罪を適用する旨定めている（仲裁法50条以下)。

実務上、IBA のガイドラインに照らしても、開示をすべき事情であるか否かの判断が容易でない場合がある。そのような場合、仲裁人がすべての事情を開示すると、その開示に対し、仲裁人を選任した当事者の相手方が仲裁手続を遅延させる目的で異議を述べることがあり、かえって仲裁手続の遅延を招くことにもなりかねない。しかし、開示しなかった事情が後から当事者にわかり、それに基づき仲裁人が忌避されると、既に終わった重要な手続、たとえば、証人尋問をやり直す必要も出てくるので、開示の必要性が疑わしい場合は、原則として開示すべきである。

(c)　第三者資金提供と当事者の開示義務

近時、国際仲裁において、仲裁手続に要する費用の高額化に対処するため、当事者が仲裁手続を遂行するために必要な資金の提供を第三者から受けることが増えている。たとえば、資金提供者が当事者との資金提供契約に基づき、当事者に対し仲裁手続に必要な資金を提供し、当事者は、請求が棄却された場合には、資金提供者に対する支払義務はないが、請求が認容され、あるいは、和解が成立し、請求金額の全部または一部を回収することができた場合には、約定の一定額を資金提供者に支払うという資金提供がある。

このような資金提供のことは一般に**第三者資金提供**（Third Party Funding）と呼ばれているが、資金提供者は仲裁判断の結果に直接の経済的利害関係を有することから、当事者と同様、資金提供者と仲裁人との関係が問題となる。

実務上、仲裁人が調査しても当事者と資金提供者との関係を知ることができない場合があり、仲裁人と資金提供者との関係について当事者による調査、開示が求められる。この点について上記IBAのガイドラインは、当事者の調査、開示義務を定めているが、仲裁法には規定はない。

一般に、仲裁手続において、当事者は、信義に従い誠実に手続を遂行する責務があると考えられ（**信義誠実の原則（信義則）**）、信義則上、仲裁手続を遂行する当事者の行為は、手続の公正に沿ったものでなければならず、当事者は、手続の公正を確保するため、仲裁人と同様に、仲裁人の公正性・独立性に関し合理的な調査義務、開示義務を負っていると解すべきである。また、仲裁人においては、公正な手続を確保するために必要な範囲で当事者に対し資金提供に関する事実の開示を求めるべきであろう。

(d) 仲裁人の公正性、独立性

仲裁人による公正な手続を確保するため、一般に仲裁人には**公正性**（impartiality）および**独立性**（independence）が要求されている。仲裁法は、

当事者は、仲裁人に公正性または独立性を疑うに足りる相当な理由があるときは、仲裁人を忌避することができる（18条1項）と定め、仲裁人の公正性、独立性を忌避事由とする。

この仲裁人の公正性および独立性の概念について、これを定義する仲裁法はなく、また、国際的に一致した見解もなく、この両者は区別されることなく使用されているとも言われるが、仲裁人の公正性は、文字どおり、仲裁人

が不公正な行為をしないという意味であるのに対して、仲裁人の独立性とは、仲裁人が不公正な行為をすることになる関係を当事者と有していないという意味であると解することができよう。

このように解すれば、仲裁人の独立性とは、仲裁人と当事者との関係を問題とするので、その関係は客観的事実である。しかし、現実には、独立性を欠くことになる関係が存在するのか否かを判断することは、利害関係の時期や程度など、個別の事情によって、容易でないことが多い。

仲裁人の公正性についても、仲裁手続における仲裁人の言動から公正性を判断することは通常困難である。しかし、仲裁人が、仲裁事件に関し、具体的に意見を表明し、あるいは、当事者に法的助言を提供していた場合には、仲裁人の公正性を欠くことは明らかである。

これに対し、仲裁人が仲裁手続前に、仲裁事件の争点に関する問題について、一般的な見解を論文で公表し、あるいは、シンポジウムで発言をしていた場合、それが仲裁人の公正性を欠くことにはならないと考えられる。

上記 IBA のガイドラインも、グリーン・リストにおいて、これらの事情は、忌避事由には当たらず、開示する必要もないとする（第２章4.1.1条）。また、当事者が選任した仲裁人が第三仲裁人を選任するに際し、自己を選任した当事者の意見を聞くことがあるが、これは IBA 国際仲裁人倫理規則も許容している（５条２項）ように、公正性に問題は通常生じないと考えられる。

なお、先に触れたが、訴訟の場合、裁判官の忌避に加え、除斥という制度があり、裁判の公正を妨げる蓋然性の高い事情を類型化し、これを除斥原因として法定し、除斥原因のある裁判官は法律上当然に職務の執行から排除される（民訴法23条１項）。

(e)　不開示が忌避事由となるか

仲裁法、また、それが準拠したモデル法は、仲裁人の不開示そのものを仲裁人の忌避事由とはしていない。また、IBA のガイドラインも同じ見解に立っているが、開示されなかった事情が開示義務の範囲であったとしても、それが忌避事由に当たらない限り、開示義務違反それ自体が忌避事由とはならないと考えられる。

しかし、仲裁人の不開示は、開示義務違反に当たり（仲裁法18条4項)、後述するように、それが仲裁法44条1項6号の取消事由に当たり、仲裁判断が取り消されるか、という問題がある。

(f) 仲裁人の国籍

また、国際仲裁では、通常、当事者の国籍が異なる。その場合、仲裁機関が単独仲裁人または第三仲裁人を選任するときは、仲裁人の独立性に疑義が生じないよう、いわば、仲裁人の外観上の独立性を確保するために、通常、当事者の国籍と異なる国籍を有する者が仲裁人に選任されている。

もっとも、仲裁人の国籍が重要であると言っても、事案によっては、たとえば、契約の準拠法が英国法であり、英国法の解釈が争点となる場合、英国法に精通した仲裁人が望ましいことから、英国人3人が仲裁人に選任されることもある。

(g) 仲裁人の役割

仲裁法は、仲裁人が3人の場合、仲裁廷は、仲裁人の互選により仲裁廷の長（presiding arbitrator）を選任しなければならないと定めるが（仲裁法37条1項)、国際仲裁の実務慣習上、第三仲裁人が仲裁廷の長を務めている。

第三仲裁人は審理手続の指揮をとり、これを迅速、適正に進めていかなければならない。手続が迅速に進むか否かは、第三仲裁人の指揮如何にかかっており、審理手続における第三仲裁人の役割は極めて重要であり、手続運営能力に優れた者が第三仲裁人に選任されなければならない。

これに対し当事者が選任する仲裁人は、とりわけ、自己を仲裁人に選任した当事者の主張を法文化や商慣習の異なる他の仲裁人が誤解なく十分に理解するよう努めることが求められる。

(h) 仲裁人の忌避

実務上、仲裁人の忌避が問題となることは少ない。仲裁人の忌避手続は、一般に当事者の合意により定めることができる（仲裁法19条1項)。機関仲裁の場合、多くの仲裁機関の仲裁規則は、仲裁人の開示義務と併せて、仲裁人の忌避手続を規定している。

その場合、当事者は規則で定められた所定の期間内に仲裁機関に対し忌避の申立てをすることになる。申立てがあったときは、仲裁機関は、その忌避の当否について判断をすることになる。

もっとも、忌避の申立てを受けた仲裁人が辞任し、あるいは、忌避した当事者の他方の当事者が仲裁人の解任に同意した場合は、仲裁人の任務は終了するので（同21条１項２号、３号）、仲裁機関が忌避の当否について判断するには及ばない。

当事者間に仲裁人の忌避の手続について合意がない場合は、仲裁廷がその当否を判断することになる（同19条２項）。その場合、当事者は、仲裁廷が構成されたことを知った日または忌避原因があることを知った日のいずれか遅い日から15日以内に、忌避の原因を記載した申立書を仲裁廷に提出しなければならない（同３項）。この申立てに対し、仲裁廷は、仲裁人に忌避の原因があると認めるときは、忌避を理由があるとする決定をしなければならない（同項）。

このように、仲裁人の忌避の当否は、当事者の合意した手続、あるいは、そのような合意がない場合には、仲裁廷により決定されることになる。

しかし、その決定は最終的なものではない。仲裁人の忌避を理由がないとする決定に不服の当事者は、その決定の通知を受けた日から30日以内に、更に裁判所に対し、忌避の申立てをすることができる（同19条４項）。もっとも、仲裁人の忌避を理由があるとする決定については、裁判所に対する忌避申立ては設けられていない。その場合、仲裁人の任務は終了することになる（同21条１項４号）。

仲裁機関あるいは仲裁廷の忌避の決定に対し当事者が忌避の申立てを裁判所にした場合、仲裁廷は手続を続行することができるのか。というのも、裁判所が仲裁人に忌避の原因があると判断したときは、仲裁人の任務は終了し（同21条１項４号）、仲裁人は交替することになり、それまで行われた仲裁手続をやり直す必要が生じる場合があるからである。

たとえば、仲裁廷が、口頭審理、とりわけ、証人の証拠調べを実施している場合、通常は、後任の仲裁人が選任された後、再度、証人尋問を実施する必要が生じる。

したがって、裁判所の判断が出るまで手続を中止することも考えられる。しかし、当事者が意図的に手続を遅延させるために仲裁人の忌避の申立てを行うことを阻止する必要もあり、仲裁法は、仲裁廷が、忌避の申立てに係る事件が裁判所に係属する間も、手続を進めることができる旨を明文で規定している（同19条５項）。

(4) 審 理 手 続

(a) 手続の基本原則

仲裁人の選任が完了すると、仲裁廷は審理手続を開始することになる。審理手続はどのように進むか。訴訟と違い、仲裁では、手続の基本原則、すなわち、当事者を平等に取り扱い、かつ、当事者に対し事案について説明する十分な機会を与えなければならない（仲裁法25条）という２つの原則が遵守される限り、当事者は手続ルールを自由に取り決めることができる（仲裁法26条１項）。

したがって、機関仲裁の場合には、審理手続は、当事者の合意となる仲裁機関の仲裁規則に従い行われる。仲裁法、仲裁規則に定めがない場合には、仲裁廷が適宜決めることになる（同26条２項）。

(b) 書面審理が中心

国際仲裁では、通常、当事者、代理人、仲裁人など、手続に関与する者が世界各地に点在し、関係者すべてが一堂に仲裁地に集まることは、そのための費用が嵩むとともに、日程の調整も容易でないため、審理手続は、書面審理が中心となり、口頭審理である審問（hearing）は、主に証人尋問に充てられる。

もっとも、当事者、代理人、仲裁人のすべてが仲裁地に居住している場合には、会合を持つことは比較的容易であるので、当事者が提出した主張書面について仲裁廷が説明を求め、争点を整理するためにも審問が開催される。

口頭審理は、当事者の合意により排除することができるが、そのような合意がない限り、仲裁廷は、当事者の申立てにより、口頭審理を実施しなければならない（仲裁法32条１項、２項）。

(c)　審理手続の予定・進行に関する協議・決定

仲裁廷が成立すると、通常はまず審理手続の予定、進め方について仲裁人と当事者の代理人とが協議することになる。電話会議による場合もあるが、協議のための会合が設けられることもある。この会合は、一般に準備手続会（preliminary meeting）と呼ばれる。

審理手続は、通常、当事者が主張書面（statement）、書証（documentary evidence）、証人の陳述書（factual witness sttement）、専門家証人の意見書（expert witness statement）などが提出され、その後、必要に応じて人証が行われる。

証拠調べに関しては、通常、仲裁規則に規定がなく、そのためのルールが必要となる。実務上、大陸法とコモン・ローの両者の調和が図られている「**IBA 国際仲裁証拠調べ規則**（IBA Rules on the Taking of Evidence in International Arbitration）」がガイドライン（指針）として使用されることがある。

同規則は2010年に改正され、証拠調べにおける信義誠実の原則、証拠調べに関する協議などの事項に関し新たな規定を加えるとともに、ルールのより一層の明確化を図っている。

国際仲裁では当事者が立証のため、相手方が所持する文書の提出を求めることが少なからずあり、その場合、この規則が使用されることが多いように思われる。

IBA 規則は、この文書提出要求（request for production of documents）に関しては、米国訴訟における広範なディスカバリーを認めず、仲裁事件と関連し（relevant）、仲裁の結果にとって重要（material）である特定の文書の提出に限るとともに（３条）、その提出を拒否し得る事由として、①仲裁廷が適用されると判断した法令または倫理規則上の法的障害（legal inpediment）、秘匿特権（privilege）、②営業上または技術上の秘密であるとの理由により、仲裁廷がやむを得ないと判断したもの、③手続の経済性、均衡、当事者の公正・公平の考慮により、仲裁廷がやむを得ないと判断したものなどを列挙する（９条２項）。その上で、当事者が、適時に異議を述べず、かつ十分な説明をしないで要求された文書を提出しなかった場合、仲裁廷は、当該文書がその当事者にとって不利益なものである（adverse to the interest of the party）と推認することができると定める（同5項）。

証拠調べが終了すると、仲裁廷は、当事者の主張、立証が尽くされ、仲裁判断を行うことができると認めるときは、審理を終結し、仲裁判断の作成に入る。審理手続の良否は、仲裁廷による積極的な手続管理が鍵となり、第三仲裁人の手続運営能力に負うところが大きい。

この当事者と仲裁人との協議の結果、たとえば、次のような手続予定表が仲裁廷により作成され、これに従って手続が進められる。

PROCEDURAL TIMETABLE

JCAA ARBITRATION　－　TOKYO

Claimant: Kokusai Chemical Co., Ltd.

vs

Respondent: Samuel & Co., Ltd.

DATE	ACTION
, 20XX	Preliminary Meeting held by Telephone Conference Call
, 20XX	Claimant's Statement of Claim with documentary evidence, witness statements and expert reports
, 20XX	Respondent's Statement of Defence with documentary evidence, witness statements and expert reports
, 20XX	Request for Production of Documents
, 20XX	Objections to Requests
, 20XX	Comments on Objections
, 20XX	Decision by Arbitral Tribunal
, 20XX	Production of Documents to other Party:
, 20YY	Claimant's Reply together with documentary evidence, reply witness statements and reply expert reports
, 20YY	Respondent's Rejoinder together with documentary evidence, rebuttal witness statements and expert reports

, 20YY	Exchange of list of major issues
, 20YY	Notification of names of the witnesses of fact and experts to be cross-examined
, 20YY	Submission to the Tribunal an agreed list of issues together with separate lists in the event of any disagreement
, 20YY	Directions by Arbitral Tribunal in relation to any disagreement over the list of issues
Week of , 20YY	Pre-Hearing telephone conference
, 20YY	Witness Hearing
, 20YY	Post-Hearing Briefs
, 20YY	Cost submissions
, 20YY	Closing of proceedings
, 20YY	Arbitral Award

, 20XX

Presiding Arbitrator
on behalf of the Arbitral Tribunal

(d) 実体判断の基準

(i) 広範な当事者自治

既に見たように、訴訟において裁判官が実体問題に適用すべき法、すなわち準拠法の決定ルールは、通則法に規定され、裁判官はこれを適用して準拠法を決定することになる。これに対し仲裁の場合、仲裁廷は準拠法をどのように決定することになるのか。仲裁法は36条において、次のようにこれを明文で規定している。

（仲裁判断において準拠すべき法）

第36条　仲裁廷が仲裁判断において準拠すべき法は、当事者が合意により定めるところによる。この場合において、一の国の法令が定められたときは、反対の意思が明示された場合を除き、当該定めは、抵触する内外の法令の適用関係を定めるその国の法令ではなく、事案に直接適用されるその国の法令を定めたものとみなす。

２　前項の合意がないときは、仲裁廷は、仲裁手続に付された民事上の紛争に最も密接な関係がある国の法令であって事案に直接適用されるべきものを適用しなければならない。

３　仲裁廷は、当事者双方の明示された求めがあるときは、前二項の規定にかかわらず、衡平と善により判断するものとする。

４　仲裁廷は、仲裁手続に付された民事上の紛争に係る契約があるときはこれに定められたところに従って判断し、当該民事上の紛争に適用することができる慣習があるときはこれを考慮しなければならない。

まず、当事者の合意した法によるとする（１項)。「法」は、「法令」（２項）と区別して用いられており、国家法に限られず、それ以外の未発効の条約、廃止された法律その他これに類する規範（たとえば、私法統一国際協会いわゆるユニドロワ（International Institute for the Unification of Private Law (UNIDROIT)）が作成したUNIDROIT 国際商事契約原則2010（UNIDROIT Principles of International Commercial Contracts 2010)）を含む広い概念である。

この点は、仲裁法が準拠したモデル法と同様であり、モデル法は、「法」および「法令」に対応する規範として、それぞれ rules of law、law を用いている。もっとも、１項が定める「法」は、モデル法とは違い、国家法以外の規範を含まないという見解もある。

また、当事者から仲裁廷に対し明示の求めがある場合には、「衡平と善」が判断基準となる（３項）が、その基準の具体的内容が明らかでなく、通常、仲裁において当事者がこれを判断基準と合意することはない。

次に、当事者間に準拠法についての合意がない場合、仲裁廷は、紛争に最も密接な関係がある国の法令を適用することになる（２項）。２項は、１項と異なり、「法」ではなく「法令」と定めており、準拠法は、国家法に限られる。

国際契約では、実務上、仲裁条項と併せて、次のような準拠法条項が規定される。

> This Agreement shall be governed, in all respects including formation, validity, construction and performance, by the laws of Japan.
>
> 〔日本語訳〕
> この契約は、その成立、有効性、解釈および履行を含むすべての点において日本法に準拠するものとする。

また、当事者がユニドロワ国際商事契約原則2010を選択する場合には、たとえば、次のような条項を規定することになる。これはユニドロワの推薦する標準条項である。

> This contract shall be governed by the UNIDROIT Principles(2010).
>
> 〔日本語訳〕
> この契約は、__条を除きユニドロワ国際商事契約原則（2010）に準拠するものとする。

訴訟の場合、このような国家法以外の規範を選択する場合、これは、法廷地の国際私法によって定められる契約の準拠法の強行規定に反しない範囲で適用されることになる。これは、当事者が準拠法の指定とは別に外国法を指定してそれを契約の内容にする場合と同様である。このような外国法の指定は、**実質法的指定**といい、準拠法の指定である**抵触法的指定**とは区別される。

(ii) 契約以外の法律関係にも準拠法の指定ができるか

また、仲裁法は、通則法７条の規定とは異なり、紛争の実体に適用される法の選択を当事者に認めており、その選択を法律行為に明示的に限定していない。したがって、当事者が法律関係、とりわけ契約以外の法律関係に適用すべき実体法を選択することができるか否かが問題となる。

一般に当事者による準拠法の指定が認められていない法律関係、たとえば、物権や人の能力にまで当事者による準拠法の指定を認めることは妥当でなく、このような場合には、36条は適用されないと解すべきである。

(iii)　CISG の適用

既に述べたとおり、CISG は、１条の規定によって適用範囲が決まる。すなわち、当事者の営業所がそれぞれ異なる締約国に所在する場合（(1)(a)）、または、法廷地の国際私法の準則によれば締約国の法が導かれる場合（(1)(b)）、CISG が適用される。この１条の規定が訴訟のみならず仲裁においても適用されるのか。

この問題について、仲裁判断例の見解は分かれている。すなわち、訴訟の場合と同様にこれを適用する見解と、そうではなく、仲裁法が定める準拠法決定ルールに従い契約の準拠法を決定し、その結果、CISG が適用される場合があるとする見解とがある。

CISG は仲裁への適用に関し何らの言及もしていない。CISG の適用範囲を訴訟のみならず仲裁にも拡張し、CISG による法の統一を図ることも考えられるが、国際取引紛争の解決手段として重要な仲裁制度に対し普遍的に広範な当事者自治が認められており、当事者の準拠法選択の自由についても、これを尊重することが CISG の目的、趣旨に適うのではないかと考えられ、後者の見解が妥当であると考える。

後者の見解によれば、当事者の合意した準拠法が CISG の締約国法である場合、たとえば、当事者が日本法を準拠法に指定した場合、この日本法が、CISG を指すのか、それとも実質法（主に民法）を指すのかが問題となる。

これは当事者の意思解釈の問題であるが、当事者の意思が不明な場合には、準拠法国の実質法相互間の適用関係は、CISG１条によって決せられると解される。したがって、たとえば、日本に営業所のある A 社と CISG の非締約国である英国に営業所のある B 社が日本法を売買契約の準拠法に指定している場合、CISG 1条(1)(b)の要件を具備するので、当事者が準拠法として指定した日本法の中の国内実質法ではなくCISGが適用されることになると考える。

(e) 仲裁権限をめぐる紛争の解決

(i) 被申立人が仲裁権限を争う場合

実務上、仲裁合意の成立、効力が争われることがある。とりわけ、仲裁条項の不備によって仲裁合意の成否が争われ、そうでない場合であっても、仲裁合意の効力、たとえば、紛争が仲裁合意の範囲に含まれるか否かが争われることがある。この仲裁合意の成立、効力をめぐる紛争は、本案訴訟の妨訴抗弁の局面で問題となるが、仲裁手続においても問題となる。

仲裁申立ての通知を受けた被申立人が仲裁合意の存否、効力等仲裁廷が仲裁手続における審理および仲裁判断を行う権限（**仲裁権限**）の有無を争う場合、本案について主張する前に異議を述べなければならない。すなわち、仲裁法は、仲裁を申し立てられた被申立人が、仲裁権限について争うには、仲裁廷に対し、その原因となる事由が仲裁手続の進行中に生じた場合にあってはその後速やかに、その他の場合にあっては本案についての最初の主張書面を提出する時（口頭審理において口頭で最初に本案についての主張をする時を含む）までにしなければならないと規定する（仲裁法23条2項）。

この期限を過ぎた場合、当事者は仲裁権限について争うことはできない。この場合、当事者間に黙示の仲裁合意が成立したと解することもできよう。

被申立人がこの期限までに仲裁権限を争う場合、仲裁手続はどうなるのか。アド・ホック仲裁の場合、仲裁人の選任が完了し、仲裁廷が成立した後、仲裁廷が審理、判断することになる。他方、機関仲裁の場合には、仲裁機関は、通常、仲裁合意が明らかに存在しないと認められるときを除き、当事者間に一応の仲裁合意があると認めて、仲裁手続を進めることになり、この問題は、アド・ホック仲裁の場合と同様に、仲裁廷が審理、判断することになる。

(ii) 仲裁廷による解決

この場合、仲裁廷は、どのように手続を進めることになるのか。すなわち、仲裁廷の仲裁権限の有無が当事者間で争われている場合、この問題はどのように処理されることになるのか。

この問題に関し一般に仲裁廷には、裁判所の判断を待たなくとも、自己の仲裁権限の有無について判断する権限が認められている。これは、国際的に広く認められた原則であり、一般に、Competence/Competenceと呼ばれている。仲裁法は23条１項において、この原則を明文で規定している。なお、仲裁権限の有無に関する争いが仲裁可能性、公序に係る場合には、被申立人の異議を待たずして、仲裁廷は職権でこれを判断すべきであると解される。

仲裁廷は、①自己が仲裁権限を有する旨の判断を示す場合、仲裁判断前の独立の決定または仲裁判断、②自己が仲裁権限を有しない旨の判断を示す場合には、仲裁手続の終了決定により、それぞれ判断することになる（23条４項）。通常は、仲裁手続が無駄にならないよう、本案と切り離して判断することになる。

(iii)　裁判所による解決

この仲裁廷の判断は、終局的ではなく、当事者には裁判所で更に争う途が残されている。すなわち、仲裁法は、「仲裁廷が仲裁判断前の独立の決定において自己が仲裁権限を有する旨の判断を示したときは、当事者は、当該決定の通知を受けた日から30日以内に、裁判所に対し、当該仲裁廷が仲裁権限を有するか否かについての判断を求める申立てをすることができる」と定めている（仲裁法23条５項前段）。

この申立てに対し裁判所は、簡易迅速な決定で判断を示し、しかもこの決定に対する抗告は認められていない（同６条、７条）。したがって、十分な手続保障がないことから、この決定には既判力は認められず、また、仲裁廷に仲裁手続を強制する効力がなく、仲裁廷に対し任意の履行を促すに止まることになる。

これに対し、仲裁廷が仲裁判断により判断をする場合には、当事者は、裁判所に対し、仲裁法44条に基づく仲裁判断の取消しの申立てをすることができる。

この場合、仲裁判断の取消しの裁判は、口頭弁論または当事者双方が立ち会うことができる審尋（当事者に陳述する機会を与える手続）の期日を経なければならず（同44条５項）、また、その決定に対しては、即時抗告が認められ（同８号）、当事者に対し手続保障が与えられているので、この決定に既判力が認められるべきであると考える。そして、仲裁判断の取消しは性質上、形成の裁判であり、形成原因について既判力が生じると考えられる。このように考えるならば、仲裁判断の取消請求を棄却する決定がされた場合、有効な仲裁判断が存在することが確定され、その既判力により、仲裁廷が仲裁権限を有すること、すなわち、仲裁合意が効力を有することが（仲裁法44条１項１号、２号）確定し、以後は、仲裁合意が効力を有しないことを主張することはできなくなると解され、紛争は終局的に解決されることになる。

他方、取消請求が認容された場合、有効な仲裁判断は存在しないことが確定され、その既判力により、仲裁廷が仲裁権限を有しないこと、すなわち、仲裁合意が効力を有しないことが確定し、以後は、仲裁合意が効力を有することを主張することはできなくなると解される。

他方、仲裁廷が仲裁手続の終了決定において仲裁権限を有しない旨の判断を示したときには、その判断に対し裁判所で更に争う途は仲裁法には規定されていない。したがって、この場合、仲裁廷の終了決定に不服の当事者が、仲裁権限の有無を更に争うには、別途、仲裁合意の存在、有効の確認請求を裁判所に求めなければならない。

(f) 仲裁廷による暫定的保全措置

(i) 問題の所在

仲裁においても、たとえば、メーカーとその販売店との販売店契約（distributorship agreement）の終了をめぐって紛争が生じた場合、販売店に生じる著しい損害を避けるため、販売店が販売店契約上の地位にあることを定め、メーカーに対し、暫定的に販売店に契約の対象製品を供給させる必要が生じることがある。また、将来の強制執行を担保するため、仲裁手続中、暫定的に仲裁判断の強制執行の対象となる財産を処分させない措置を講じる必要が生じることもある。

訴訟の場合、民事保全法に基づき裁判所に保全処分を申し立てることになる。既に述べたように、前者は、民事保全法によれば、仮の地位を定める仮処分（民事保全法23条２項)、後者は、仮差押え（同20条）によることになる。

また、たとえば、当事者が審理手続で立証するために必要な証拠が相手方当事者によって改竄されるおそれがある場合には、証拠保全の必要が生じる。この場合、訴訟では、民事訴訟法に基づく証拠保全手続によることになる（民事訴訟法234条以下)。

このような暫定的保全措置が仲裁において必要となる場合、仲裁廷に対し同様の措置を求めることができるのか。

(ii)　暫定的保全措置を命じる仲裁廷の権限

仲裁法は、モデル法17条の規定を実質的に採用し、24条１項において、「仲裁廷は、当事者間に別段の合意がない限り、その一方の申立てにより、いずれの当事者に対しても、紛争の対象について仲裁廷が必要と認める暫定措置又は保全措置を講ずることを命ずることができる」と規定し、上記の例に示すような保全措置を命じる仲裁廷の権限を明文で規定している。

もっとも、仲裁合意に拘束されない第三者に対しては暫定的保全措置を命じることはできないので、たとえば、被申立人が預金している銀行に対しその金銭を返還しないよう命じることはできない。

また、暫定的保全措置を講じるに際し、その措置を命じられる当事者が被るおそれのある損害の賠償のために、仲裁廷は、相当な担保の提供を命じることができると規定している（仲裁法24条２項)。

仲裁廷が発令することができる暫定的保全措置の種類、内容については、仲裁法が準拠したモデル法に規定は置かれていない。この問題に関しUNCITRAL は、この仲裁廷の命令に執行力を付与するためモデル法17条の改正作業を行い、2006年に改正したが、その改正において、仲裁廷が発令することができる暫定的保全措置の種類を４つに限定列挙した（17条２項(a)号から(d)号まで)。

この規定によれば、仲裁廷は、当事者に対し、①現状を維持し、または現状を回復する措置、②現在もしくは急迫の損害もしくは仲裁手続に対する妨害を防ぐための措置またはこれらを生じさせるおそれのある行為をやめさせるための措置、③仲裁判断を実現するために必要な資産の保全手段を提供する措置、④紛争の解決に関連しかつ重要である可能性のある証拠を保全する措置を命じることができる。

訴訟の場合と対比すると、①と②は、係争物の仮処分（民事保全法23条1項）と仮の地位を定める仮処分（同23条2項）、③は、仮差押え（民事保全法20条）にそれぞれ、ほぼ対応する。そして、④は、証拠保全（民事訴訟法234条以下）にほぼ対応し、仲裁法上も仲裁廷は、これらの措置を命じることができると考えられる。

(iii) 執　行　力

また、この仲裁廷の命令には、執行力はないので、これに当事者が従わなかったとしても、強制することはできない。この問題に対処した2006年UNCITRAL モデル法改正により、当事者双方の審尋による場合、仲裁廷による暫定的保全措置に執行力が付与されることになったが、わが国は、この改正に対応した立法措置をとっていない。

もっとも、仲裁廷の命令に執行力がなくても、当事者は、仲裁人の心証を害しないよう、任意にその命令に従うことになるとも言われているが、逆に、仲裁廷の命令に従わない当事者を仲裁廷が不利に扱うことがないよう、仲裁廷にはより公正な審理が求められる。

(iv) 裁判所による保全処分との関係

このように、当事者は、仲裁廷に対し暫定的保全措置を求めることができるが、保全に緊急を要し、その実効性を確保する必要がある場合には、直接裁判所に対して保全処分の申立てをすることになる。

裁判所に対し保全処分を申し立てることは、仲裁合意に反するものではない。これはあくまでも、争いのある権利関係について生じている損害や危険から債権者を保護し、あるいは、将来の債権回収など権利の実現を保全するための処分であり、本案について判断するものではない。仲裁法は15条において、仲裁合意の当事者が裁判所に対し保全処分の申立てをし、その申立てを受けた裁判所が保全処分を命じることができる旨を確認的に規定している。

既に見たように、保全処分の国際裁判管轄は、「日本の裁判所に本案の訴えを提起することができるとき」を管轄原因の1つとして定めているが、仲裁合意が当事者間にある場合、この管轄原因の意味が問題となる。

この問題に関し、先に挙げた東京地決平19・8・28は、国際裁判管轄法制の制定による民事保全法改正前の判例であるが、「民事保全法12条1項は、民事保全事件の管轄について、本案の管轄裁判所又は仮に差し押さえるべき物若しくは係争物の所在地を管轄する地方裁判所と定めるところ、『本案』とは、被保全権利又は法律関係の存否を確定する手続をいい、訴訟手続のほか、仲裁手続もこれに該当すると解されるから、仲裁合意が存在する場合における同項所定の『本案の管轄裁判所』とは、当該仲裁の仲裁地を管轄する裁判所をいい、仲裁合意がなければ本案訴訟について管轄権を有したであろう裁判所を含まないと解するのが相当である。なぜなら、このように解さなければ、仲裁合意が存在するために本案訴訟について管轄権を有しない裁判所が、保全事件についてのみ管轄権を有することとなり、保全事件が本案訴訟に対して付随性を有することに反する結果となるからである。また、仲裁地を管轄する裁判所が保全事件について管轄権を有するとすることは、仲裁合意によって仲裁地を定めた当事者の合理的意思に沿うものであり、当事者間の公平の理念にも合致するということができる。」と判示した。

この見解によれば、民事保全法11条が定める管轄原因である「日本の裁判所に本案の訴えを提起することができるとき」の解釈としても、仲裁地が日本国内にある場合、日本の裁判所に保全命令事件の管轄が認められることになる。

(v)　緊急仲裁

また、仲裁廷の成立を待っていたのでは当事者に回復し得ない損害が生じるような場合には、緊急の暫定的保全措置が必要となるが、近時、国際商業会議所（ICC）、シンガポール国際仲裁センター（SIAC）などの仲裁機関が、このような場合に対処するため、緊急仲裁人による緊急保全措置を創設している。わが国の日本商事仲裁協会（JCAA）も、2014年2月1日施行の改正規則でこの制度を導入している。JCAA の場合、緊急仲裁人は、緊急仲裁の申立後、JCAA により通常 2 日以内に選任され、それから 2 週間以内に緊急保全措置を発令することになる。

この緊急仲裁人による暫定的保全措置にも執行力はないが、国によっては、たとえば、シンガポールでは、執行力を付与する立法がされている。

(g) 仲裁人による和解の試み

当事者が仲裁手続中に和解の協議を行うため、仲裁手続の中止を仲裁廷に求めることが少なからずある。その理由の 1 つとして、仲裁手続が進む過程で仲裁の結果についての予測が高まり、当事者が和解で解決する方が有利であると判断していることが考えられる。実際、国際仲裁事件の約60%は、和解で終了しているとも言われる。

仲裁手続中の和解のための協議に関しては、当事者が仲裁手続外で行うことがある一方で、仲裁人が和解の試み、いわば調停人を兼務することもある。しかし、仲裁人が調停人を兼務することについては、従来から問題点が指摘されている。

すなわち、仲裁廷が当事者の仲裁合意に基づき求められている任務は、当事者の主張と立証に基づき仲裁判断をし、それによって紛争を解決することであり、これに反して調停を行うことは許されないのではないか、また、仲裁人が当事者の和解の協議に関与し、それが不調に終わった場合、仲裁人が後の仲裁手続において公正な審理、判断をすることができないのではないか、という問題である。後者については、とりわけ、仲裁人が調停人となって当事者の一方と**個別協議**（**コーカス**（caucus））を行う場合、その内容が相手方に開示されないまま仲裁判断に影響を与えてしまうおそれがある、という問題がある。

したがって、国際仲裁における利益相反に関する IBA ガイドライン中の一般基準 4(d)にも定められているが、仲裁人は、和解の協議に関与する前に、当事者から、和解が成立せず仲裁手続に戻っても仲裁人の任務継続に異議を述べない旨の明示の合意を得ておくことが望ましい。しかし、その場合であっても、和解の協議が不調に終わり、和解の協議に関与した結果、仲裁人が仲裁手続を公正に進めることに懸念を抱くときは、仲裁人を辞任すべきである。

この問題の背景として、他の大陸法系の国にも見られるが、わが国では「裁判所は、訴訟がいかなる程度にあるかを問わず、和解を試み、又は受命裁判官若しくは受託裁判官に和解を試みさせることができる」と規定し（民訴法89条）、実務上、これを根拠に裁判官が和解を試み、それによって当事者が和解に至るケースが多く、わが国の国際仲裁においても、かつて、日本人の仲裁人がこの規定を仲裁に準用し、当事者の要請がない場合であっても、調停を行うケースが少なからずあった。このような仲裁人が調停人を兼務することについては、わが国の国際仲裁に対する批判の１つとして、外国、とりわけ米国の実務家から問題点が指摘されていた。

この問題に対し、仲裁法は38条４項において、「当事者双方の承諾がある場合には、仲裁廷又はその選任した１人若しくは２人以上の仲裁人は、仲裁手続に付された民事上の紛争について、和解を試みることができる」と規定し、当事者の合意を条件に仲裁人が調停人を兼務することを許容する旨を明文で規定している。

仲裁法上、仲裁人が関与して当事者間に和解が成立した場合、当事者双方の申立てにより、仲裁廷は和解の内容を仲裁判断にすることが認められている（38条１項）ので、この場合であっても、和解の内容を強制することができる。

(h)　仲 裁 費 用

(i)　仲裁費用の種類

仲裁は訴訟と違って、手続に要する費用はすべて当事者が負担しなければならない。この仲裁手続に必要な費用は、大別して、仲裁廷の費用、当事者の費用、仲裁機関の費用の３つに分けることができる。

仲裁廷の費用とは、仲裁人の報酬・費用、仲裁廷が選任した鑑定人の報酬・費用など、仲裁廷が仲裁手続を遂行するために必要な費用である。第２に、当事者の費用とは、代理人の報酬・費用や口頭審理のための設営費用など、当事者が仲裁手続を遂行するために必要な費用である。第３に、仲裁機関の費用とは、当事者が仲裁機関を利用する場合に仲裁機関に支払う料金である。

これらの費用のうち、当事者間で立替金を相手に返済する償還の対象となる費用（**仲裁費用**）の種類、範囲は、当事者の合意によって決めることができる。

仲裁費用のうち最も大きな割合を占めるのが当事者の費用である。ICC によれば、2003年および2004年に仲裁判断がされた事件の費用は、平均値として、当事者の費用が82％、仲裁廷の費用が16％、仲裁機関の費用（ICC 管理料金）が２％である。

当事者の費用のうち最も大きな割合を占めるものは、代理人の弁護士費用である。わが国の訴訟では、弁護士費用は訴訟費用としては認められていないが（民事訴訟費用等に関する法律２条10号）、これを仲裁費用とするか否かは、当事者の合意によることになる。機関仲裁の場合、通常、合理的な額の代理人の弁護士費用が仲裁費用になると定められている。

ⅱ 仲裁費用の負担割合

訴訟の場合、訴訟費用は、わが国では、敗訴者負担を原則としているが（民訴法61条）、仲裁の場合、当事者が仲裁手続に関して支出した費用は、当事者間に別段の合意がないときは、各自が負担することになる（仲裁法49条１項、２項）。仲裁は当事者の合意に基づく紛争解決手続であり、その性質上、当事者の費用を含め仲裁費用の負担割合は、当事者が自由に取り決めることができると考えられる。

この仲裁費用は、通常、仲裁廷が仲裁判断において、その負担割合を定めることになり、その負担割合に基づき定まる償還額を相手方が任意に支払わない場合には、仲裁判断に基づき強制執行を行うことができると考えられる（仲裁法49条３項、４項参照）。

ⅰ 仲裁判断

仲裁廷の任務は仲裁判断をすることによって終了する。仲裁判断は、通常、仲裁人が単独の場合を除き、多数決による。仲裁判断は仲裁人全員一致によることが望ましいが、仲裁人間で意見が分かれた場合、多数意見に反対する仲裁人が、仲裁判断に署名することを拒否することがある。その場合、２人の仲裁人が署名して仲裁判断をすることになる（仲裁法39条１項)。

> 国際化学がサミエル社を相手にJCAAに仲裁を申し立てた結果、国際化学のサミエル社に対する損害賠償請求を認容する仲裁判断がされた。サミエル社は仲裁手続に重大な瑕疵があるとしてこの判断に従わない。国際化学は仲裁判断に基づく強制執行を必要としている。両者は、裁判所に対しどのような手続を求めることができるのか。

仲裁判断は確定判決と同一の効力を有する（仲裁法45条１項)。仲裁判断には、給付を命じる給付的仲裁判断、権利義務ないし法律関係の存否を宣言する確認的仲裁判断、法律関係の変動を宣言する形成的仲裁判断の３つがあり、仲裁判断には既判力、執行力、形成力がある。仲裁判断の既判力については、仲裁が訴訟に代替する紛争解決手続であるので、訴訟における場合と同様に、当事者間の公平を確保するため、民訴法115条を類推適用し、仲裁手続の審理終結後の特定承継人にも及ぶと考えられる。

また、仲裁判断の形成力については、法律上、形成訴訟の対象とされている事項については仲裁合意の対象となり、その場合、仲裁判断は判決に代わるものとして形成力を有することになる。しかし、形成訴訟の対象とされている事項は、通常、統一的な権利関係の確定が必要とされ、その場合、判決に対世効が認められるので、人事訴訟や会社訴訟など仲裁可能性が否定される事項が多いが、当事者の和解が認められる事項については仲裁可能性が肯定される。たとえば、共有物分割訴訟（民法258条）は形式的形成訴訟（形成の基準となる具体的な要件が定められておらず、裁判所の裁量により法律関係を形成する）であり、共有物の分割にかかる仲裁判断は形成力を有すると考えられる。

これに対し、私法上の権利関係の変動は、通常、当事者間の合意その他法律が定める要件があれば当然に生じ、変更自体を求める訴えを提起する必要はなく、訴えは変更後の権利関係を前提として請求することになり、裁判所に法律関係の変更の訴えを提起することができるのは、実体法に定められている場合に限って認められるとされる。

しかし、事実の存否の争いと同様、訴訟の場合、被告および裁判所との関係で原告が勝訴判決を得ることを正当化する訴訟的利益が必要となるが、仲裁の場合には、当事者の合意に基づき自主的に設置された裁判機関により紛争を解決する制度であり、また、裁判所の負担に関しても、裁判所の仲裁手続への関与は補完的、限定的であるので、当事者は合意により仲裁廷に対し権利関係を変動させる形成的判断を求めることができると考えられる。したがって、たとえば、当事者が契約締結後の事情変更に契約内容を適応させる任務を第三者に委ね、その判断に服する旨の合意は仲裁合意となり、仲裁廷により契約の改訂がされることになる。

⑸ 仲裁判断の取消し

⒜ 仲裁判断の取消制度

仲裁は訴訟と同様に、紛争の終局的解決手続であり、仲裁判断に不服であっても再度審理をやり直すことはできない。仲裁法は、仲裁判断は確定判決と同一の効力がある旨を明文で規定している（45条１項）。しかし、仲裁合意が存在しない、あるいは手続保障を欠くといった仲裁手続に重大な瑕疵がある場合には、仲裁判断の効力は否定されるべきである。仲裁法は、これら事由（取消事由）があるときに限り、当事者の申立てにより、裁判所が仲裁判断を取り消すことを認めている。これが仲裁判断の取消制度である。

したがって、仲裁判断に不服の当事者は、この仲裁判断の取消制度を利用して、仲裁判断を取り消すか、あるいは、仲裁判断の執行が求められた時点で仲裁判断の効力を争うか、いずれかの方法を採ることになる。

⒝ 仲裁判断の取消事由

仲裁法によって仲裁判断を取り消す事由は異なるが、わが国の仲裁法は、次の事由を取消事由として限定列挙している。

また、仲裁法44条６項は、裁判所は、仲裁判断に取消事由があると認めるときは、仲裁判断を取り消すことができると定め、裁判所は、取消事由があるときであっても、裁量により申立てを棄却することができるが、反対に、取消事由がない場合には、裁判所は仲裁判断を取り消すことはできず、裁量の余地はない。したがって、裁判所は、取消事由があるときであっても、常に仲裁判断を取り消さなければならないのではなく、裁量棄却の基準が問題となる。

ⅰ　仲裁廷の無権限

第１に、仲裁権限を有しないことを挙げる。

まず、仲裁法は44条１項１号において、「仲裁合意が、当事者の能力の制限により、その効力を有しないこと」を、同２号において「仲裁合意が、当事者が合意により仲裁合意に適用すべきものとして指定した法令（当該指定がないときは、日本の法令）によれば、当事者の能力の制限以外の事由により、その効力を有しないこと」をそれぞれ仲裁判断の取消事由として定め、仲裁合意が効力を有しない場合、仲裁判断は取り消されるとする。

次に、同５号において、「仲裁判断が、仲裁合意又は仲裁手続における申立ての範囲を超える事項に関する判断を含むものであること」を挙げ、仲裁合意の範囲または仲裁申立ての範囲を超えて仲裁廷が仲裁判断をした場合には、その判断は取り消されるとする。

裁量棄却の基準に関しては、仲裁法23条２項は、「仲裁手続において、仲裁廷が仲裁権限を有しない旨の主張は、その原因となる事由が仲裁手続の進行中に生じた場合にあってはその後速やかに、その他の場合にあっては本案についての最初の主張書面の提出の時（口頭審理において口頭で最初に本案についての主張をする時を含む。）までに、しなければならない」と定め、当事者はこの期限を過ぎて仲裁権限を争うことはできず、この失権の効果は、信義則上、仲裁判断取消しや執行決定の手続にも及び、仲裁判断の取消しを申し立てる当事者は、仲裁合意が無効であったとしても、これを主張することはできず、裁判所もそれを理由に仲裁判断を取り消すことはできないと考えられる。

ⅱ　手続保障違反

第２に、手続保障を欠くことを挙げている。すなわち、仲裁法は44条１項３号において、「申立人が、仲裁人の選任手続又は仲裁手続において、日本の法令（その法令の公の秩序に関しない規定に関する事項について当事者間に合意があるときは、当該合意）により必要とされる通知を受けなかったこと」を、４号において、「申立人が、仲裁手続において防御することが不可能であったこと」をそれぞれ取消事由として挙げている。

裁量棄却の基準に関しては、手続保障違反が仲裁判断の結果に影響を及ぼさなかった場合、同じ結果の仲裁判断を得るために再度仲裁手続を遂行させることを当事者に強いることは意味がないので、仲裁判断を取り消す必要はなく、手続保障違反が仲裁判断の結果に影響を及ぼしたであろうという蓋然性が認められる場合に限って、仲裁判断は取り消されるべきであると考えられる。もっとも、手続保障違反が極めて重大でそれ自体許容し得ない程に甚だしい場合、たとえば、当事者が主張、立証する機会を一切与えられなかった場合には、仲裁判断の結果との因果関係の有無とは無関係に仲裁判断の効力は否定されるべきである。また、この手続保障違反による仲裁判断の取消しは、後述するように、手続的公序違反ともなり、裁判所は、当事者が主張しなくとも、職権で仲裁判断を取り消すことになると考えられる。

また、当事者の異議権の喪失も問題となる。すなわち、当事者は、仲裁廷による手続保障違反に対し異議を述べなかった場合、これが強行規定に反しないときは、異議権を喪失し（仲裁法27条）、仲裁判断の取消し、執行決定の手続において異議を述べることはできないが 、異議権の喪失の対象とはならない強行規定に反する行為については、仲裁手続の公正を担保する等の見地から、必ず遵守されなければならず、これに反する行為は、その効力が生じず、異議権の喪失の対象とはならないとされる。

仲裁法は、手続保障に関する強行規定として、仲裁廷が、当事者を平等に取扱い、当事者に主張、立証する十分な機会を与えること（仲裁法25条）を定めており、したがって、この規定を文言どおり解釈、適用すると、仲裁廷が当事者に対し主張、立証する十分な機会を与えなかった場合、当事者は異議権を喪失することにはならないと解される。しかし、当事者が主張、立証する機会を一切与えられなかった場合は格別、そうでない場合には、手続保障違反を知りながら異議を述べず、仲裁手続を遂行したにもかかわらず、責問権を喪失しないというのは、当事者間の公平に反し、訴訟経済にも反することになると考えられる。

また、仲裁廷が口頭審理の日時、場所を当事者に対し通知しなかった場合、仲裁法32条３項の強行規定に反することになるが、この場合であっても、当事者がそれを知りながら異議を述べず、仲裁手続を遂行したときは、強行規定に反することを理由にその瑕疵を主張することを許すべきではないと考えられる。このように当事者の仲裁手続遂行上の利益に関しては、異議権の喪失の対象と解し、当事者間の公平、仲裁手続の安定、訴訟経済を確保すべきである。

この４号の取消事由に関し東京地決平21・７・28判タ1304号292頁は、「同法44条１項４号は、当事者が立ち会うことのできない手続が実施されたとか、当事者が認識できない資料に依拠して判断がされた場合など、当事者に対しておよそ防御する機会が与えられなかったような重大な手続保障違反があった場合にのみ、裁判所による仲裁判断の取消しを認める趣旨であると解するのが相当である。したがって、単に、当事者が重要な争点であると認識していなかったという程度の事情をもって、同号の取消事由に該当するものと認めることはできない。」と判示し、手続保障違反が重大な場合にのみ、仲裁判断は取り消されるとする。

(iii)　仲裁廷の構成、仲裁手続の違反

第３に、仲裁廷の構成、仲裁手続に違反があることを挙げている。すなわち、仲裁法は44条１項６号において、「仲裁廷の構成又は仲裁手続が、日本の法令（その法令の公の秩序に関しない規定に関する事項について当事者間に合意があるときは、当該合意）に違反するものであったこと」を取消事由として挙げている。

６号も、裁量棄却の基準に関しては、手続保障違反の場合と同様に、仲裁廷の構成・仲裁手続の違反が仲裁判断の結果に影響を及ぼしたであろうという蓋然性が認められる場合に限り、仲裁判断は取り消されるべきであると考えられる。

しかし、仲裁廷の構成に関しては、仲裁人の選任が当事者の合意に反していた場合、それが仲裁判断の結果に影響を及ぼしたであろうという蓋然性については、当事者の合意に従って選任された別の仲裁人から成る仲裁廷がどのように審理し、合議によりどのような結論を仲裁判断で導くかを推測することは困難であり、仲裁人の選任の違反が仲裁判断の結果に影響を及ぼしたであろうという蓋然性は低くならざるを得ないが、仲裁手続で最も重要な当事者の権利の１つである仲裁人の選任権の保障を重視し、当事者の合意に従って選任されたとしても同一の仲裁人が選任されることが明らかである場合を除き、仲裁判断は取り消されるべきではないかと考えられる。

また、仲裁人は、仲裁法18条４項に従い、仲裁手続の進行中、当事者に対し、自己の公正性または独立性に疑いを生じさせるおそれのある事実を遅滞なく開示しなければならず、この開示義務を果たすためには、当該事情があるかどうかを把握する必要があり、仲裁人には合理的な範囲内でこれを調査する義務があると解される。このように解する場合、開示すべき事実を知っていたがそれを開示しなかった場合、あるいは、仲裁人が合理的な調査をせず、開示すべき事実を知らずそれを開示しなかった場合、仲裁法18条４項が定める開示義務違反となるが、かかる開示義務違反によって仲裁判断が取り消されるべきかどうかが問題となる。

仲裁人が開示すべき事実の存在を知っていたにもかかわらず、それを開示しないまま仲裁手続を進め、仲裁判断をしたことは、手続の公正さを疑わせるだけでなく、ひいては仲裁制度そのものへの信頼を損なうことにもなるから、仲裁人の非開示によって仲裁判断は取り消されるべきであるという見解があるが、たとえ仲裁人が不注意で開示しなかった事実が忌避事由に該当するとしても、仲裁判断を取り消した場合、当事者や仲裁人が費やした時間、費用、労力はすべて無駄となってしまうことを顧慮すると、仲裁人の不開示という事実のみでもって一律仲裁判断を取り消すことは妥当ではないと考えられる。

したがって、仲裁人が不注意で開示を怠った場合には、開示されなかった事実の存在が仲裁判断の結果に影響を及ぼしたであろうという蓋然性が認められるときに限り、仲裁判断を取り消し、仲裁判断の終局性を重視すべきであり、また、このように解することが当事者の意思にも沿うものと考えられる。このように解する場合、とりわけ、３人の仲裁人から成る仲裁廷が全員一致で仲裁判断をしたときには、通常、その蓋然性は否定され、忌避事由に該当する事実が認められたとしても、仲裁判断は取り消されないことになる。

もっとも、仲裁人が故意に開示すべき事実を開示しなかった場合には、仲裁手続における重要な仲裁人の責務の１つである開示義務違反に関し仲裁人の責任は極めて重く、かかる事実が忌避事由に当たるときは、仲裁人がそれを開示していれば当事者は仲裁人を忌避し、その者を仲裁人の任務から排除し、別の公正、独立な仲裁人から成る仲裁廷による審理、判断を求めることができたわけであるから、仲裁人の選任に違反があった場合と同様に、仲裁人の開示義務違反が仲裁判断の結果に影響を及ぼし得るとして仲裁判断を取り消すべきではないかと考える。

また、仲裁人が不注意で合理的な調査を怠り、たとえば、調査に漏れがあり、開示すべき事実を知らずそれを開示しなかった場合は、仲裁人は開示すべき事実を知らず、それに影響を受けずに仲裁判断をすることになり、仲裁人と当事者との関係が仲裁判断の結果に影響を及ぼすことはなく、仲裁人の調査義務、開示義務の違反により仲裁判断を取り消すべきではないと解されようが、仲裁人が故意に調査をせず、開示すべき事実を開示しなかった場合には、仲裁人の責任は極めて重く、不開示の事実が忌避事由に当たるときは、仲裁判断を取り消すべきではないかと考えられる。

この問題に関し、仲裁法18条４項が定める開示義務違反により仲裁判断が取り消されるべきであるか否かが争点の１つとなった大阪地決平27・３・17判時2270号74頁は、弁護士である仲裁人が所属する法律事務所の別の弁護士が仲裁事件の当事者と完全兄弟会社である会社の訴訟代理人を務めているという事実を開示しなかったが、これは、仲裁法18条４項が定める仲裁人としての公正性または独立性に疑いを生じさせるおそれのある事実に該当すると解する余地があるとした。しかし、本件では、仲裁人は、その就任時、仲裁人所属の弁護士が、「将来、本件仲裁事件に関係しない案件において、本件仲裁事件の当事者及び／又はその関連会社に助言し又はそれらを代理する可能性があることを明らかにした上」、仲裁人「自身は、本件仲裁事件の係属中、このような職務に関与し又はその情報を与えられることはなく、このような職務が、本件仲裁事件の仲裁人としての独立性及び公正性に影響を与えることはないと考えている旨を表明していた。

裁判所は、仲裁人が知らなかった上記開示すべき事実をもって、仲裁人としての忌避事由が存在したということはできず、また、同事実の存在が本件仲裁判断の結論に影響を及ぼしたとも認められないとし、仲裁判断取消しの申立人らが、この表明に対し異議を述べなかったことをも考慮し、仲裁人に開示義務違反があったとしても、それによる瑕疵は軽微なものであり、かかる開示義務違反が仲裁法44条１項６号に該当するとしても、これを理由に仲裁判断を取り消すことは相当でないとした。

これに対し、控訴審である大阪高決平28・６・28判時 2319号32頁は、本件利益相反事由は、仲裁法18条４項の開示義務の対象となり、仲裁人に開示義務違反があると認めた上で、仲裁人の開示義務は、仲裁手続の公正、仲裁人の公正を確保するために必要不可欠な制度であり、本件開示義務違反は、重大な手続上の瑕疵で、それ自体が仲裁廷の構成、仲裁手続が日本の法令に違反するものとして仲裁法44条１項６号の取消事由に該当するとして、仲裁判断を取り消した。

許可抗告審である最高決平29・12・12民集 71巻10号2106頁は、仲裁人が当事者に対して18条４項の事実が生ずる可能性があることを抽象的に述べたことは、同項にいう「既に開示した」ことに当たらず、また、仲裁人が当事者に対して18条４項の事実を開示しなかったことについて、同項所定の開示すべき義務に違反したというためには、仲裁手続が終了するまでの間に、仲裁人が当該事実を認識していたか、仲裁人が合理的な範囲の調査を行うことによって当該事実が通常判明し得たことが必要であるとした上で、この点に関する事実を確定することなく、仲裁人に開示義務違反があったとした原審の判断には、裁判に影響を及ぼすことが明らかな法令の違反があるとして、原決定を破棄し、本件を大阪高等裁判所に差し戻した。

最高裁は、仲裁人に開示義務違反があった場合、仲裁判断は取り消されるか否かという問題については判断を示していないが、本件において、仲裁人が故意に調査をせず、開示すべき事実を開示しなかったと解し得る場合には、不開示の事実が忌避事由に当たるときは、仲裁判断を取り消すべきではないかと考えられる。

また、手続保障の場合と同様に、仲裁法27条により、当事者が仲裁廷の構成・仲裁手続の違反について遅滞なく異議を述べないときは、それ以後異議権を喪失し、仲裁判断の取消し、執行決定の手続においてこれを主張することはできない。

これら３つの取消事由は、当事者がこれを主張、立証しなければならない。

(iv)　職権調査事項―公序違反、仲裁可能性の欠缺

これに対して、当事者が取消事由の存在を主張しなくても、裁判所が職権で調査すべき取消事由として、次の２つの事由を挙げている。

すなわち、「仲裁手続における申立てが、日本の法令によれば、仲裁合意の対象とすることができない紛争に関するものであること」（44条１項７号）と「仲裁判断の内容が、日本における公の秩序又は善良の風俗に反すること」（同８号）の２つの事由である。前者は、仲裁可能性を問題とするが、紛争の解決を裁判所に留保するという性質上、公序に包摂される問題として捉えることができる。

後者の公序には、実体的公序と手続的公序の２つがある。文言上、手続的公序は規定されていないが、モデル法の立場と同様に、これを排除するものではない。

この実体的公序は、民法90条の公序と同様に、わが国の法秩序を維持、確保することを目的とするが、実体的公序は、渉外的事案において、民訴法118条３号が定める外国判決の承認要件の１つである実体的公序と同じ機能を果たすことになると考えられる。したがって、仲裁判断が公序に反する法状態を作出している場合、仲裁判断は取り消されなければならないが、公序審査においては、当事者の仲裁による紛争解決利益と法秩序を維持、確保する社会一般の利益を衡量し、公序違反を理由に仲裁判断を取り消すべきか否かを判断することになると考えられる。

他方、手続的公序については、東京地決平23・6・13判時 2128号58頁は、「仲裁手続が我が国の手続的公序に反する場合、かかる手続に基づき下された仲裁判断は、その内容が手続的公序に合致した手続に担われないものとして、我が国における基本的法秩序に反するものとなり、……仲裁法44条1項8号の取消事由に該当するものと解するのが相当である」と述べ、本号に手続的公序が含まれることを明らかにしている。

その上で、「当事者間に争いのある事実を争いのない事実とすることは、当該事実について判断をしていないことに帰するのであるから、当該事実が仲裁判断の主文に影響を及ぼす重要な事実である限り、当事者間に争いのある事実を争いのない事実として仲裁判断をすることは、我が国の手続的公序に反するものと解するのが相当である」として仲裁判断を取り消している。

手続的公序違反は、4号の手続保障違反がある場合にも認められるが、4号の取消事由と違い、職権調査事項であり、当事者が主張せずとも、裁判所は職権で調査し、判断することになり、4号との関係ではこの点に意義がある。その場合、当事者が手続保障違反に対し異議を述べ異議権を喪失していない場合、裁判所は当事者が主張する場合はもとよりそうでない場合にも職権でこれを取り上げることになるが、4号が適用される場合と同様に、単に手続保障違反の存在が認められるだけでなく、仲裁判断の結果に影響を及ぼしたという蓋然性が認められる場合に限って、仲裁判断は取り消されることになると考えられる。これに対し、当事者が手続保障違反に対し異議を述べず異議権を喪失している場合には、手続保障違反は治癒され、仲裁判断の取消手続においてそれを主張することはできず、裁判所もまた職権で手続保障違反を理由に仲裁判断を取り消すことはできないと考えられる。

もっとも、手続保障違反が極めて重大でそれ自体が直ちに手続の基本原則に反すると認められる場合、たとえば、仲裁廷が当事者に対し主張、立証する機会を一切与えなかった場合には、仲裁判断取消しの手続において当事者がこれを主張した場合は勿論、当事者が主張しなかった場合であっても、裁判所はこれを職権で取り上げ、仲裁判断の結果に影響を及ぼしたかどうかを問うことなく、仲裁判断は手続的公序に反するものとして取り消されることになると考えられる。

また、仲裁人の公正性・独立性に関しても、一方当事者の取締役が仲裁人に選任された場合、それ自体が手続の公正に反することは明らかであり、かかる選任は当然に無効と解され、当事者は、これに異議を述べなかったとしても、異議権を喪失せず、また、仲裁判断の取消手続において当事者がこれを主張することができることは勿論、裁判所も職権でこれを取り上げ、仲裁判断の結果に影響を及ぼしたか否かを問わず、手続的公序違反を理由に仲裁判断を取り消すことになると考えられる。

(c)　仲裁判断の取消しの申立期間

この裁判所に対する仲裁判断の取消しの申立ては、仲裁判断を受領後３か月以内にしなければならない（仲裁法44条２項）。

この期間経過後に取消事由を追加することが許されるか否かという問題があるが、先に挙げた東京地決平21・７・28は、仲裁法44条２項は、「仲裁判断の効力を早期に明確化するため、その取消しの申立期間を仲裁判断書の写しの送付日から３か月間と制限するものであるところ、申立期間の経過後に新たな取消事由の追加主張を許容すると、相手方において、当該仲裁判断が取り消されるか否かについての予測が困難となり、仲裁判断の早期明確化を阻害する結果となる」と述べ、申立期間経過後の取消事由の追加主張を否定する。モデル法採用国の判例においても、この期間経過後は取消事由を追加することはできないと判断するものがある（たとえば、シンガポールの裁判例として、ABC CO V XYZ CO LTD, High Court, [2003] 3 SLR 546, May 8, 2003がある）。

もっとも、職権調査事項に関しては、この期間制限に服さず、先に挙げた東京地決平23・６・13は、「申立期間経過後に仲裁法44条１項１号ないし６号の取消事由を新たに追加することは仲裁法44条２項に反し許されないとしても、職権調査事項とされる同法44条１項７号及び８号の取消事由」については、追加することが許されるとする。

(d)　仲裁判断の取消しの国際裁判管轄

一般に、各国の仲裁法は仲裁地法主義を採用しているので、仲裁判断の取消しは、仲裁地国の裁判所が専属的管轄を有することになる。仲裁法44条も、仲裁地がわが国にある場合に適用されるので、仲裁地が外国にある仲裁判断については、わが国の裁判所に取消管轄権はない。

(6) 仲裁判断の承認・執行

(a) 内国仲裁判断

仲裁判断の多くは一般に、任意に履行されていると言われるが、不利な仲裁判断を得た当事者が任意にその内容を履行しない場合、仲裁判断に基づき強制執行をする必要が生じる。

まず、仲裁地が内国にある仲裁判断に基づき民事執行をしようとする当事者は、債務者を被申立人として、裁判所に対し、仲裁判断に基づく民事執行を許す旨の決定（**執行決定**）を求める申立てをすることになる（仲裁法46条１項）。確定した執行決定のある仲裁判断が債務名義となる（民執法22条６号の２）。

この申立てに対し、裁判所は、44条の取消事由とほぼ同じ事由を定める45条２項の承認拒否事由のいずれかがあると認める場合に限って、その申立てを却下することができる（仲裁法46条８項）。したがって、この執行決定の申立てについても、取消しの申立ての場合と同様に、裁判所は、執行拒否事由が認められるからといって必ず執行決定の申立てを却下しなければならないのではなく、裁判所に裁量権がある。

仲裁判断の執行決定を求める当事者は、仲裁判断書の写し、その写しの内容が仲裁判断書と同一であることを証明する文書および仲裁判断書の日本語の翻訳文を提出する必要がある（同２項）。もっとも、ニューヨーク条約と違い、仲裁合意の写しの提出は必要としない。

(b) 外国仲裁判断

(i) 国内法（仲裁法）による執行

仲裁地が外国にある仲裁判断、いわゆる外国仲裁判断の承認・執行については、わが国が加入しているニューヨーク条約が適用される。

もっとも、わが国は、条約を加入するに当たり、相互主義の原則に基づき、仲裁地が他の締約国にある仲裁判断の承認・執行についてのみ条約を適用する旨を宣言しているので、仲裁地がニューヨーク条約の締約国にない仲裁判断の承認・執行には、専ら国内法である仲裁法の規定に従うことになる。たとえば、台湾の仲裁判断の承認・執行には、仲裁法が適用される。

まず、ニューヨーク条約の適用を受けない外国仲裁判断について見る。

仲裁法は、モデル法と同様に、仲裁判断の効力について、45条において、仲裁地が外国にある場合であっても、同条2項の事由がない限り、確定判決と同一の効力を有すると明文で定めている（1項）。したがって、外国判決と同様に、承認のための手続なしに自動的にその効力を認める自動承認の立場を採っている。

また、外国仲裁判断は、仲裁地国において確定していない、あるいは、その国の裁判機関により取り消され、もしくは効力を停止されたことが、承認拒否事由となる（仲裁法45条2項7号）。国によっては、たとえば、英国の場合、仲裁判断に対し裁判所に上訴する制度を採っており、当事者が上訴することによって仲裁判断は確定しない。しかし、当事者が仲裁判断の取消しの申立てを裁判所にすることによって仲裁判断が確定しないことにはならない。

外国仲裁判断をわが国で強制執行するには、内国仲裁判断と同様に、裁判所に対し、執行決定の申立てをすることになる。

ただし、当事者が仲裁地国の裁判所に仲裁判断の取消しまたはその効力の停止を求める申立てをした場合、裁判所は、必要があると認めるときは、執行決定の申立てに係る手続を中止することができ、その場合、裁判所は、執行決定の申立てをした者の申立てにより、他の当事者に対し、担保を立てるべきことを命じることができる（同46条3項）。

(ii)　ニューヨーク条約による執行

他方、ニューヨーク条約の適用を受ける外国仲裁判断については、条約の規定により承認・執行がされる。ニューヨーク条約は5条において、外国仲裁判断の承認・執行要件を定めているが、これは、モデル法、また仲裁法の定める仲裁判断の承認・執行拒否事由と実質的に同じである。また、承認・

執行許否に裁判所の裁量権が認められている。したがって、ニューヨーク条約の適用を受ける外国仲裁判断も、条約の適用を受けない外国仲裁判断と実質的に同じ要件で執行が許可されることになる。

また、条約7条は、「この条約の規定は、締約国が締結する仲裁判断の承認及び執行に関する多数国間又は二国間の合意の効力に影響を及ぼすものではなく、また、仲裁判断が援用される国の法令又は条約により認められる方法及び限度で関係当事者が仲裁判断を利用するいかなる権利をも奪うものではない」と規定し、外国仲裁判断の執行について、国内法の規定によることもできる。以下に見るように、フランスの場合、仲裁判断の取消しが外国仲裁判断の承認拒否事由に挙げられていないので、フランス国内法が外国仲裁判断の承認・執行に援用されるが、わが国の場合、当事者が国内法である仲裁法を援用することはないと考えられる。

(d) 仲裁判断の取消しと外国での執行の可能性

ニューヨーク条約5条1項(e)は、仲裁法45条2項7号と同様に、仲裁判断が未だ拘束するものとなるに至っていないこと、または、仲裁判断が仲裁地国で取り消されもしくは停止されたことを、外国仲裁判断の承認拒否事由と定めている。

この規定により、仲裁判断が仲裁地国で取り消された場合、執行地国の裁判所は、その執行を拒否するのか、あるいは、執行を許可する場合もあるのか、実務上、裁判所の裁量権行使の範囲が問題となる。

(i) 取消判決が承認されない場合、仲裁判断は承認され得る

この問題に関し、近時、米国において2007年5月25日のコロンビア地区連邦控訴裁判所による TermoRio S.A. E.S.P. v. Electranta S.P., 487 F.3d 928 (D.C. Cir. 2007) がニューヨーク条約に基づきコロンビアの裁判所が取り消した仲裁判断の米国での執行を拒否した。裁判所は、仲裁判断の取消判決が公序に反せず、米国で承認し得る場合には、取り消された仲裁判断の執行を拒否することになるとして、公序違反が認められないコロンビアの裁判所の判決を承認し、仲裁判断の執行を拒否した。

また、オランダにおいては、2009年4月28日のアムステルダム控訴院判決によるYukos Capatal S.A. R.L. v. OAO Rosneft, 1 Stockholm Int'l Arb. Rev. 219（2009）がニューヨーク条約に基づきロシアの裁判所で取り消された仲裁判断のオランダでの執行を許可した。裁判所は、条約5条1項(e)に基づき仲裁判断の執行を拒否するか否かについて、仲裁判断を取り消す外国判決が外国判決承認要件を具備し、オランダで承認することができるか否かを問題とし、オランダで承認することができない場合には、仲裁判断の取消しを理由に仲裁判断の執行は拒否されないとして、公序に反するロシアの裁判所の判決を承認せず、仲裁判断の執行を許可した。

仲裁判断の執行を許可したという点において上記米国の判例と結論を異にするが、ニューヨーク条約5条1項(e)に基づく仲裁判断の執行許否についての考え方は基本的に異ならない。すなわち、両者は、仲裁判断を取り消す外国裁判所の判決が、たとえば、独立・公正を欠く裁判官によって下された場合、手続的公序に反し、内国での効力は認められず、その結果、仲裁判断の執行が、取消しを理由に拒否されない、という立場を採る。

また、米国では、上記TermoRio事件判決の後、仲裁地国で取り消された仲裁判断の米国での執行の許否が問題となった事件として、Corporacion Mexicana de Mantenimiento Integral, S. de R.L. de C.V. v. Pemex-Exploracion y Produccion, 962 F.Supp. 2 d 642（S.D.N.Y. 2013）およびThai-Lao Lignite（Thailand）Co., Ltd. v. Government of Lao People's Democratic Republic, 997 F.Supp. 2 d 214（S.D.N.Y. 2014）がある。前者がメキシコの裁判所による仲裁判断の取消しは正義に反するとし、同裁判所によって取り消された仲裁判断の執行を認めたのに対し、後者はそのような違反はないとし、マレーシアの裁判所によって取り消された仲裁判断の執行を拒否したが、いずれもTermoRio事件判決の考え方に依拠して判断している。

(ii)　フランスでは仲裁判断の取消しが承認・執行拒否事由とはならない

一方、フランスにおいては、判例上、外国裁判所が仲裁判断を取り消したことが承認・執行拒否事由とはならず、フランスの判例は一貫して、国際仲裁判断はいかなる国家法秩序にも融合されず、その効力は承認・執行地国によって確定されるという立場を採り、ニューヨーク条約7条1項により国内法に基づき外国で取り消された仲裁判断の承認・執行を認めてきている。近時の破棄院判例として2007年６月29日の Société PT Putrabali Adyamulia v. Société Mnogutia Est Epices, 2007 Rev. Arb. 507がある。

(7) 国際投資紛争と仲裁

(a) 投資協定仲裁とは何か

投資協定仲裁とは、投資家と投資受入国との投資紛争の解決のため、投資協定中の仲裁条項に基づき行われる仲裁である。近時、国際投資をめぐって投資受入国と投資家との間で生じた紛争が、二国間投資協定（BIT）中の仲裁条項に基づき仲裁に付託される事件が急増している。この背景として、1990年代から BIT の数が急増していることがある。

BIT の中には、投資家と投資受入国との投資紛争の解決について、たとえば、2003年11月14日に署名し、2004年12月19日から発効している日ベトナム投資協定（Agreement between Japan and the Socialist Republic of Viet Nam for the Liberalization, Promotion and Protection of Investment）には、次のような仲裁条項が規定されている。

Article 14

1． For the purposes of this Article, an investment dispute is a dispute between a Contracting Party and an investor of the other Contracting Party that has incurred loss or damage by reason of, or arising out of, an alleged breach of any right conferred by this Agreement with respect to investments of investors of that other Contracting Party.

2． Any investment dispute shall, as far as possible, be settled amicably through consultation between the parties to the investment dispute.

3． If any investment dispute cannot be settled through such consultation within three months from the date on which the investor requested the consultation in writing, the investment dispute shall at the request of the investor concerned be submitted to either:

(1) conciliation or arbitration in accordance with the provisions of the Convention on the Settlement of Investment Disputes between States and Nationals of Other States done at Washington, March 18, 1965 so long as the Convention is in force between the Contracting Parties, or conciliation or arbitration under the Additional Facility Rules of the International Center for Settlement of Investment Disputes so long as the Convention is not in force between the Contracting Parties; or

(2) arbitration under the Arbitration Rules of the United Nations Commission on International Trade Law, adopted by the United Nations Commission on International Trade Law on April 28, 1976.

4. A Contracting Party which is a party to an investment dispute shall give its consent to the submission of the investment dispute to international conciliation or arbitration referred to in paragraph 3 above in accordance with the provisions of this Article.

5～8 (omitted)

14条１項は、投資紛争を定義している。投資家の投資財産に関し、投資協定により付与された権利が侵害され、それによって損害または損失を被ったと主張する投資家と投資受入国との間の紛争が投資紛争である。

14条２項、３項は、投資紛争が生じた場合、交渉による解決を目指すが、３か月以内に交渉により解決しない場合、投資家は、ICSID 追加的利用制度規則による仲裁（ベトナムは2013年11月１日現在、ICSID 条約の締約国でない）または UNCITRAL 仲裁規則による仲裁に紛争を付託することができる旨規定する。また、４項は、投資協定の締約国が、この投資家による仲裁付託に同意する旨規定する。

このように、投資受入国は投資家による仲裁付託について投資協定中で予め同意しているので、投資家が仲裁を申し立てることによって両者間に仲裁合意が成立することになる。

このような投資家と投資受入国との間の投資紛争を解決する仲裁条項のこ

とは、ISDS 条項（Investor-State Dispute Settlemente Clauses）とも呼ばれる。この ISDS 条項は、二国間投資協定以外にも、経済連携協定（EPA（Economic Partnership Agreement））や後述するエネルギー憲章条約（Energy Charter Treaty（ECT））にも盛り込まれている。また、2016年２月、TPP 協定（Trans-Pacific Partnership Agreement（環太平洋パートナーシップ協定））が参加12か国によって署名され、その後2017年１月に米国が離脱宣言をし、11か国による TPP11協定（Comprehensive and Progressive Agreement for Trans-Pacific Partnership（環太平洋パートナーシップに関する包括的及び先進的な協定（CPTPP）））が2018年12月30日に発効しているが、同協定の投資章には、ISDS 条項が定められている。

(b) 投資協定仲裁の例

日系企業を含め日本法人が当事者となった事件は、2015年12月末現在、２件が公表されている。１つは、サルカ事件である。この事件の概要は以下のとおりである。

野村證券の子会社で英国に所在する野村インターナショナルがチェコ共和国において民営化された銀行に資本参加した。また、野村インターナショナルは、この株式保有を目的とするオランダ法人サルカを設立し、これにチェコの銀行株式を譲渡した。

その後、資本参加した民営銀行の経営が悪化し、チェコ政府は、他の経営の悪化した国営銀行に対しては公的資金を注入したが、この民間銀行に対しては、それを行わず、公的管理を開始し、国営銀行に譲渡した後に公的資金を注入した。

このチェコ政府の措置によって甚大な損害を被った野村インターナショナルは、サルカを申立人として、オランダとチェコ共和国との間の二国間投資協定に基づき、チェコ共和国を相手に投資協定違反を原因とする約３千億円の損害賠償を求めて UNCITRAL 仲裁規則による仲裁を申し立てた。

仲裁廷は2006年３月17日、損害額の判断に先立ち、チェコ共和国の責任を認める仲裁判断をした。その後、両者は交渉し和解によって解決をしたとされる。

また、日揮が2015年６月、太陽熱による発電設備の投資に関しスペイン政府が再生可能エネルギーの買取条件を変更し、投資家に損害を与えたとして、スペイン政府を相手取り、エネルギー憲章条約中の仲裁条項に基づき投資紛争解決国際センターに仲裁を申し立てた。2018年10月末現在、手続は係属している。この条約は、主に、エネルギー原料・産品の貿易および通過の自由化ならびにエネルギー分野における投資の自由化・保護等について規定しており、2018年10月末現在、EU を含む50以上の国が締約国となっている。日本については2002年10月に発効している。この事件と同様に、ユーラスエナジーホールディングスが2016年３月、伊藤忠商事が2018年７月、スペイン政府に対しエネルギー憲章条約中の仲裁条項に基づき投資紛争解決国際センターに仲裁を申し立てている。

仲裁に付託される国際投資紛争は、有害廃棄物処理事業、土地開発、ガス・水道事業、空港建設・運営、テレビ事業など投資の様々な領域に及んでいる。

(c)　投資協定仲裁判断の執行

投資協定仲裁が ICSID 仲裁による場合、ICSID 条約の締約国においては、既に述べたとおり、確定判決として執行されることになるが（54条１項)、ICSID 条約は、この規定に加え、締約国の執行免除に関する法令の適用を排除していない（55条)。したがって、世銀ローン停止などの可能性があるため、投資受入国によって仲裁判断は任意に履行されているとも言われるが、執行免除の原則から絶対免除主義を採る国のみならず、制限免除主義を採る国においても、主権的財産に対しては、強制執行が免除されることになる。

これに対し、ICSID 仲裁によらず、ICSID 条約が適用されない場合、たとえば、UNCITRAL 仲裁規則による仲裁の場合、わが国において、投資協定仲裁判断はニューヨーク条約の適用を受けないという見解が主張されているが、国際的には、一般にその適用を否定する判例、学説はない。しかし、この場合であっても、仲裁判断の強制執行を実現するには、執行免除というハードルを越えなければならない。

(d) 投資協定仲裁による仲裁判断の執行の可能性

仲裁判断の執行地国の裁判所が仲裁判断の執行を不当に拒否した場合、投資協定仲裁により、執行地国から仲裁判断で確定した金銭債権を回収し得る可能性がある。

仲裁判断を無効とする不当判決から投資協定仲裁によって当事者を救済した仲裁判断例として、Saipem S.p.A. v. The People's Republic of Bangladesh（ICSID Case No. ARB/05/07, Award of June 30, 2009, http://ita.law.uvic.ca/）がある。

この事件では、イタリア企業とバングラデシュ公社との間のパイプライン建設工事の遅延をめぐる紛争が、ダッカを仲裁地とするICC仲裁に付託され、仲裁廷は、バングラデシュ公社による契約違反を認定し、同公社がイタリア企業に対し600万米ドル余および11万ユーロ余ならびにこれらに対する遅延利息を支払うよう命じた。

バングラデシュ裁判所は、ICC仲裁廷がバングラデシュ公社による手続上の申立てを却下したことが、不正行為（misconduct）に当たるとしてICC仲裁廷の仲裁権限を取り消し、その後、バングラデシュ公社による仲裁判断の取消しの申立てに対し、仲裁判断は無効であると判断した。

これに対しイタリア企業は、仲裁判断で確定した債権の回収のため、イタリアとバングラデシュとの二国間投資協定に基づきバングラデシュ人民共和国を相手にICSID仲裁を申し立てた。ICSID仲裁廷は、仲裁判断によって確定された投資から生じた契約債権が投資財産に当たり、また、バングラデシュ裁判所の判決は、事実誤認に基づく著しく不公正な判断であり、「権利をそれが与えられた目的と異なる目的のために行使する国家は、権利濫用を犯す」という国際法上の原則に反するとともに、ニューヨーク条約2条にも違反するので、投資財産の収用に該当するとし、ICC仲裁判断がバングラデシュ公社に命じた金銭の支払いをバングラデシュ人民共和国がイタリア企業に支払うよう命じた。

この仲裁判断によれば、国際法違反となる不当な仲裁判断の取消判決によって仲裁判断の執行ができなくなった場合には、投資財産である仲裁判断で確定された契約債権を投資協定仲裁によって回収する余地があると考えられる。

また、仲裁判断を取り消す裁判所の恣意的判決が国際法上、裁判拒否（denial of justice）に当たる場合も、投資協定上、公正・衡平待遇（fair and equitable treatment）違反となり、投資協定仲裁により投資受入国から債権を回収する余地があると考えられる。

２．ＡＤＲ

⑴　ADRの役割

これまで見たように、国際取引紛争は、訴訟、仲裁により終局的に解決されるが、いずれも当事者の主張と立証に基づき第三者が審理し、その結果である判決、仲裁判断によって紛争を解決する手続である。したがって、審理手続のために時間を要し、判断が下されるまでは、短くても数か月、通常は１年以上時間を要する。また、手続に時間を要するということは、当事者が費やさなければならない費用、労力の負担が増えるということでもある。さらに、この手続の結果に当事者は不服であっても従わざるを得ず、当事者にとって必ずしも満足のいく解決を与えるものではない。

このような訴訟、仲裁の欠点を補い、それを補完する手続としてADR（Alternative Dispute Resolution）がある。ADR、とりわけ、以下で取り上げる調停は、米国の裁判による紛争解決に要する費用の高額化と手続の遅延化という問題を克服するために1970年代に考案された紛争解決手続である。また、仲裁は、国際取引紛争の解決に広く利用されてきたが、最近では、費用の高額化と手続の遅延化という訴訟と共通する問題を抱え、当事者は、仲裁による解決に入る前に調停による解決を試みる傾向がある。なお、訴訟に前置して交渉、調停を義務付ける合意の訴訟法上の効力を否定した判例として東京高判平23・６・22判時2116号64頁がある。

調停は、基本的に、第三者が当事者の交渉に関与し、当事者が和解に達するよう助力する手続である。したがって、当事者の交渉による紛争解決に近く、また和解を目的とする点で共通する。調停は、手続の性格上、訴訟、仲裁と違い、手続に長期間を要しない。手続期間は、長くても数か月程度で、実際の調停期日は１日、あるいは２日程度である。

したがって、訴訟、仲裁に比べて、手続の迅速性、低廉性というメリットがある。また、訴訟、仲裁と違い、勝ち負けを決めるための手続ではなく、当事者が納得し、満足のいく解決を得ることが可能である。特に、ビジネス関係を維持、継続していく必要がある場合には、適している。

このように、ADR は、訴訟、仲裁に比べてメリットがあるが、逆のデメリットとしては、紛争の解決は当事者の合意に委ねられており、最終的に当事者間で和解ができない場合には、当事者がその解決を放棄しない限り、訴訟、仲裁による解決を求めざる得ないことになる。

(2) ADR の種類

(a) 調　　停

ADR を代表する手続として、**調停**（mediation）がある。この手続は conciliation とも呼ばれている。調停は、第三者である**調停人**（mediator or conciliator）が、紛争の友好的解決のために当事者の交渉に助力する手続をいう。

調停は大別して、**促進型調停**（facilitative mediation）と**評価型調停**（evaluative mediation）の２つの方法がある。前者は、当事者の統合型交渉に第三者である調停人が関与し、当事者間の交渉を管理するとともに、紛争解決合意の形成のため、当事者間の話合いを促進させる手続であり、米国から始まった手法である。

これに対し後者の評価型調停とは、調停人が、当事者が提出した主張、証拠資料に基づき一定の法的判断を示し、それに基づき和解を勧める手続である。実際の手続では、促進型が単独で用いられることもあれば、評価型と併せて用いられることもある。

また、調停には、仲裁と同じように、調停機関を利用する機関調停と調停人と当事者だけで手続を行うアド・ホック（ad hoc）調停の２つがある。前者の場合、調停機関が通常、独自の調停規則を持っており、それに基づき調停人が選任され、調停手続が進み、調停手続は調停機関が管理する。調停人の報酬も調停機関の規則に定められている。もっとも、調停機関によっては、調停人のトレーニングや調停人候補者の指名を行うが、調停手続の管理を行わないものもある。

後者の場合には、当事者が直接調停人を選任し、あるいは、調停機関に調停人の選任を依頼し、調停人が当事者と合意の上、調停手続を進めていくことになる。アド・ホック調停のための調停規則としては、UNCITRALが1980年に作成した**UNCITRAL調停規則**（UNCITRAL Conciliation Rules）がある。

調停は、米国、英国、オーストラリア、オランダなどで国内取引紛争の解決に利用されていると言われるが、国際取引においては、仲裁が国際的に確立された紛争解決手続であるのに対し、調停はまだ本格的な利用までには至っていない。実際、調停の手続が非公開で行われ、その結果も、通常、公表されていないので、国際取引紛争の解決手段としての調停の利用状況を把握することは困難であるが、機関によっては件数を公表している。

たとえば、ICCは、2009年、817件の仲裁申立を受けたのに対し、ADRについては僅か24件の申立てを受けたに過ぎない（うち約9割が調停）が、この24件という件数は、過去数年間の平均件数の2倍以上に上るとされる。また、ICCはADR規則に代わる新しい調停規則（ICC Mediation Rules）を2014年1月1日より施行している。

今後、調停のメリットが利用者に浸透していくにつれ、調停の利用が増えていくことが予想される。

(b)　紛争解決委員会

調停以外のADRとして、主に、大規模な国際建設工事紛争の解決のための**紛争解決委員会**（Dispute Board）がある。これは、当事者が予め選んだ専門家（experts）から成る委員会が、工事の開始から終了までの間に生じる工事の遅延、追加、変更などをめぐる紛争の解決に当たる。

紛争解決委員会には、**紛争審査委員会**（**DRB**（Dispute Review Board））と**紛争裁定委員会**（**DAB**（Dispute Adjudication Board））などがある。通常、紛

争解決委員会は、紛争の解決に備えて、現場を視察し、月次報告を調べるなどして工事の進捗状況を常時把握しておき、紛争が生じ、当事者の要請があるとそれに即座に対応し、一定の短期間内に当事者に対し紛争の解決のための**勧告**（recommendation）または**裁定**（adjudication）を行う。

勧告は、紛争審査委員会により行われ、その勧告は、当事者を拘束しないが、当事者は、一定の短期間内にその勧告を受諾するか否かを決定することになる。そして、当事者が委員会の勧告を受け入れる場合には、その勧告により紛争は解決する。これに対し、当事者が勧告を受け入れない場合には、その紛争の解決は、仲裁、訴訟によることになる。

他方、裁定は、紛争裁定委員会により行われるが、当事者はその裁定に直ちに拘束され、その内容を実行しなければならない。裁定に不服の当事者は、一定の短期間内にその旨を相手方に通知することによって仲裁、訴訟による解決を求めることができるが、裁定の内容は、仲裁、訴訟で覆されるまでは当事者に対し拘束力を有する。

この手続は、工事中に生じる紛争をそれが拡大する前に早期の段階で友好的に解決することを意図する。たとえば、ユーロトンネル工事では、紛争裁定委員会が利用され、仲裁に持ち込まれずに紛争がその判定により解決された事件があるとされる。

⑶ 法　　源

ADR に関して、わが国では、「**裁判外紛争解決手続の利用の促進に関する法律**」(平成16年法律第151号)、いわゆる **ADR 法**がある。

この法律は、「訴訟手続によらずに民事上の紛争の解決をしようとする紛争の当事者のため、公正な第三者が関与して、その解決を図る手続」を「裁判外紛争解決手続」と定義し、仲裁もこれに含め、その利用の促進を図るための国、地方公共団体の責務を定めた（４条）上で、民間紛争解決手続（民間事業者が、紛争の当事者が和解をすることができる民事上の紛争について、紛争の当事者双方からの依頼を受け、当該紛争の当事者との間の契約に基づき、和解の仲介を行う裁判外紛争解決手続（２条１号））の業務の適正性を確保するための認証制度を設け、認証紛争解決手続に関しては、時効の中断（完成猶予）（25条)、訴訟手続の中止（26条）などの法的効果を付与するとともに、弁護士法72条が禁止する非弁活動（弁護士でない者が報酬を得る目的で法律事件に関し法律事務を取り扱い、またはその周旋をすることを業とすることはできない）の例外として、弁護士または弁護士法人でない者が認証紛争解決事業者、手続実施者となり（６条５号)、報酬を受けることができるとする（28条)。

また、調停手続に関しては、わが国は採用していないが、UNCITRALが2002年に作成した**国際商事調停モデル法**（UNCITRAL Model Law on International Commercial Conciliation）がある。

⑷　UNCITRAL国際商事調停モデル法

このモデル法は、ハンガリー、ベルギー、ルクセンブルク、マレーシアなどの数か国を除き、わが国を含めこれを採用する国はまだ少ないが、第三者（調停人）が紛争の友好的な解決を試みる当事者に援助する手続を調停とし（１条３項)、その手続に関する標準的なルールを定めたものであり、米国の州法に採用されている統一調停法（Uniform Mediation Act）やスイス、フランスの立法に影響を与えたとされる。

調停手続は、訴訟、仲裁と違って、手続の柔軟性を特徴とし、詳細な手続ルールを要しない。したがって、仲裁モデル法が36か条から成るのに対し、調停モデル法は、わずか14か条から成る。

以下では、調停モデル法が定める主な内容を見ることにする。

⒜　広範な当事者自治

調停は第三者である調停人が当事者の交渉に関与するが、紛争の解決が当事者の合意に委ねられている点において交渉と実質的に異ならない。したがって、手続といっても当事者自治が広範に認められるべきである。

調停モデル法は、調停人が当事者を公平に扱う義務を定める６条３項および調停モデル法の解釈に関する原則を定める２条以外はすべて任意規定とし、当事者はこれらを合意によって排除、変更することができる（３条)。

(b) 調停人の選任

調停人の数は、当事者間に別段の合意がない限り、1人となる（5条1項)。また、当事者が調停人を信頼し、調停人の援助により合意のための協議を進めていくためには、調停人は当事者を公平に扱い、手続を公正に進めなければならない。

そのためには、当事者から調停人への就任の依頼を受けた者および調停人は、自己の公正性（impartiality）または独立性（independence）について正当な疑いを生じさせるおそれのあるあらゆる事情を当事者に開示する必要があり、この開示義務を定めている（5条5項)。

この開示義務は、既にみたように、仲裁人にも要求されており、公正性、独立性の概念も仲裁人の場合と同様に考えることができるが、仲裁人の場合と違い、調停人には忌避制度は用意されていない。これは、後述するように、当事者は、調停人を忌避するまでもなく、調停手続を一方的に終了させることができるからである。

(c) 調停手続の基本的ルール

調停手続の進め方について当事者間に合意がない場合、調停人は、自ら相当と判断する方法によって調停手続を実施することができる（6条2項)。また、調停人は調停手続のいかなる段階においても、和解案を提示し（6条4項)、あるいは、当事者の一方と個別に協議すること（コーカス）もできる（7条)。

その場合、調停人は、当事者の一方から紛争に関する情報を受領したときは、他の当事者に対しその情報の実質的内容を開示することができるが、当事者の一方が、秘密保持を条件として調停人に情報を提供したときは、他の当事者に対しその情報を開示することはできない（8条)。

(d) 秘密の保持

調停のメリットの1つは、秘密裏に紛争を解決することができることである。したがって、当事者間に別段の合意がない限り、当事者、調停人は、法律に基づきまたは和解契約の履行もしくは執行のために開示が要求される場合を除き、調停手続に関するすべての情報について秘密保持義務を負い、第三者に対しその情報を開示することができない（９条)。

(e)　他の手続における証拠許容性

当事者は、調停手続で紛争解決に向けて相互に見解を述べたり提案したりするが、調停が上手く行かず、当事者間で合意が得られず、その後、紛争の解決のため訴訟、仲裁が開始されることがある。

その場合、訴訟、仲裁の手続で当事者が調停手続で述べた意見、提案などを相手方が自由に援用することを許してしまうと、これらが訴訟、仲裁で不利に働くことをおそれて当事者が調停手続で自由な交渉を行うことができなくなり、調停による解決が上手く機能し得なくなる。

この問題に対処するため、調停モデル法は10条で、調停手続の当事者、調停人および調停手続の運営に関与したすべての第三者は、仲裁手続、訴訟手続その他同様の手続において、①当事者が行った調停手続の申出、当事者が調停手続に進んで参加したという事実、②調停手続で当事者が表明した意見、提案、③当事者が行った陳述、自白、④調停人が行った提案、⑤調停人が提示した和解案を受諾する意思を当事者が示したという事実、⑥専ら調停手続のために作成された書面について、これらに依拠し、これらを証拠として提出し、またはこれらについて証言もしくは供述をしてはならない、と定める（１項)。

また、裁判所などによって、原則として、１項に掲げる情報の開示は命じられず、証拠として提出された場合には、取調べの対象とはなり得ない、すなわち証拠能力がないものとして取り扱われる（３項)。

(f)　調停人の仲裁人兼務

また、調停人が調停事件と同一の事件または関連する事件において仲裁人となることを禁じている。すなわち、調停人は、当事者間に別段の合意がない限り、調停手続の対象事項である紛争または同一の契約あるいは法律関係もしくは関連する契約あるいは法律関係から生じた別の紛争について仲裁人を務めることができない（12条)。

これは、当事者が調停人に開示した意見や提案が仲裁で自己に不利に作用することをおそれて自由に発言し得なくなるという問題を是正するための規定であり、10条と同じ趣旨である。もっとも、事案によっては、調停人が仲裁人を務めることにより、仲裁人がより効率的な審理、判断をすることができる場合があるので、12条は当事者が合意によって排除することができない強行規定とはされていない。

(g) 調停手続の終了

調停手続は、①当事者間で和解契約が締結された場合、②調停人が当事者の意見を聞いた後、調停についてこれ以上の努力をすることはもはや相当ではない旨宣言した場合、③当事者の全員が調停人に対して調停手続を終了する旨の宣言をした場合、④当事者の１人が、他の当事者および調停人に対し（調停人が選任されているとき）、調停手続を終了する旨の宣言をした場合に終了する（11条）。

このモデル法は、調停手続によって当事者間に成立した和解合意の執行力については規定を置かず、国内法に委ねている。

2014年のUNCITRAL 第47会期において、この執行力の問題について作業部会Ⅱに対し、国際商事調停によって成立した当事者間の和解に執行力を付することの検討が諮問され、その後、この和解に執行力を付与するための規定を追加するための2002年国際商事調停モデル法改正案とともに、そのための条約案の作成について検討が重ねられてきたが、その結果、UNCITRAL は2018年の第51会期において「調停による国際的和解合意に関する国際連合条約案（draft of United Nations Convention on International Settlement Agreements Resulting from Mediation)」を確定するとともに、2002年UNCITRAL 国際商事調停モデル法を改正する2018年 UNCITRAL 国際商事調停および調停による国際的和解合意に関するモデル法（UNCITRAL Model Law on International Commercial Mediation and International Settlement Agreements Resulting from Mediation, 2018（amending the UNCITRAL Model Law on International Commercial Conciliation, 2002)）を採択し、同条約案については、2018年10月末現在、2018年の国連総会で採択後、署名のために開放されることとなっている。

同条約案、同モデル法によれば、国際商事調停によって当事者間に和解が成立した場合、当事者は、同条約の締約国、同モデル法の採用国の権限のある機関に対し、当事者、調停人が署名した和解合意書を提出して、その執行を求めることができる（同条約案４条、同モデル法18条）。その場合、同条約の締約国、同モデル法の採用国の権限のある機関は、執行が求められる当事者の請求により、和解合意の無効、調停人による深刻な行動基準違反（その違反がなければ、和解合意を締結していなかった場合）、調停人による公正性、独立性に関する開示義務違反（その違反が当事者に対し重大な影響を与え、または不当に威圧し、その違反がなければ、和解合意を締結していなかった場合）など同条約案５条１項、同モデル法19条１項が限定的に列挙する事由が認められる場合に限り、その執行を拒絶することができる（同条約案５条１項、同モデル法19条１項）。また、執行を許可することが同条約の締約国、同モデル法の採用国の公序に反する場合、紛争の対象事項が同条約の締約国、同モデル法の採用国の法により調停による解決が不可能なものである場合にも、執行を拒絶することができる（同条約案５条２項、同モデル法19条２項）。

(5)　ADRと消費者紛争

今日、個人がインターネットを利用して外国から商品を購入することが日常化している。これに伴いトラブルも増えている。このうち最も多いのは、約定どおりに商品が送られてこないというトラブルである。トラブルの中には詐欺的なものもある。トラブルの相手は、米国の事業者が多いようであるが、最近では、アジアの事業者が日本人向けサイトを開設し、その紛争が増加しているとも言われる。

このような紛争も、紛争金額が数万円程度という少額紛争という特徴があるが、契約上の紛争であるので、その最終的な解決は国家の裁判所、あるいは、当事者間に仲裁合意がある場合には、仲裁ということになる。

しかし、一般に、消費者にとって、紛争金額も小さく、外国での訴訟、仲裁を遂行するには、負担が大き過ぎる。そこで、既に見たように、わが国においても、消費者保護の観点から、消費者の住所地に国際裁判管轄を認め、消費者の住所地以外の法廷地を定める事前の国際裁判管轄合意の効力を否定している。また、仲裁合意に関しても、事前の仲裁合意を解除する権利を消費者に与えている。しかし、外国訴訟、仲裁ではなく、国内訴訟の場合であっても、消費者の訴訟遂行には費用、労力が掛かり、通常、紛争の解決に実効性があるとは必ずしも言えない。

したがって、少額の消費者紛争に対しては、低廉で簡易なADRによる紛争解決の可能性が検討されなければならない。この国際的な電子商取引における消費者紛争の解決のため、既にEUには、ECC-Net（European Consumer Centres Network）があり、消費者と事業者との国際取引紛争の解決のための自主的な交渉が円滑に進むための援助システムがある。調停人が和解のために当事者の協議に介入することはなく、各メンバー国のConsumer Centreが、消費者の苦情を事業者に取り次ぐだけであるが、言語の違いなどから交渉が困難な事案がこれにより解決されているとされる。わが国でも、ECC-Netの影響を受け、国際消費者紛争の解決のためのプロジェクトとして、消費者庁越境消費者センター（Cross-border Consumer Center Japan（CCJ））がスタートしている。

(6) ドメイン名紛争

インターネット上の住所に当たるドメイン名の登録、使用をめぐる登録者と商標権者等との間の紛争は、訴訟、仲裁のほか、裁定手続というADRによって解決されている。

ドメイン名は、分野別トップレベルドメイン（gTLD: generic TLD（たとえば、「.com」））と国コードトップレベルドメイン（ccTLD: country code TLD（たとえば、「.jp」））に大別される。前者のドメイン名紛争の裁定手続は、ドメイン名を管理する米国の非営利団体であるICANN（Internet Corporation for Assigned Names and Numbers）が採択した統一ドメイン名紛争処理方針（UDRP）に基づき、ICANNが認定したADR機関によって行われている。

裁定手続は、簡易、迅速、低廉という特徴を有する。すなわち、書面のみによる審理で、救済方法は、ドメイン名の登録移転、取消しに限定される。裁定は、申立てから55日以内に下される。ADR機関に支払う費用は、裁定者が１名の場合、1,500米ドルである。ドメイン名の登録移転、取消しを命じる裁定は、当事者への通知から10日間の間実施は見送られ、この期間内に登録者が裁判所に出訴しない場合、裁定結果が実施される。また、当事者は、何時でもドメイン名の登録に関し裁判所に提訴することができる。

ICANN が採択した UDRP 手続を実施している ADR 機関の１つである世界知的所有権機関（WIPO）のウェブサイトによれば、WIPO に対し、分野別トップレベルドメイン名について、1999年からこれまで２万７千件以上の事件が申し立てられている。このように、ドメイン名の登録、使用をめぐる紛争は、裁定手続という ADR によって簡易、迅速、低廉に解決されており、ADR の成功例の１つと言えよう。

【資　　料】

・法の適用に関する通則法
・仲裁法
・外国仲裁判断の承認及び執行に関する条約

法の適用に関する通則法

第1章　総則

（趣旨）

第1条　この法律は、法の適用に関する通則について定めるものとする。

第2章　法律に関する通則

第2章　法律に関する通則　（略）

第3章　準拠法に関する通則

第1節　人

（人の行為能力）

第4条　人の行為能力は、その本国法によって定める。

2　法律行為をした者がその本国法によれば行為能力の制限を受けた者となるときであっても行為地法によれば行為能力者となるべきときは、当該法律行為の当時そのすべての当事者が法を同じくする地に在った場合に限り、当該法律行為をした者は、前項の規定にかかわらず、行為能力者とみなす。

3　前項の規定は、親族法又は相続法の規定によるべき法律行為及び行為地と法を異にする地に在る不動産に関する法律行為については、適用しない。

第5条、第6条　（略）

第2節　法律行為

（当事者による準拠法の選択）

第7条　法律行為の成立及び効力は、当事者が当該法律行為の当時に選択した地の法による。

（当事者による準拠法の選択がない場合）

第8条　前条の規定による選択がないときは、法律行為の成立及び効力は、当該法律行為の当時において当該法律行為に最も密接な関係がある地の法による。

2　前項の場合において、法律行為において特徴的な給付を当事者の一方のみが行うものであるときは、その給付を行う当事者の常居所地法（その当事者が当該法律行為に関係する事業所を有する場合にあっては当該事業所の所在地の法、その当事者が当該法律行為に関係する２以上の事業所で法を異にする地に所在するものを有する場合にあってはその主たる事業所の所在地の法）を当該法律行為に最も密接な関係がある地の法と推定する。

3　第1項の場合において、不動産を目的物とする法律行為については、前項の規定にかかわらず、その不動産の所在地法を当該法律行為に最も密接な関係がある地の法と推定する。

（当事者による準拠法の変更）

第9条　当事者は、法律行為の成立及び効力について適用すべき法を変更することができる。ただし、第三者の権利を害することとなるときは、その変更をその第三者に対抗することができない。

（法律行為の方式）

第10条　法律行為の方式は、当該法律行為の成立について適用すべき法（当該法律行為の後に前条の規定による変更がされた場合にあっては、その変更前の法）による。

2　前項の規定にかかわらず、行為地法に適合する方式は、有効とする。

3　法を異にする地に在る者に対してされた意思表示については、前項の規定の適用に当たっては、その通知を発した地を行為地とみなす。

4　法を異にする地に在る者の間で締結された契約の方式については、前2項の規定は、適用しない。この場合においては、第1項の規定にかかわらず、申込みの通知を発した地の法又は承諾の通知を発した地の法のいずれかに適合する契約の方式は、有効とする。

5　前3項の規定は、動産又は不動産に関する物権及びその他の登記をすべき権利を設定し又は処分する法律行為の方式については、適用しない。

（消費者契約の特例）

第11条　消費者（個人（事業として又は事業のために契約の当事者となる場合におけるものを除く。）をいう。以下この条において同じ。）と事業者（法人その他の社団又は財団及び事業として又は事業のために契約の当事者となる場合における個人をいう。以下この条において同じ。）との間で締結される契約（労働契約を除く。以下この条において「消費者契約」という。）の成立及び効力について第7条又は第9条の規定による選択又は変更により適用すべき法が消費者の常居所地法以外の法である場合であっても、消費者がその常居所地法中の特定の強行規定を適用すべき旨の意思を事業者に対し表示したときは、当該消費者契約の成立及び効力に関しその強行規定の定める事項については、その強行規定をも適用する。

2　消費者契約の成立及び効力について第7条の規定による選択がないときは、第8条の規定にかかわらず、当該消費者契約の成立及び効力は、消費者の常居所地法による。

3　消費者契約の成立について第7条の規定により消費者の常居所地法以外の法が選択された場合であっても、当該消費者契約の方式について消費者がその常居所地法中の特定の強行規定を適用すべき旨の意思を事業者に対し表示したときは、前条第1項、第2項及び第4項の規定にかかわらず、当該消費者契約の方式に関しその強行規定の定める事項については、専らその強行規定を適用する。

4　消費者契約の成立について第7条の規定により消費者の常居所地法が選択された場合

において、当該消費者契約の方式について消費者が専らその常居所地法によるべき旨の意思を事業者に対し表示したときは、前条第２項及び第４項の規定にかかわらず、当該消費者契約の方式は、専ら消費者の常居所地法による。

5　消費者契約の成立について第７条の規定による選択がないときは、前条第１項、第２項及び第４項の規定にかかわらず、当該消費者契約の方式は、消費者の常居所地法による。

6　前各項の規定は、次のいずれかに該当する場合には、適用しない。

一　事業者の事業所で消費者契約に関係するものが消費者の常居所地と法を異にする地に所在した場合であって、消費者が当該事業所の所在地と法を同じくする地に赴いて当該消費者契約を締結したとき。ただし、消費者が、当該事業者から、当該事業所の所在地と法を同じくする地において消費者契約を締結することについての勧誘をその常居所地において受けていたときを除く。

二　事業者の事業所で消費者契約に関係するものが消費者の常居所地と法を異にする地に所在した場合であって、消費者が当該事業所の所在地と法を同じくする地において当該消費者契約に基づく債務の全部の履行を受けたとき、又は受けることとされていたとき。ただし、消費者が、当該事業者から、当該事業所の所在地と法を同じくする地において債務の全部の履行を受けることについての勧誘をその常居所地において受けていたときを除く。

三　消費者契約の締結の当時、事業者が、消費者の常居所を知らず、かつ、知らなかったことについて相当の理由があるとき。

四　消費者契約の締結の当時、事業者が、その相手方が消費者でないと誤認し、かつ、誤認したことについて相当の理由があるとき。

（労働契約の特例）

第12条　労働契約の成立及び効力について第７条又は第９条の規定による選択又は変更により適用すべき法が当該労働契約に最も密接な関係がある地の法以外の法である場合であっても、労働者が当該労働契約に最も密接な関係がある地の法中の特定の強行規定を適用すべき旨の意思を使用者に対し表示したときは、当該労働契約の成立及び効力に関しその強行規定の定める事項については、その強行規定をも適用する。

2　前項の規定の適用に当たっては、当該労働契約において労務を提供すべき地の法（その労務を提供すべき地を特定することができない場合にあっては、当該労働者を雇い入れた事業所の所在地の法。次項において同じ。）を当該労働契約に最も密接な関係がある地の法と推定する。

3　労働契約の成立及び効力について第７条の規定による選択がないときは、当該労働契約の成立及び効力については、第８条第２項の規定にかかわらず、当該労働契約において労務を提供すべき地の法を当該労働契約に最も密接な関係がある地の法と推定する。

第３節　物権等

(物権及びその他の登記をすべき権利)

第13条　動産又は不動産に関する物権及びその他の登記をすべき権利は、その目的物の所在地法による。

2　前項の規定にかかわらず、同項に規定する権利の得喪は、その原因となる事実が完成した当時におけるその目的物の所在地法による。

第４節　債権

(事務管理及び不当利得)

第14条　事務管理又は不当利得によって生ずる債権の成立及び効力は、その原因となる事実が発生した地の法による。

(明らかにより密接な関係がある地がある場合の例外)

第15条　前条の規定にかかわらず、事務管理又は不当利得によって生ずる債権の成立及び効力は、その原因となる事実が発生した当時において当事者が法を同じくする地に常居所を有していたこと、当事者間の契約に関連して事務管理が行われ又は不当利得が生じたことその他の事情に照らして、明らかに同条の規定により適用すべき法の属する地よりも密接な関係がある他の地があるときは、当該他の地の法による。

(当事者による準拠法の変更)

第16条　事務管理又は不当利得の当事者は、その原因となる事実が発生した後において、事務管理又は不当利得によって生ずる債権の成立及び効力について適用すべき法を変更することができる。ただし、第三者の権利を害することとなるときは、その変更をその第三者に対抗することができない。

(不法行為)

第17条　不法行為によって生ずる債権の成立及び効力は、加害行為の結果が発生した地の法による。ただし、その地における結果の発生が通常予見することのできないものであったときは、加害行為が行われた地の法による。

(生産物責任の特例)

第18条　前条の規定にかかわらず、生産物（生産され又は加工された物をいう。以下この条において同じ。）で引渡しがされたものの瑕疵により他人の生命、身体又は財産を侵害する不法行為によって生ずる生産業者（生産物を業として生産し、加工し、輸入し、輸出し、流通させ、又は販売した者をいう。以下この条において同じ。）又は生産物にその生産業者と認めることができる表示をした者（以下この条において「生産業者等」と総称する。）に対する債権の成立及び効力は、被害者が生産物の引渡しを受けた地の法による。ただし、その地における生産物の引渡しが通常予見することのできないものであったときは、生産業者等の主たる事業所の所在地の法（生産業者等が事業所を有しない場合にあっては、その常居所地法）による。

（名誉又は信用の毀損の特例）

第19条　第17条の規定にかかわらず、他人の名誉又は信用を毀損する不法行為によって生ずる債権の成立及び効力は、被害者の常居所地法（被害者が法人その他の社団又は財団である場合にあっては、その主たる事業所の所在地の法）による。

（明らかにより密接な関係がある地がある場合の例外）

第20条　前3条の規定にかかわらず、不法行為によって生ずる債権の成立及び効力は、不法行為の当時において当事者が法を同じくする地に常居所を有していたこと、当事者間の契約に基づく義務に違反して不法行為が行われたことその他の事情に照らして、明らかに前3条の規定により適用すべき法の属する地よりも密接な関係がある他の地があるときは、当該他の地の法による。

（当事者による準拠法の変更）

第21条　不法行為の当事者は、不法行為の後において、不法行為によって生ずる債権の成立及び効力について適用すべき法を変更することができる。ただし、第三者の権利を害することとなるときは、その変更をその第三者に対抗することができない。

（不法行為についての公序による制限）

第22条　不法行為について外国法によるべき場合において、当該外国法を適用すべき事実が日本法によれば不法とならないときは、当該外国法に基づく損害賠償その他の処分の請求は、することができない。

2　不法行為について外国法によるべき場合において、当該外国法を適用すべき事実が当該外国法及び日本法により不法となるときであっても、被害者は、日本法により認められる損害賠償その他の処分でなければ請求することができない。

（債権の譲渡）

第23条　債権の譲渡の債務者その他の第三者に対する効力は、譲渡に係る債権について適用すべき法による。

第5節　親族

（婚姻の成立及び方式）

第24条　婚姻の成立は、各当事者につき、その本国法による。

2　婚姻の方式は、婚姻挙行地の法による。

3　前項の規定にかかわらず、当事者の一方の本国法に適合する方式は、有効とする。ただし、日本において婚姻が挙行された場合において、当事者の一方が日本人であるときは、この限りでない。

（婚姻の効力）

第25条　婚姻の効力は、夫婦の本国法が同一であるときはその法により、その法がない場合において夫婦の常居所地法が同一であるときはその法により、そのいずれの法もないときは夫婦に最も密接な関係がある地の法による。

（夫婦財産制）

第26条　前条の規定は、夫婦財産制について準用する。

2　前項の規定にかかわらず、夫婦が、その署名した書面で日付を記載したものにより、次に掲げる法のうちいずれの法によるべきかを定めたときは、夫婦財産制は、その法による。この場合において、その定めは、将来に向かってのみその効力を生ずる。

一　夫婦の一方が国籍を有する国の法

二　夫婦の一方の常居所地法

三　不動産に関する夫婦財産制については、その不動産の所在地法

3　前二項の規定により外国法を適用すべき夫婦財産制は、日本においてされた法律行為及び日本に在る財産については、善意の第三者に対抗することができない。この場合において、その第三者との間の関係については、夫婦財産制は、日本法による。

4　前項の規定にかかわらず、第1項又は第2項の規定により適用すべき外国法に基づいてされた夫婦財産契約は、日本においてこれを登記したときは、第三者に対抗することができる。

（離婚）

第27条　第25条の規定は、離婚について準用する。ただし、夫婦の一方が日本に常居所を有する日本人であるときは、離婚は、日本法による。

第28条～第31条　（略）

（親子間の法律関係）

第32条　親子間の法律関係は、子の本国法が父又は母の本国法（父母の一方が死亡し、又は知れない場合にあっては、他の一方の本国法）と同一である場合には子の本国法により、その他の場合には子の常居所地法による。

（その他の親族関係等）

第33条　第24条から前条までに規定するもののほか、親族関係及びこれによって生ずる権利義務は、当事者の本国法によって定める。

（親族関係についての法律行為の方式）

第34条　第25条から前条までに規定する親族関係についての法律行為の方式は、当該法律行為の成立について適用すべき法による。

2　前項の規定にかかわらず、行為地法に適合する方式は、有効とする。

第35条（略）

第6節　相続

（相続）

第36条　相続は、被相続人の本国法による。

（遺言）

第37条　遺言の成立及び効力は、その成立の当時における遺言者の本国法による。

2　遺言の取消しは、その当時における遺言者の本国法による。

第７節　補則

（本国法）

第38条　当事者が２以上の国籍を有する場合には、その国籍を有する国のうちに当事者が常居所を有する国があるときはその国の法を、その国籍を有する国のうちに当事者が常居所を有する国がないときは当事者に最も密接な関係がある国の法を当事者の本国法とする。ただし、その国籍のうちのいずれかが日本の国籍であるときは、日本法を当事者の本国法とする。

２　当事者の本国法によるべき場合において、当事者が国籍を有しないときは、その常居所地法による。ただし、第25条（第26条第１項及び第27条において準用する場合を含む。）及び第32条の規定の適用については、この限りでない。

３　当事者が地域により法を異にする国の国籍を有する場合には、その国の規則に従い指定される法（そのような規則がない場合にあっては、当事者に最も密接な関係がある地域の法）を当事者の本国法とする。

（常居所地法）

第39条　当事者の常居所地法によるべき場合において、その常居所が知れないときは、その居所地法による。ただし、第25条（第26条第１項及び第27条において準用する場合を含む。）の規定の適用については、この限りでない。

（人的に法を異にする国又は地の法）

第40条　当事者が人的に法を異にする国の国籍を有する場合には、その国の規則に従い指定される法（そのような規則がない場合にあっては、当事者に最も密接な関係がある法）を当事者の本国法とする。

２　前項の規定は、当事者の常居所地が人的に法を異にする場合における当事者の常居所地法で第25条（第26条第１項及び第27条において準用する場合を含む。）、第26条第２項第２号、第32条又は第38条第２項の規定により適用されるもの及び夫婦に最も密接な関係がある地が人的に法を異にする場合における夫婦に最も密接な関係がある地の法について準用する。

（反致）

第41条　当事者の本国法によるべき場合において、その国の法に従えば日本法によるべきときは、日本法による。ただし、第25条（第26条第１項及び第27条において準用する場合を含む。）又は第32条の規定により当事者の本国法によるべき場合は、この限りでない。

（公序）

第42条　外国法によるべき場合において、その規定の適用が公の秩序又は善良の風俗に反するときは、これを適用しない。

（以下略）

仲　裁　法

第１章　総則

（趣旨）

第１条　仲裁地が日本国内にある仲裁手続及び仲裁手続に関して裁判所が行う手続については、他の法令に定めるもののほか、この法律の定めるところによる。

（定義）

第２条　この法律において「仲裁合意」とは、既に生じた民事上の紛争又は将来において生ずる一定の法律関係（契約に基づくものであるかどうかを問わない。）に関する民事上の紛争の全部又は一部の解決を１人又は２人以上の仲裁人にゆだね、かつ、その判断（以下「仲裁判断」という。）に服する旨の合意をいう。

２　この法律において「仲裁廷」とは、仲裁合意に基づき、その対象となる民事上の紛争について審理し、仲裁判断を行う１人の仲裁人又は２人以上の仲裁人の合議体をいう。

３　この法律において「主張書面」とは、仲裁手続において当事者が作成して仲裁廷に提出する書面であって、当該当事者の主張が記載されているものをいう。

（適用範囲）

第３条　次章から第７章まで、第９章及び第10章の規定は、次項及び第８条に定めるものを除き、仲裁地が日本国内にある場合について適用する。

２　第14条第１項及び第15条の規定は、仲裁地が日本国内にある場合、仲裁地が日本国外にある場合及び仲裁地が定まっていない場合に適用する。

３　第８章の規定は、仲裁地が日本国内にある場合及び仲裁地が日本国外にある場合に適用する。

（裁判所の関与）

第４条　仲裁手続に関しては、裁判所は、この法律に規定する場合に限り、その権限を行使することができる。

（裁判所の管轄）

第５条　この法律の規定により裁判所が行う手続に係る事件は、次に掲げる裁判所の管轄に専属する。

　１　当事者が合意により定めた地方裁判所

　２　仲裁地（１の地方裁判所の管轄区域のみに属する地域を仲裁地として定めた場合に限る。）を管轄する地方裁判所

　３　当該事件の被申立人の普通裁判籍の所在地を管轄する地方裁判所

２　この法律の規定により２以上の裁判所が管轄権を有するときは、先に申立てがあった裁判所が管轄する。

３　裁判所は、この法律の規定により裁判所が行う手続に係る事件の全部又は一部がその

管轄に属しないと認めるときは、申立てにより又は職権で、これを管轄裁判所に移送しなければならない。

（任意的口頭弁論）

第6条　この法律の規定により裁判所が行う手続に係る裁判は、口頭弁論を経ないですることができる。

（裁判に対する不服申立て）

第7条　この法律の規定により裁判所が行う手続に係る裁判につき利害関係を有する者は、この法律に特別の定めがある場合に限り、当該裁判に対し、その告知を受けた日から2週間の不変期間内に、即時抗告をすることができる。

（仲裁地が定まっていない場合における裁判所の関与）

第8条　裁判所に対する次の各号に掲げる申立ては、仲裁地が定まっていない場合であって、仲裁地が日本国内となる可能性があり、かつ、申立人又は被申立人の普通裁判籍（最後の住所により定まるものを除く。）の所在地が日本国内にあるときも、することができる。この場合においては、当該各号に掲げる区分に応じ、当該各号に定める規定を適用する。

1　第16条第3項の申立て　同条

2　第17条第2項から第5項までの申立て　同条

3　第19条第4項の申立て　第18条及び第19条

4　第20条の申立て　同条

2　前項の場合における同項各号に掲げる申立てに係る事件は、第5条第1項の規定にかかわらず、前項に規定する普通裁判籍の所在地を管轄する地方裁判所の管轄に専属する。

（裁判所が行う手続に係る事件の記録の閲覧等）

第9条　この法律の規定により裁判所が行う手続について利害関係を有する者は、裁判所書記官に対し、次に掲げる事項を請求することができる。

1　事件の記録の閲覧又は謄写

2　事件の記録中の電子的方式、磁気的方式その他人の知覚によっては認識することができない方式で作られた記録の複製

3　事件の記録の正本、謄本又は抄本の交付

4　事件に関する事項の証明書の交付

（裁判所が行う手続についての民事訴訟法の準用）

第10条　この法律の規定により裁判所が行う手続に関しては、特別の定めがある場合を除き、民事訴訟法（平成8年法律第109号）の規定を準用する。

（最高裁判所規則）

第11条　この法律に定めるもののほか、この法律の規定により裁判所が行う手続に関し必要な事項は、最高裁判所規則で定める。

（書面によってする通知）

第12条　仲裁手続における通知を書面によってするときは、当事者間に別段の合意がない限り、名あて人が直接当該書面を受領した時又は名あて人の住所、常居所、営業所、事務所若しくは配達場所（名あて人が発信人からの書面の配達を受けるべき場所として指定した場所をいう。以下この条において同じ。）に当該書面が配達された時に、通知がされたものとする。

2　裁判所は、仲裁手続における書面によってする通知について、当該書面を名あて人の住所、常居所、営業所、事務所又は配達場所に配達することが可能であるが、発信人が当該配達の事実を証明する資料を得ることが困難である場合において、必要があると認めるときは、発信人の申立てにより、裁判所が当該書面の送達をする旨の決定をすることができる。この場合における送達については、民事訴訟法第104条及び第110条から第113条までの規定は適用しない。

3　前項の規定は、当事者間に同項の送達を行わない旨の合意がある場合には、適用しない。

4　第２項の申立てに係る事件は、第５条第１項の規定にかかわらず、同項第１号及び第２号に掲げる裁判所並びに名あて人の住所、常居所、営業所、事務所又は配達場所の所在地を管轄する地方裁判所の管轄に専属する。

5　仲裁手続における通知を書面によってする場合において、名あて人の住所、常居所、営業所、事務所及び配達場所のすべてが相当の調査をしても分からないときは、当事者間に別段の合意がない限り、発信人は、名あて人の最後の住所、常居所、営業所、事務所又は配達場所にあてて当該書面を書留郵便その他配達を試みたことを証明することができる方法により発送すれば足りる。この場合においては、当該書面が通常到達すべきであった時に通知がされたものとする。

6　第１項及び前項の規定は、この法律の規定により裁判所が行う手続において通知を行う場合については、適用しない。

第２章　仲裁合意

（仲裁合意の効力等）

第13条　仲裁合意は、法令に別段の定めがある場合を除き、当事者が和解をすることができる民事上の紛争（離婚又は離縁の紛争を除く。）を対象とする場合に限り、その効力を有する。

2　仲裁合意は、当事者の全部が署名した文書、当事者が交換した書簡又は電報（ファクシミリ装置その他の隔地者間の通信手段で文字による通信内容の記録が受信者に提供されるものを用いて送信されたものを含む。）その他の書面によってしなければならない。

3　書面によってされた契約において、仲裁合意を内容とする条項が記載された文書が当該契約の一部を構成するものとして引用されているときは、その仲裁合意は、書面によってされたものとする。

4　仲裁合意がその内容を記録した電磁的記録（電子的方式、磁気的方式その他人の知覚によっては認識することができない方式で作られる記録であって、電子計算機による情報処理の用に供されるものをいう。）によってされたときは、その仲裁合意は、書面によってされたものとする。

5　仲裁手続において、一方の当事者が提出した主張書面に仲裁合意の内容の記載があり、これに対して他方の当事者が提出した主張書面にこれを争う旨の記載がないときは、その仲裁合意は、書面によってされたものとみなす。

6　仲裁合意を含む一の契約において、仲裁合意以外の契約条項が無効、取消しその他の事由により効力を有しないものとされる場合においても、仲裁合意は、当然には、その効力を妨げられない。

（仲裁合意と本案訴訟）

第14条　仲裁合意の対象となる民事上の紛争について訴えが提起されたときは、受訴裁判所は、被告の申立てにより、訴えを却下しなければならない。ただし、次に掲げる場合は、この限りでない。

1　仲裁合意が無効、取消しその他の事由により効力を有しないとき。

2　仲裁合意に基づく仲裁手続を行うことができないとき。

3　当該申立てが、本案について、被告が弁論をし、又は弁論準備手続において申述をした後にされたものであるとき。

2　仲裁廷は、前項の訴えに係る訴訟が裁判所に係属する間においても、仲裁手続を開始し、又は続行し、かつ、仲裁判断をすることができる。

（仲裁合意と裁判所の保全処分）

第15条　仲裁合意は、その当事者が、当該仲裁合意の対象となる民事上の紛争に関して、仲裁手続の開始前又は進行中に、裁判所に対して保全処分の申立てをすること、及びその申立てを受けた裁判所が保全処分を命ずることを妨げない。

第3章　仲裁人

（仲裁人の数）

第16条　仲裁人の数は、当事者が合意により定めるところによる。

2　当事者の数が2人である場合において、前項の合意がないときは、仲裁人の数は、3人とする。

3　当事者の数が3人以上である場合において、第1項の合意がないときは、当事者の申立てにより、裁判所が仲裁人の数を定める。

（仲裁人の選任）

第17条　仲裁人の選任手続は、当事者が合意により定めるところによる。ただし、第5項又は第6項に規定するものについては、この限りでない。

2　当事者の数が2人であり、仲裁人の数が3人である場合において、前項の合意がないときは、当事者がそれぞれ1人の仲裁人を、当事者により選任された2人の仲裁人がその余の仲裁人を、選任する。この場合において、一方の当事者が仲裁人を選任した他方の当事者から仲裁人を選任すべき旨の催告を受けた日から30日以内にその選任をしないときは当該当事者の申立てにより、当事者により選任された２人の仲裁人がその選任後30日以内にその余の仲裁人を選任しないときは一方の当事者の申立てにより、裁判所が仲裁人を選任する。

3　当事者の数が２人であり、仲裁人の数が１人である場合において、第１項の合意がなく、かつ、当事者間に仲裁人の選任についての合意が成立しないときは、一方の当事者の申立てにより、裁判所が仲裁人を選任する。

4　当事者の数が３人以上である場合において、第１項の合意がないときは、当事者の申立てにより、裁判所が仲裁人を選任する。

5　第１項の合意により仲裁人の選任手続が定められた場合であっても、当該選任手続において定められた行為がされないことその他の理由によって当該選任手続による仲裁人の選任ができなくなったときは、一方の当事者は、裁判所に対し、仲裁人の選任の申立てをすることができる。

6　裁判所は、第２項から前項までの規定による仲裁人の選任に当たっては、次に掲げる事項に配慮しなければならない。

1　当事者の合意により定められた仲裁人の要件

2　選任される者の公正性及び独立性

3　仲裁人の数を１人とする場合又は当事者により選任された２人の仲裁人が選任すべき仲裁人を選任すべき場合にあっては、当事者双方の国籍と異なる国籍を有する者を選任することが適当かどうか。

（忌避の原因等）

第18条　当事者は、仲裁人に次に掲げる事由があるときは、当該仲裁人を忌避することができる。

1　当事者の合意により定められた仲裁人の要件を具備しないとき。

2　仲裁人の公正性又は独立性を疑うに足りる相当な理由があるとき。

2　仲裁人を選任し、又は当該仲裁人の選任について推薦その他これに類する関与をした当事者は、当該選任後に知った事由を忌避の原因とする場合に限り、当該仲裁人を忌避することができる。

3　仲裁人への就任の依頼を受けてその交渉に応じようとする者は、当該依頼をした者に対し、自己の公正性又は独立性に疑いを生じさせるおそれのある事実の全部を開示しなければならない。

4　仲裁人は、仲裁手続の進行中、当事者に対し、自己の公正性又は独立性に疑いを生じさせるおそれのある事実（既に開示したものを除く。）の全部を遅滞なく開示しなければならない。

（忌避の手続）

第19条　仲裁人の忌避の手続は、当事者が合意により定めるところによる。ただし、第４項に規定するものについては、この限りでない。

2　前項の合意がない場合において、仲裁人の忌避についての決定は、当事者の申立てにより、仲裁廷が行う。

3　前項の申立てをしようとする当事者は、仲裁廷が構成されたことを知った日又は前条第1項各号に掲げる事由のいずれかがあることを知った日のいずれか遅い日から15日以内に、忌避の原因を記載した申立書を仲裁廷に提出しなければならない。この場合において、仲裁廷は、当該仲裁人に忌避の原因があると認めるときは、忌避を理由があるとする決定をしなければならない。

4　前3項に規定する忌避の手続において仲裁人の忌避を理由がないとする決定がされた場合には、その忌避をした当事者は、当該決定の通知を受けた日から30日以内に、裁判所に対し、当該仲裁人の忌避の申立てをすることができる。この場合において、裁判所は、当該仲裁人に忌避の原因があると認めるときは、忌避を理由があるとする決定をしなければならない。

5　仲裁廷は、前項の忌避の申立てに係る事件が裁判所に係属する間においても、仲裁手続を開始し、又は続行し、かつ、仲裁判断をすることができる。

（解任の申立て）

第20条　当事者は、次に掲げる事由があるときは、裁判所に対し、仲裁人の解任の申立てをすることができる。この場合において、裁判所は、当該仲裁人にその申立てに係る事由があると認めるときは、当該仲裁人を解任する決定をしなければならない。

1　仲裁人が法律上又は事実上その任務を遂行することができなくなったとき。

2　前号の場合を除くほか、仲裁人がその任務の遂行を不当に遅滞させたとき。

（仲裁人の任務の終了）

第21条　仲裁人の任務は、次に掲げる事由により、終了する。

1　仲裁人の死亡

2　仲裁人の辞任

3　当事者の合意による仲裁人の解任

4　第19条第1項から第4項までに規定する忌避の手続においてされた忌避を理由があるとする決定

5　前条の規定による仲裁人の解任の決定

2　第19条第1項から第4項までに規定する忌避の手続又は前条の規定による解任の手続の進行中に、仲裁人が辞任し、又は当事者の合意により仲裁人が解任されたという事実のみから、当該仲裁人について第18条第1項各号又は前条各号に掲げる事由があるものと推定してはならない。

（後任の仲裁人の選任方法）

第22条　前条第1項各号に掲げる事由により仲裁人の任務が終了した場合における後任の仲裁人の選任の方法は、当事者間に別段の合意がない限り、任務が終了した仲裁人の選任に適用された選任の方法による。

第４章　仲裁廷の特別の権限

（自己の仲裁権限の有無についての判断）

第23条　仲裁廷は、仲裁合意の存否又は効力に関する主張についての判断その他自己の仲裁権限（仲裁手続における審理及び仲裁判断を行う権限をいう。以下この条において同じ。）の有無についての判断を示すことができる。

２　仲裁手続において、仲裁廷が仲裁権限を有しない旨の主張は、その原因となる事由が仲裁手続の進行中に生じた場合にあってはその後速やかに、その他の場合にあっては本案についての最初の主張書面の提出の時（口頭審理において口頭で最初に本案についての主張をする時を含む。）までに、しなければならない。ただし、仲裁権限を有しない旨の主張の遅延について正当な理由があると仲裁廷が認めるときは、この限りでない。

３　当事者は、仲裁人を選任し、又は仲裁人の選任について推薦その他これに類する関与をした場合であっても、前項の主張をすることができる。

４　仲裁廷は、適法な第２項の主張があったときは、次の各号に掲げる区分に応じ、それぞれ当該各号に定める決定又は仲裁判断により、当該主張に対する判断を示さなければならない。

１　自己が仲裁権限を有する旨の判断を示す場合　仲裁判断前の独立の決定又は仲裁判断

２　自己が仲裁権限を有しない旨の判断を示す場合　仲裁手続の終了決定

５　仲裁廷が仲裁判断前の独立の決定において自己が仲裁権限を有する旨の判断を示したときは、当事者は、当該決定の通知を受けた日から30日以内に、裁判所に対し、当該仲裁廷が仲裁権限を有するかどうかについての判断を求める申立てをすることができる。この場合において、当該申立てに係る事件が裁判所に係属する場合であっても、当該仲裁廷は、仲裁手続を続行し、かつ、仲裁判断をすることができる。

（暫定措置又は保全措置）

第24条　仲裁廷は、当事者間に別段の合意がない限り、その一方の申立てにより、いずれの当事者に対しても、紛争の対象について仲裁廷が必要と認める暫定措置又は保全措置を講ずることを命ずることができる。

２　仲裁廷は、いずれの当事者に対しても、前項の暫定措置又は保全措置を講ずるについて、相当な担保を提供すべきことを命ずることができる。

第５章　仲裁手続の開始及び仲裁手続における審理

（当事者の平等待遇）

第25条　仲裁手続においては、当事者は、平等に取り扱われなければならない。

２　仲裁手続においては、当事者は、事案について説明する十分な機会が与えられなければならない。

（仲裁手続の準則）

第26条　仲裁廷が従うべき仲裁手続の準則は、当事者が合意により定めるところによる。ただし、この法律の公の秩序に関する規定に反してはならない。

2　前項の合意がないときは、仲裁廷は、この法律の規定に反しない限り、適当と認める方法によって仲裁手続を実施することができる。

3　第1項の合意がない場合における仲裁廷の権限には、証拠に関し、証拠としての許容性、取調べの必要性及びその証明力についての判断をする権限が含まれる。

（異議権の放棄）

第27条　仲裁手続においては、当事者は、この法律の規定又は当事者間の合意により定められた仲裁手続の準則（いずれも公の秩序に関しないものに限る。）が遵守されていないことを知りながら、遅滞なく（異議を述べるべき期限についての定めがある場合にあっては、当該期限までに）異議を述べないときは、当事者間に別段の合意がない限り、異議を述べる権利を放棄したものとみなす。

（仲裁地）

第28条　仲裁地は、当事者が合意により定めるところによる。

2　前項の合意がないときは、仲裁廷は、当事者の利便その他の紛争に関する事情を考慮して、仲裁地を定める。

3　仲裁廷は、当事者間に別段の合意がない限り、前2項の規定による仲裁地にかかわらず、適当と認めるいかなる場所においても、次に掲げる手続を行うことができる。

　1　合議体である仲裁廷の評議

　2　当事者、鑑定人又は第三者の陳述の聴取

　3　物又は文書の見分

（仲裁手続の開始及び時効の中断（完成猶予及び更新））

第29条　仲裁手続は、当事者間に別段の合意がない限り、特定の民事上の紛争について、一方の当事者が他方の当事者に対し、これを仲裁手続に付する旨の通知をした日に開始する。

2　仲裁手続における請求は、時効中断（時効の完成猶予及び更新）の効力を生ずる。ただし、当該仲裁手続が仲裁判断によらずに終了したときは、この限りでない。

（言語）

第30条　仲裁手続において使用する言語及びその言語を使用して行うべき手続は、当事者が合意により定めるところによる。

2　前項の合意がないときは、仲裁廷が、仲裁手続において使用する言語及びその言語を使用して行うべき手続を定める。

3　第1項の合意又は前項の決定において、定められた言語を使用して行うべき手続についての定めがないときは、その言語を使用して行うべき手続は、次に掲げるものとする。

　1　口頭による手続

　2　当事者が行う書面による陳述又は通知

3　仲裁廷が行う書面による決定（仲裁判断を含む。）又は通知

4　仲裁廷は、すべての証拠書類について、第１項の合意又は第２項の決定により定められた言語（翻訳文について使用すべき言語の定めがある場合にあっては、当該言語）による翻訳文を添付することを命ずることができる。

（当事者の陳述の時期的制限）

第31条　仲裁申立人（仲裁手続において、これを開始させるための行為をした当事者をいう。以下同じ。）は、仲裁廷が定めた期間内に、申立ての趣旨、申立ての根拠となる事実及び紛争の要点を陳述しなければならない。この場合において、仲裁申立人は、取り調べる必要があると思料するすべての証拠書類を提出し、又は提出予定の証拠書類その他の証拠を引用することができる。

2　仲裁被申立人（仲裁申立人以外の仲裁手続の当事者をいう。以下同じ。）は、仲裁廷が定めた期間内に、前項の規定により陳述された事項についての自己の主張を陳述しなければならない。この場合においては、同項後段の規定を準用する。

3　すべての当事者は、仲裁手続の進行中において、自己の陳述の変更又は追加をすることができる。ただし、当該変更又は追加が時機に後れてされたものであるときは、仲裁廷は、これを許さないことができる。

4　前３項の規定は、当事者間に別段の合意がある場合には、適用しない。

（審理の方法）

第32条　仲裁廷は、当事者に証拠の提出又は意見の陳述をさせるため、口頭審理を実施することができる。ただし、一方の当事者が第34条第３項の求めその他の口頭審理の実施の申立てをしたときは、仲裁手続における適切な時期に、当該口頭審理を実施しなければならない。

2　前項の規定は、当事者間に別段の合意がある場合には、適用しない。

3　仲裁廷は、意見の聴取又は物若しくは文書の見分を行うために口頭審理を行うときは、当該口頭審理の期日までに相当な期間をおいて、当事者に対し、当該口頭審理の日時及び場所を通知しなければならない。

4　当事者は、主張書面、証拠書類その他の記録を仲裁廷に提供したときは、他の当事者がその内容を知ることができるようにする措置を執らなければならない。

5　仲裁廷は、仲裁判断その他の仲裁廷の決定の基礎となるべき鑑定人の報告その他の証拠資料の内容を、すべての当事者が知ることができるようにする措置を執らなければならない。

（不熱心な当事者がいる場合の取扱い）

第33条　仲裁廷は、仲裁申立人が第31条第１項の規定に違反したときは、仲裁手続の終了決定をしなければならない。ただし、違反したことについて正当な理由がある場合は、この限りでない。

2　仲裁廷は、仲裁被申立人が第31条第２項の規定に違反した場合であっても、仲裁被申立人が仲裁申立人の主張を認めたものとして取り扱うことなく、仲裁手続を続行しなけ

ればならない。

3　仲裁廷は、一方の当事者が口頭審理の期日に出頭せず、又は証拠書類を提出しないときは、その時までに収集された証拠に基づいて、仲裁判断をすることができる。ただし、当該当事者が口頭審理に出頭せず、又は証拠書類を提出しないことについて正当な理由がある場合は、この限りでない。

4　前3項の規定は、当事者間に別段の合意がある場合には、適用しない。

（仲裁廷による鑑定人の選任等）

第34条　仲裁廷は、1人又は2人以上の鑑定人を選任し、必要な事項について鑑定をさせ、文書又は口頭によりその結果の報告をさせることができる。

2　前項の場合において、仲裁廷は、当事者に対し、次に掲げる行為をすることを求めることができる。

1　鑑定に必要な情報を鑑定人に提供すること。

2　鑑定に必要な文書その他の物を、鑑定人に提出し、又は鑑定人が見分をすることができるようにすること。

3　当事者の求めがあるとき、又は仲裁廷が必要と認めるときは、鑑定人は、第1項の規定による報告をした後、口頭審理の期日に出頭しなければならない。

4　当事者は、前項の口頭審理の期日において、次に掲げる行為をすることができる。

1　鑑定人に質問をすること。

2　自己が依頼した専門的知識を有する者に当該鑑定に係る事項について陳述をさせること。

5　前各項の規定は、当事者間に別段の合意がある場合には、適用しない。

（裁判所により実施する証拠調べ）

第35条　仲裁廷又は当事者は、民事訴訟法の規定による調査の嘱託、証人尋問、鑑定、書証（当事者が文書を提出してするものを除く。）及び検証（当事者が検証の目的を提示してするものを除く。）であって仲裁廷が必要と認めるものにつき、裁判所に対し、その実施を求める申立てをすることができる。ただし、当事者間にこれらの全部又は一部についてその実施を求める申立てをしない旨の合意がある場合は、この限りでない。

2　当事者が前項の申立てをするには、仲裁廷の同意を得なければならない。

3　第1項の申立てに係る事件は、第5条第1項の規定にかかわらず、次に掲げる裁判所の管轄に専属する。

1　第5条第1項第2号に掲げる裁判所

2　尋問を受けるべき者若しくは文書を所持する者の住所若しくは居所又は検証の目的の所在地を管轄する地方裁判所

3　申立人又は被申立人の普通裁判籍の所在地を管轄する地方裁判所（前2号に掲げる裁判所がない場合に限る。）

4　第1項の申立てについての決定に対しては、即時抗告をすることができる。

5　第1項の申立てにより裁判所が当該証拠調べを実施するに当たり、仲裁人は、文書を閲読し、検証の目的を検証し、又は裁判長の許可を得て証人若しくは鑑定人（民事訴訟法第213条に規定する鑑定人をいう。）に対して質問をすることができる。

6　裁判所書記官は、第１項の申立てにより裁判所が実施する証拠調べについて、調書を作成しなければならない。

第６章　仲裁判断及び仲裁手続の終了

（仲裁判断において準拠すべき法）

第36条　仲裁廷が仲裁判断において準拠すべき法は、当事者が合意により定めるところによる。この場合において、一の国の法令が定められたときは、反対の意思が明示された場合を除き、当該定めは、抵触する内外の法令の適用関係を定めるその国の法令ではなく、事案に直接適用されるその国の法令を定めたものとみなす。

2　前項の合意がないときは、仲裁廷は、仲裁手続に付された民事上の紛争に最も密接な関係がある国の法令であって事案に直接適用されるべきものを適用しなければならない。

3　仲裁廷は、当事者双方の明示された求めがあるときは、前２項の規定にかかわらず、衡平と善により判断するものとする。

4　仲裁廷は、仲裁手続に付された民事上の紛争に係る契約があるときはこれに定められたところに従って判断し、当該民事上の紛争に適用することができる慣習があるときはこれを考慮しなければならない。

（合議体である仲裁廷の議事）

第37条　合議体である仲裁廷は、仲裁人の互選により、仲裁廷の長である仲裁人を選任しなければならない。

2　合議体である仲裁廷の議事は、仲裁廷を構成する仲裁人の過半数で決する。

3　前項の規定にかかわらず、仲裁手続における手続上の事項は、当事者双方の合意又は他のすべての仲裁人の委任があるときは、仲裁廷の長である仲裁人が決することができる。

4　前３項の規定は、当事者間に別段の合意がある場合には、適用しない。

（和解）

第38条　仲裁廷は、仲裁手続の進行中において、仲裁手続に付された民事上の紛争について当事者間に和解が成立し、かつ、当事者双方の申立てがあるときは、当該和解における合意を内容とする決定をすることができる。

2　前項の決定は、仲裁判断としての効力を有する。

3　第１項の決定をするには、次条第１項及び第３項の規定に従って決定書を作成し、かつ、これに仲裁判断であることの表示をしなければならない。

4　当事者双方の承諾がある場合には、仲裁廷又はその選任した１人若しくは２人以上の仲裁人は、仲裁手続に付された民事上の紛争について、和解を試みることができる。

5　前項の承諾又はその撤回は、当事者間に別段の合意がない限り、書面でしなければならない。

（仲裁判断書）

第39条　仲裁判断をするには、仲裁判断書を作成し、これに仲裁判断をした仲裁人が署名しなければならない。ただし、仲裁廷が合議体である場合には、仲裁廷を構成する仲裁人の過半数が署名し、かつ、他の仲裁人の署名がないことの理由を記載すれば足りる。

2　仲裁判断書には、理由を記載しなければならない。ただし、当事者間に別段の合意がある場合は、この限りでない。

3　仲裁判断書には、作成の年月日及び仲裁地を記載しなければならない。

4　仲裁判断は、仲裁地においてされたものとみなす。

5　仲裁廷は、仲裁判断がされたときは、仲裁人の署名のある仲裁判断書の写しを送付する方法により、仲裁判断を各当事者に通知しなければならない。

6　第1項ただし書の規定は、前項の仲裁判断書の写しについて準用する。

（仲裁手続の終了）

第40条　仲裁手続は、仲裁判断又は仲裁手続の終了決定があったときに、終了する。

2　仲裁廷は、第23条第4項第2号又は第33条第1項の規定による場合のほか、次に掲げる事由のいずれかがあるときは、仲裁手続の終了決定をしなければならない。

1　仲裁申立人がその申立てを取り下げたとき。ただし、仲裁被申立人が取下げに異議を述べ、かつ、仲裁手続に付された民事上の紛争の解決について仲裁被申立人が正当な利益を有すると仲裁廷が認めるときは、この限りでない。

2　当事者双方が仲裁手続を終了させる旨の合意をしたとき。

3　仲裁手続に付された民事上の紛争について、当事者間に和解が成立したとき（第38条第1項の決定があったときを除く。）。

4　前3号に掲げる場合のほか、仲裁廷が、仲裁手続を続行する必要がなく、又は仲裁手続を続行することが不可能であると認めたとき。

3　仲裁手続が終了したときは、仲裁廷の任務は、終了する。ただし、次条から第43条までの規定による行為をすることができる。

（仲裁判断の訂正）

第41条　仲裁廷は、当事者の申立てにより又は職権で、仲裁判断における計算違い、誤記その他これらに類する誤りを訂正することができる。

2　前項の申立ては、当事者間に別段の合意がない限り、仲裁判断の通知を受けた日から30日以内にしなければならない。

3　当事者は、第1項の申立てをするときは、あらかじめ、又は同時に、他の当事者に対して、当該申立ての内容を記載した通知を発しなければならない。

4　仲裁廷は、第1項の申立ての日から30日以内に、当該申立てについての決定をしなければならない。

5　仲裁廷は、必要があると認めるときは、前項の期間を延長することができる。

6　第39条の規定は、仲裁判断の訂正の決定及び第1項の申立てを却下する決定について準用する。

（仲裁廷による仲裁判断の解釈）

第42条　当事者は、仲裁廷に対し、仲裁判断の特定の部分の解釈を求める申立てをすることができる。

2　前項の申立ては、当事者間にかかる申立てをすることができる旨の合意がある場合に限り、することができる。

3　前条第２項及び第３項の規定は第１項の申立てについて、第39条並びに前条第４項及び第５項の規定は第１項の申立てについての決定について、それぞれ準用する。

（追加仲裁判断）

第43条　当事者は、仲裁手続における申立てのうちに仲裁判断において判断が示されなかったものがあるときは、当事者間に別段の合意がない限り、仲裁廷に対し、当該申立てについての仲裁判断を求める申立てをすることができる。この場合においては、第41条第２項及び第３項の規定を準用する。

2　仲裁廷は、前項の申立ての日から60日以内に、当該申立てについての決定をしなければならない。この場合においては、第41条第５項の規定を準用する。

3　第39条の規定は、前項の決定について準用する。

第７章　仲裁判断の取消し

第44条　当事者は、次に掲げる事由があるときは、裁判所に対し、仲裁判断の取消しの申立てをすることができる。

1　仲裁合意が、当事者の行為能力の制限により、その効力を有しないこと。

2　仲裁合意が、当事者が合意により仲裁合意に適用すべきものとして指定した法令（当該指定がないときは、日本の法令）によれば、当事者の行為能力の制限以外の事由により、その効力を有しないこと。

3　申立人が、仲裁人の選任手続又は仲裁手続において、日本の法令（その法令の公の秩序に関しない規定に関する事項について当事者間に合意があるときは、当該合意）により必要とされる通知を受けなかったこと。

4　申立人が、仲裁手続において防御することが不可能であったこと。

5　仲裁判断が、仲裁合意又は仲裁手続における申立ての範囲を超える事項に関する判断を含むものであること。

6　仲裁廷の構成又は仲裁手続が、日本の法令（その法令の公の秩序に関しない規定に関する事項について当事者間に合意があるときは、当該合意）に違反するものであったこと。

7　仲裁手続における申立てが、日本の法令によれば、仲裁合意の対象とすることができない紛争に関するものであること。

8　仲裁判断の内容が、日本における公の秩序又は善良の風俗に反すること。

2　前項の申立ては、仲裁判断書（第41条から前条までの規定による仲裁廷の決定の決定書を含む。）の写しの送付による通知がされた日から３箇月を経過したとき、又は第46条の規定による執行決定が確定したときは、することができない。

3　裁判所は、第１項の申立てに係る事件がその管轄に属する場合においても、相当と認めるときは、申立てにより又は職権で、当該事件の全部又は一部を他の管轄裁判所に移送することができる。

4　第１項の申立てに係る事件についての第５条第３項又は前項の規定による決定に対しては、即時抗告をすることができる。

5　裁判所は、口頭弁論又は当事者双方が立ち会うことができる審尋の期日を経なければ、第１項の申立てについての決定をすることができない。

6　裁判所は、第１項の申立てがあった場合において、同項各号に掲げる事由のいずれかがあると認めるとき（同項第１号から第６号までに掲げる事由にあっては、申立人が当該事由の存在を証明した場合に限る。）は、仲裁判断を取り消すことができる。

7　第１項第５号に掲げる事由がある場合において、当該仲裁判断から同号に規定する事項に関する部分を区分することができるときは、裁判所は、仲裁判断のうち当該部分のみを取り消すことができる。

8　第１項の申立てについての決定に対しては、即時抗告をすることができる。

第８章　仲裁判断の承認及び執行決定

（仲裁判断の承認）

第45条　仲裁判断（仲裁地が日本国内にあるかどうかを問わない。以下この章において同じ。）は、確定判決と同一の効力を有する。ただし、当該仲裁判断に基づく民事執行をするには、次条の規定による執行決定がなければならない。

2　前項の規定は、次に掲げる事由のいずれかがある場合（第１号から第７号までに掲げる事由にあっては、当事者のいずれかが当該事由の存在を証明した場合に限る。）には、適用しない。

1　仲裁合意が、当事者の行為能力の制限により、その効力を有しないこと。

2　仲裁合意が、当事者が合意により仲裁合意に適用すべきものとして指定した法令（当該指定がないときは、仲裁地が属する国の法令）によれば、当事者の行為能力の制限以外の事由により、その効力を有しないこと。

3　当事者が、仲裁人の選任手続又は仲裁手続において、仲裁地が属する国の法令の規定（その法令の公の秩序に関しない規定に関する事項について当事者間に合意があるときは、当該合意）により必要とされる通知を受けなかったこと。

4　当事者が、仲裁手続において防御することが不可能であったこと。

5　仲裁判断が、仲裁合意又は仲裁手続における申立ての範囲を超える事項に関する判断を含むものであること。

6　仲裁廷の構成又は仲裁手続が、仲裁地が属する国の法令の規定（その法令の公の秩序に関しない規定に関する事項について当事者間に合意があるときは、当該合意）に違反するものであったこと。

7　仲裁地が属する国（仲裁手続に適用された法令が仲裁地が属する国以外の国の法令である場合にあっては、当該国）の法令によれば、仲裁判断が確定していないこと、又は仲裁判断がその国の裁判機関により取り消され、若しくは効力を停止されたこと。

8　仲裁手続における申立てが、日本の法令によれば、仲裁合意の対象とすることができない紛争に関するものであること。

9　仲裁判断の内容が、日本における公の秩序又は善良の風俗に反すること。

3　前項第5号に掲げる事由がある場合において、当該仲裁判断から同号に規定する事項に関する部分を区分することができるときは、当該部分及び当該仲裁判断のその他の部分をそれぞれ独立した仲裁判断とみなして、同項の規定を適用する。

（仲裁判断の執行決定）

第46条　仲裁判断に基づいて民事執行をしようとする当事者は、債務者を被申立人として、裁判所に対し、執行決定（仲裁判断に基づく民事執行を許す旨の決定をいう。以下同じ。）を求める申立てをすることができる。

2　前項の申立てをするときは、仲裁判断書の写し、当該写しの内容が仲裁判断書と同一であることを証明する文書及び仲裁判断書（日本語で作成されたものを除く。）の日本語による翻訳文を提出しなければならない。

3　第1項の申立てを受けた裁判所は、前条第2項第7号に規定する裁判機関に対して仲裁判断の取消し又はその効力の停止を求める申立てがあった場合において、必要があると認めるときは、第1項の申立てに係る手続を中止することができる。この場合において、裁判所は、同項の申立てをした者の申立てにより、他の当事者に対し、担保を立てるべきことを命ずることができる。

4　第1項の申立てに係る事件は、第5条第1項の規定にかかわらず、同項各号に掲げる裁判所及び請求の目的又は差し押さえることができる債務者の財産の所在地を管轄する地方裁判所の管轄に専属する。

5　裁判所は、第1項の申立てに係る事件がその管轄に属する場合においても、相当と認めるときは、申立てにより又は職権で、当該事件の全部又は一部を他の管轄裁判所に移送することができる。

6　第1項の申立てに係る事件についての第5条第3項又は前項の規定による決定に対しては、即時抗告をすることができる。

7　裁判所は、次項又は第9項の規定により第1項の申立てを却下する場合を除き、執行決定をしなければならない。

8　裁判所は、第1項の申立てがあった場合において、前条第2項各号に掲げる事由のいずれかがあると認める場合（同項第1号から第7号までに掲げる事由にあっては、被申立人が当該事由の存在を証明した場合に限る。）に限り、当該申立てを却下することができる。

9　前条第3項の規定は、同条第2項第5号に掲げる事由がある場合における前項の規定の適用について準用する。
10　第44条第5項及び第8項の規定は、第1項の申立てについての決定について準用する。

第9章　雑則

（仲裁人の報酬）
第47条　仲裁人は、当事者が合意により定めるところにより、報酬を受けることができる。
2　前項の合意がないときは、仲裁廷が、仲裁人の報酬を決定する。この場合において、当該報酬は、相当な額でなければならない。

（仲裁費用の予納）
第48条　仲裁廷は、当事者間に別段の合意がない限り、仲裁手続の費用の概算額として仲裁廷の定める金額について、相当の期間を定めて、当事者に予納を命ずることができる。
2　仲裁廷は、前項の規定により予納を命じた場合において、その予納がないときは、当事者間に別段の合意がない限り、仲裁手続を中止し、又は終了することができる。

（仲裁費用の分担）
第49条　当事者が仲裁手続に関して支出した費用の当事者間における分担は、当事者が合意により定めるところによる。
2　前項の合意がないときは、当事者が仲裁手続に関して支出した費用は、各自が負担する。
3　仲裁廷は、当事者間に合意があるときは、当該合意により定めるところにより、仲裁判断又は独立の決定において、当事者が仲裁手続に関して支出した費用の当事者間における分担及びこれに基づき一方の当事者が他方の当事者に対して償還すべき額を定めることができる。
4　独立の決定において前項に規定する事項を定めた場合においては、当該決定は、仲裁判断としての効力を有する。
5　第39条の規定は、前項の決定について準用する。

第10章　罰則

（収賄、受託収賄及び事前収賄）
第50条　仲裁人が、その職務に関し、賄賂を収受し、又はその要求若しくは約束をしたときは、5年以下の懲役に処する。この場合において、請託を受けたときは、7年以下の懲役に処する。
2　仲裁人になろうとする者が、その担当すべき職務に関し、請託を受けて、賄賂を収受し、又はその要求若しくは約束をしたときは、仲裁人となった場合において、5年以下の懲役に処する。

（第三者供賄）

第51条　仲裁人が、その職務に関し、請託を受けて、第三者に賄賂を供与させ、又はその供与の要求若しくは約束をしたときは、５年以下の懲役に処する。

（加重収賄及び事後収賄）

第52条　仲裁人が前２条の罪を犯し、よって不正な行為をし、又は相当の行為をしなかったときは、１年以上の有期懲役に処する。

２　仲裁人が、その職務上不正な行為をしたこと又は相当の行為をしなかったことに関し、賄賂を収受し、若しくはその要求若しくは約束をし、又は第三者にこれを供与させ、若しくはその供与の要求若しくは約束をしたときも、前項と同様とする。

３　仲裁人であった者が、その在職中に請託を受けて職務上不正な行為をしたこと又は相当の行為をしなかったことに関し、賄賂を収受し、又はその要求若しくは約束をしたときは、５年以下の懲役に処する。

（没収及び追徴）

第53条　犯人又は情を知った第三者が収受した賄賂は、没収する。その全部又は一部を没収することができないときは、その価額を追徴する。

（贈賄）

第54条　第50条から第52条までに規定する賄賂を供与し、又はその申込み若しくは約束をした者は、３年以下の懲役又は250万円以下の罰金に処する。

（国外犯）

第55条　第50条から第53条までの規定は、日本国外において第50条から第52条までの罪を犯した者にも適用する。

２　前条の罪は、刑法（明治40年法律第45号）第２条の例に従う。

附　則

第１条、第２条（略）

（消費者と事業者との間に成立した仲裁合意に関する特例）

第３条　消費者（消費者契約法（平成12年法律第61号）第２条第１項に規定する消費者をいう。以下この条において同じ。）と事業者（同条第２項に規定する事業者をいう。以下この条において同じ。）の間の将来において生ずる民事上の紛争を対象とする仲裁合意（次条に規定する仲裁合意を除く。以下この条において「消費者仲裁合意」という。）であって、この法律の施行後に締結されたものに関しては、当分の間、次項から第７項までに定めるところによる。

２　消費者は、消費者仲裁合意を解除することができる。ただし、消費者が当該消費者仲裁合意に基づく仲裁手続の仲裁申立人となった場合は、この限りでない。

３　事業者が消費者仲裁合意に基づく仲裁手続の仲裁申立人となる場合においては、当該事業者は、仲裁廷が構成された後遅滞なく、第32条第１項の規定による口頭審理の実施の申立てをしなければならない。この場合において、仲裁廷は、口頭審理を実施する旨を決定し、当事者双方にその日時及び場所を通知しなければならない。

4　仲裁廷は、当該仲裁手続における他のすべての審理に先立って、前項の口頭審理を実施しなければならない。

5　消費者である当事者に対する第3項の規定による通知は、次に掲げる事項を記載した書面を送付する方法によってしなければならない。この場合において、仲裁廷は、第2号から第5号までに掲げる事項については、できる限り平易な表現を用いるように努めなければならない。

1　口頭審理の日時及び場所

2　仲裁合意がある場合には、その対象となる民事上の紛争についての仲裁判断には、確定判決と同一の効力があるものであること。

3　仲裁合意がある場合には、仲裁判断の前後を問わず、その対象となる民事上の紛争について提起した訴えは、却下されるものであること。

4　消費者は、消費者仲裁合意を解除することができること。

5　消費者である当事者が第1号の口頭審理の期日に出頭しないときは、消費者である当事者が消費者仲裁合意を解除したものとみなされること。

6　第3項の口頭審理の期日においては、仲裁廷は、まず、消費者である当事者に対し、口頭で、前項第2号から第4号までに掲げる事項について説明しなければならない。この場合において、当該消費者である当事者が第2項の規定による解除権を放棄する旨の意思を明示しないときは、当該消費者である当事者は、消費者仲裁合意を解除したものとみなす。

7　消費者である当事者が第3項の口頭審理の期日に出頭しないときは、当該消費者である当事者は、消費者仲裁合意を解除したものとみなす。

（個別労働関係紛争を対象とする仲裁合意に関する特例）

第4条　当分の間、この法律の施行後に成立した仲裁合意であって、将来において生ずる個別労働関係紛争（個別労働関係紛争の解決の促進に関する法律（平成13年法律第112号）第1条に規定する個別労働関係紛争をいう。）を対象とするものは、無効とする。

（以下略）

外国仲裁判断の承認及び執行に関する条約

Article I	第1条
1. This Convention shall apply to the recognition and enforcement of arbitral awards made in the territory of a State other than the State where the recognition and enforcement of such awards are sought, and arising out of differences between persons, whether physical or legal. It shall also apply to arbitral awards not considered as domestic awards in the State where their recognition and enforcement are sought.	1. この条約は、仲裁判断の承認及び執行が求められる国以外の国の領域内においてされ、かつ、自然人であると法人であるとを問わず、当事者の間の紛争から生じた判断の承認及び執行について適用する。この条約は、また、仲裁判断の承認及び執行が求められる国において内国判断と認められない判断についても適用する。
2. The term "arbitral awards" shall include not only awards made by arbitrators appointed for each case but also those made by permanent arbitral bodies to which the parties have submitted.	2.「仲裁判断」とは、各事案ごとに選定された仲裁人によってされた判断のほか、当事者から付託を受けた常設仲裁機関がした判断を含むものとする。
3. When signing, ratifying or acceding to this Convention, or notifying extension under article X hereof, any State may on the basis of reciprocity declare that it will apply the Convention to the recognition and enforcement of awards made only in the territory of another Contracting State. It may also declare that it will apply the	3. いかなる国も、この条約に署名し、これを批准し、若しくはこれに加入し、又は第10条の規定に基づき適用の拡張を通告するに当たり、他の締約国の領域においてされた判断の承認及び執行についてのみこの条約を適用する旨を相互主義の原則に基づき宣言することができる。また、いかなる国も、契約に基づくものであるかどうかを問わず、その国の国内法により商事と認

Convention only to differences arising out of legal relationships, whether contractual or not, which are considered as commercial under the national law of the State making such declaration.

められる法律関係から生ずる紛争についてのみこの条約を適用する旨を宣言することができる。

Article II

1. Each Contracting State shall recognize an agreement in writing under which the parties undertake to submit to arbitration all or any differences which have arisen or which may arise between them in respect of a defined legal relationship, whether contractual or not, concerning a subject matter capable of settlement by arbitration.

2. The term "agreement in writing" shall include an arbitral clause in a contract or an arbitration agreement, signed by the parties or contained in an exchange of letters or telegrams.

3. The court of a Contracting State, when seized of an action in a matter in respect of which the parties have made an agreement within the meaning of this article, shall, at the request of one of the parties, refer the parties to arbitration, unless it finds that the said agreement is null and void, inoperative or incapable of being performed.

第2条

1．各締約国は、契約に基づくものであるかどうかを問わず、仲裁による解決が可能である事項に関する一定の法律関係につき、当事者の間にすでに生じているか、又は生ずることのある紛争の全部又は一部を仲裁に付託することを当事者が約した書面による合意を承認するものとする。

2．「書面による合意」とは、契約中の仲裁条項又は仲裁の合意であって、当事者が署名したもの又は交換された書簡若しくは電報に載っているものを含むものとする。

3．当事者がこの条にいう合意をした事項について訴えが提起されたときは、締約国の裁判所は、その合意が無効であるか、失効しているか、又は履行不能であると認める場合を除き、当事者の一方の請求により、仲裁に付託すべきことを当事者に命じなければならない。

Article III

Each Contracting State shall recognize arbitral awards as binding and enforce them in accordance with the rules of procedure of the territory where the award is relied upon, under the conditions laid down in the following articles. There shall not be imposed substantially more onerous conditions or higher fees or charges on the recognition or enforcement of arbitral awards to which this Convention applies than are imposed on the recognition or enforcement of domestic arbitral awards.

第3条

各締約国は、次の諸条に定める条件の下に、仲裁判断を拘束力のあるものとして承認し、かつ、その判断が援用される領域の手続規則に従って執行するものとする。この条約が適用される仲裁判断の承認又は執行については、内国仲裁判断の承認又は執行について課せられるよりも実質的に厳重な条件又は高額の手数料若しくは課徴金を課してはならない。

Article IV

1. To obtain the recognition and enforcement mentioned in the preceding article, the party applying for recognition and enforcement shall, at the time of the application, supply:
   (a) The duly authenticated original award or a duly certified copy thereof;
   (b) The original agreement referred to in article II or a duly certified copy thereof.

2. If the said award or agreement is not made in an official language of the country in which the award is relied upon, the party applying for recognition and enforcement of the award shall produce a translation of these documents into such language.

第4条

1. 前条にいう承認及び執行を得るためには、承認及び執行を申し立てる当事者は、その申立ての際に、次のものを提出しなければならない。
   (a) 正当に認証された判断の原本又は正当に証明されたその謄本
   (b) 第2条に掲げる合意の原本又は正当に証明されたその謄本

2. 前記の判断又は合意が、判断が援用される国の公用語で作成されていない場合には、判断の承認及び執行を申し立てる当事者は、これらの文書の当該公用語への翻訳文を提出しなければならない。その翻訳文は、公の若しくは宣誓した翻訳者又は外交官若しくは領

The translation shall be certified by an official or sworn translator or by a diplomatic or consular agent.

事官による証明を受けたものでなければならない。

Article V

1. Recognition and enforcement of the award may be refused, at the request of the party against whom it is invoked, only if that party furnishes to the competent authority where the recognition and enforcement is sought, proof that:

(a) The parties to the agreement referred to in article II were, under the law applicable to them, under some incapacity, or the said agreement is not valid under the law to which the parties have subjected it or, failing any indication thereon, under the law of the country where the award was made; or

(b) The party against whom the award is invoked was not given proper notice of the appointment of the arbitrator or of the arbitration proceedings or was otherwise unable to present his case; or

(c) The award deals with a difference not contemplated by or not falling within the terms of the submission to arbitration, or it contains decisions on matters beyond the scope of the submission to arbitration, provided that, if the decisions on matters submitted to arbitration can be separated

第５条

判断の承認及び執行は、判断が不利益に援用される当事者の請求により、承認及び執行が求められた国の権限のある機関に対しその当事者が次の証拠を提出する場合に限り、拒否することができる。

(a) 第２条に掲げる合意の当事者が、その当事者に適用される法令により無能力者であったこと又は前記の合意が、当事者がその準拠法として指定した法令により若しくはその指定がなかったときは判断がされた国の法令により有効でないこと。

(b) 判断が不利益に援用される当事者が、仲裁人の選定若しくは仲裁手続について適当な通告を受けなかったこと又はその他の理由により防禦することが不可能であったこと。

(c) 判断が、仲裁付託の条項に定められていない紛争若しくはその条項の範囲内にない紛争に関するものであること又は仲裁付託の範囲をこえる事項に関する判定を含むこと。ただし、仲裁に付託された事項に関する判定が付託されなかった事項に関する判定から分離することができる場合には、仲裁に付

from those not so submitted, that part of the award which contains decisions on matters submitted to arbitration may be recognized and enforced; or

(d) The composition of the arbitral authority or the arbitral procedure was not in accordance with the agreement of the parties, or, failing such agreement, was not in accordance with the law of the country where the arbitration took place; or

(e) The award has not yet become binding on the parties, or has been set aside or suspended by a competent authority of the country in which, or under the law of which, that award was made.

2. Recognition and enforcement of an arbitral award may also be refused if the competent authority in the country where recognition and enforcement is sought finds that:

(a) The subject matter of the difference is not capable of settlement by arbitration under the law of that country; or

(b) The recognition or enforcement of the award would be contrary to the public policy of that country.

託された事項に関する判定を含む判断の部分は、承認し、かつ、執行することができるものとする。

(d) 仲裁機関の構成又は仲裁手続が、当事者の合意に従っていなかったこと又は、そのような合意がなかったときは、仲裁が行なわれた国の法令に従っていなかったこと。

(e) 判断が、まだ当事者を拘束するものとなるに至っていないこと又は、その判断がされた国若しくはその判断の基礎となった法令の属する国の権限のある機関により、取り消されたか若しくは停止されたこと。

2. 仲裁判断の承認及び執行は、承認及び執行が求められた国の権限のある機関が次のことを認める場合においても、拒否することができる。

(a) 紛争の対象である事項がその国の法令により仲裁による解決が不可能なものであること。

(b) 判断の承認及び執行がその国の公の秩序に反すること。

Article VI

If an application for the setting aside or suspension of the award has been

第6条

判断の取消し又は停止が、第5条1(e)に掲げる権限のある機関に対し申し立てら

made to a competent authority referred to in article V(1)(e), the authority before which the award is sought to be relied upon may, if it considers it proper, adjourn the decision on the enforcement of the award and may also, on the application of the party claiming enforcement of the award, order the other party to give suitable security.

Article VII

1. The provisions of the present Convention shall not affect the validity of multilateral or bilateral agreements concerning the recognition and enforcement of arbitral awards entered into by the Contracting States nor deprive any interested party of any right he may have to avail himself of an arbitral award in the manner and to the extent allowed by the law or the treaties of the country where such award is sought to be relied upon.

2. The Geneva Protocol on Arbitration Clauses of 1923 and the Geneva Convention on the Execution of Foreign Arbitral Awards of 1927 shall cease to have effect between Contracting States on their becoming bound and to the extent that they become bound, by this Convention.

(omitted below)

れている場合において、判断が援用されている機関は、適当と認めるときは、判断の執行についての決定を延期することができ、かつ、判断の執行を求めている当事者の申立てがあるときは、相当な保障を立てることを相手方に命ずることができる。

第7条

1．この条約の規定は、締約国が締結する仲裁判断の承認及び執行に関する多数国間又は二国間の合意の効力に影響を及ぼすものではなく、また、仲裁判断が援用される国の法令又は条約により認められる方法及び限度で関係当事者が仲裁判断を利用するいかなる権利をも奪うものではない。

2．1923年の仲裁条項に関するジュネーヴ議定書及び1927年の外国仲裁判断の執行に関するジュネーヴ条約は、締約国がこの条約により拘束される時から、及びその限度において、それらの国の間で効力を失うものとする。

(以下略)

主要参考文献

近藤昌昭ほか『仲裁法コンメンタール』（商事法務、2003）

飛澤知行編『逐条解説　対外国民事裁判権法　―わが国の主権免除法制について』（商事法務、2009）

櫻田嘉章＝道垣内正人編『注釈国際私法（第1巻）』（有斐閣、2011）

佐藤達文＝小林康彦編『一問一答　平成23年民事訴訟法等改正―国際裁判管轄法制の整備』（商事法務、2012）

松岡博編『国際関係私法入門〔第3版〕』（有斐閣、2012）

中村達也『国際取引紛争　仲裁・調停・交渉』（三省堂、2012）

小島武司＝猪股孝史『仲裁法』（日本評論社、2014）

事項索引

【あ行】

アド・ホック（ad hoc）調停　236
アド・ホック仲裁　164, 165
アド・ホック仲裁（ad hoc arbitration）　162
域外適用　20
遺失物拾得　56
移送　64
一応の証明　95
一般管轄　75
一般的受容方式　184
一般的認許主義　24
居所　68
委任契約　78
異則主義　55
インターナショナル・エア・サービス事件　38
ウィーン売買条約　39
ウルトラマン事件最高裁判決　82, 83
英米法（common law）　85
エネルギー憲章条約　233
エネルギー憲章条約（Energy Charter Treaty（ECT））　232
応訴管轄　69, 87, 88, 122

【か行】

カードリーダー事件最高裁判決　57
外交官　142, 149
外交関係に関するウィーン条約　149
外国会社　25, 80
外国中央銀行等　148
外国仲裁判断　226
外国仲裁判断の承認及び執行に関する条約　153
外国等に対する我が国の民事裁判権に関する法律　132
外国判決の承認・執行　6, 118
外国法事実説　62
外国法人　24
外国法人の認許　24
外国法の適用　20, 61
外国法の不明　62
外国法法律説　62
外人法　24
加害行為地　81
加害行為地法　45
隔地的不法行為　45
確定判決　7, 121
家事事件　96
家事非訟事件　96
過剰管轄　65
仮差押え　96, 209, 210
仮処分　96
仮の地位を定める仮処分　97, 209, 210
管轄合意　84, 86, 88
管轄裁判所証拠調　117
管轄裁判所送達　110
管轄配分説　71, 72
勧告（recommendation）　238
関西鉄工第1事件判決　99
関西鉄工第2事件　128
間接管轄　75, 121
間接指定　17
間接反致　19
関連裁判籍　69
機関仲裁　162, 165
機関仲裁（institutional arbitration）　162

機関調停 236
疑似外国会社 25
期日呼出状 105, 115
擬制自白 135
規制消極説 99
規制積極説 100
擬制陳述 181
既判力 208, 215
忌避事由 192, 195
逆推知説 70, 72
客観主義 26
客観的併合 83
狭義の反致 19
強行規定 32
鏡像関係 75
強迫 174
緊急仲裁 211
近似法説 63
クロス式の仲裁条項 170
経済連携協定（EPA（Economic Partnership Agreement）） 232
形式的成立要件 30, 184
形成力 215
係争物に関する仮処分 97
係争物の仮処分 210
契約 26, 31
契約上の債務 77
契約の方式 30
結果発生地 81
結果発生地法 45
欠陥仲裁条項（パソロジカル・クローズ（pathological clause） 167
原因事実発生地法 51
欠缺否認説 60
原告は被告の法廷地に従う 68, 76, 170
限定仲裁条項 168
権利質 54
権利能力 21, 22
合意管轄 69, 84, 89
行為性質説 131
行為能力 22
行為目的説 131
公示送達 106, 110
公序 87, 123, 223
交渉 2
交渉材料 3
公序則 58, 59
公序良俗 59
公正証書 30
公正性（impartiality） 194
口頭審理 198
口頭弁論 87, 208
広範仲裁条項 168
交付送達 106
公法の属地的適用 20
コーカス 240
国際慣習法 2
国際航空運送についてのある規則の統一に関する条約 66
国際裁判管轄 6, 64
国際私法 10
国際司法共助 105, 107, 157
国際司法裁判所（International Court of Justice（ICJ）） 5
国際私法上の公序 20, 58, 60
国際商事仲裁モデル法（UNCITRAL Model Law on International Commercial Arbitration） 153
国際商事調停モデル法（UNCITRAL Model Law on International Commercial Conciliation） 239
国際商取引法委員会 153
国際組織（international organization） 162
国際訴訟競合 6, 98, 101

国際仲裁における利益相反に関する IBA ガイドライン 212
国際仲裁における利益相反に関する IBA ガイドライン（IBA Guidelines on Conflicts of Interest in International Arbitration） 192
国際物品売買契約に関する国際連合条約（United Nations Convention on Contracts for the International Sale of Goods） 39
国際法 2
国際連合の特権及び免除に関する条約 150
国内裁判管轄 67
国内実質法上の公序 60
国連国家免除条約 132, 139
国連大学 150
国家及び国家財産の裁判権免除に関する国際連合条約 131
国家が強制執行からの免除 138
国家主義 65
国家主権 106
国家と他の国家の国民との間の投資紛争の解決に関する条約 154
国家の主権免除 6
個別協議（コーカス（caucus）） 212
個別の応諾 107, 110
個別労働関係民事紛争 87, 91
個別労働仲裁合意 189
混合契約説 161

【さ行】

債権質 54
債権者代位 182
債権者代位権・詐害行為取消権 53
債権者取消権 54
債権譲渡 52, 182
再雇用 143
財産権 1
財産所在地 79
財産的損害 45
裁定（adjudication） 238
裁判外の文書 108
裁判外紛争解決手続（Alternative Dispute Resolution（ADR）） 7
裁判外紛争解決手続の利用の促進に関する法律 8, 238
裁判官の回避 192
裁判権 65, 76
裁判権行使の内在的制約 65
裁判権の外在的制約 65
裁判権免除 7, 65, 139, 150
裁判権免除（jurisdictional immunity） 131
裁判上の文書 108
裁判籍 67
最密接関係地法 27, 38
債務名義 120
採用 143
裁量棄却 217
詐害行為取消権 54
錯誤 174
差置送達 106
事案の内国関連性 59, 123
事業活動地 80
事件性 175
持参債務の原則 68
自然人 22
自然人の権利能力・行為能力 22
質権 54
執行管轄権 106
執行力 210, 215
執行免除 7, 138
実質再審査禁止の原則 120
実質的成立要件 30
実質法 10

実質法上の公序 60
実質法的指定 204
実体契約説 160
実体的公序 123, 223
実体判断の基準 202
実体法 21
指定当局証拠調 117
指定当局送達 108
自動執行性 184
自動承認制度 100, 119, 129, 130
事物管轄 67
司法管轄権 106
私法統一国際協会 203
事務管理 78
事務管理・不当利得 51
事務所等所在地 80
住所 68
修正逆推知説 74
修正類推説 71
主観主義 26
主観的併合 83
主権的行為（公法的行為） 131
主権免除 130
主権免除（sovereign immunity） 131
主張書面 173
主張書面（statement） 199
ジュネーヴ議定書 153
ジュネーヴ条約 153
準拠法 6, 10, 12
準拠法条項 26
準拠法の事後的変更 29
準備書面 180
渉外的法律関係 10
商業的取引 140
消極的効力 179, 180
常居所 29, 49
常居所地法 32, 33
証拠許容性 241
証拠調べ 116
証拠の所在地 94
証拠保全 209, 210
証書真否確認 175
常設仲裁裁判所（Permanent Court of Arbitration、略して PCA 8
承認管轄 121
承認結果の異常性 123
承認適格 120
証人の陳述書（factual witness sttement） 199
承認要件 121
承認予測説 100
消費者 89
消費者契約 31, 87, 89
消費者契約の成立・効力 32
消費者契約の方式 33
消費者仲裁合意 187
消費者紛争 243
条理 57
条理説 63
職務発明 58
書証 62
書証（documentary evidence） 199
除斥事由 192
職権送達主義 111
職権調査事項 95, 224
書面要件 171
自力救済（self-help）の禁止 4
自力救済の禁止 4
人事訴訟事件 96, 178
人的不統一法国 17
信用状 73
審理手続 199
スポーツ仲裁 176
スポーツ仲裁裁判所（Court of

Arbitration for Sport（CAS） 166
制限免除主義 131, 133, 134
生産物責任 46
生産物引渡地法 48
成年擬制 13
積極的効力 179
絶対的強行法規 20, 21, 38, 58
絶対的留保説 41
絶対免除主義 131, 132, 139
設立準拠法 22
設立準拠法説 23
1927年9月26日にジュネーヴで署名された外国仲裁判断の執行に関する条約 153
先決問題 14
専属管轄 69, 92
専属的管轄合意 85
選択的連結 16
専門家証人の意見書（expert witness statement） 199
専門性 158
善良の風俗 59
相互主義 125, 226
相互の保証 125
相殺 53
相対的強行法規 21
相対的留保説 41, 122
送達 6, 105, 149
送達条約 107, 109, 149
送致 12
即時抗告 208
促進型調停（facilitative mediation） 236
属地主義 56, 166
訴状 105, 115, 149
訴訟経済 69, 82
訴訟係属 98
訴訟契約説 160
訴訟能力 21
訴訟判決 180
訴訟費用 214

【た行】

第三者効 178
第三者資金提供 193
第三者資金提供（Third Party Funding） 194
第三仲裁人 191
対世効 178
代理 43
代理関係 43
大陸法（civil law） 85
代理行為 43
代理の許容性 43
代理の効果 43
単位法律関係 12
段階的連結 16
単独行為 31
単独仲裁人 191
地域的不統一法国 17
チサダネ号事件最高裁判決 86, 87
知的財産権 55, 56, 79, 144, 145
中央当局送達 109
仲裁 152
仲裁（arbitration） 7
仲裁可能性 223
仲裁可能性（仲裁適格） 177
仲裁鑑定（expert determination） 176
仲裁鑑定契約 176
仲裁機関（arbitral institution） 162
仲裁権限 206
仲裁合意 145, 152, 160
仲裁合意（arbitration agreement） 7
仲裁合意と消費者、労働者 187
仲裁合意の効力 179
仲裁合意の実質的成立要件 184

仲裁合意の準拠法 184
仲裁合意の人的範囲 181
仲裁合意の分離独立性（独立性） 173
仲裁合意の方式 171, 186
仲裁条項 153, 167, 230
仲裁条項ニ関スル議定書 153
仲裁制度 152
仲裁地 165, 166, 169
仲裁地法主義 166
仲裁廷（arbitral tribunal） 166
仲裁廷による暫定的保全措置 208
仲裁廷の長（presiding arbitrator） 196
仲裁手続地 166
仲裁人 152, 190
仲裁人（arbitrator） 7
仲裁人契約 191
仲裁人候補者 191
仲裁人選任機関（appointing authority） 164
仲裁人の開示義務 191
仲裁人の忌避 196
仲裁人の公正性、独立性 194
仲裁人の国籍 196
仲裁人の選任 191
仲裁判断 152, 214
仲裁判断（arbitral award） 7
仲裁判断地 166
仲裁判断の承認・執行 226
仲裁判断の取消し 216
仲裁費用 213, 214
仲裁費用の種類 213
仲裁費用の負担割合 214
仲裁付託合意 153
中立性 155
調整問題 14
調停 235, 236
調停（mediation） 236
調停人 213, 241
調停人（mediator or conciliator） 236
調停人の選任 240
懲罰的損害賠償 123
直接管轄 75, 121
直接指定 17
直接郵便送達 111, 112
著作権 57, 93, 145
通則法 11
出会送達 106
抵触規則 12
抵触法（conflict of laws） 11
抵触法的指定 204
ディスカバリー 199
適応問題 14
適式性 122
適時性 113, 122
適用結果の異常性 59
手続的公序 123, 223, 224
手続の基本原則 198
手続の柔軟性 156
手続は法廷地法による 21, 86
手続法 21
手続保障 217, 218
電磁的記録 84, 172
転致 19
統一調停法（Uniform Mediation Act） 239
東京高裁 134
統合型交渉（integrative bargaining） 3
投資協定仲裁 230
投資協定仲裁における透明性に関する UNCITRAL 規則（UNCITRAL Rules on Transparency in Treaty-based Investor-State Arbitration 165
当事者自治の原則 27
当事者自治の原則（principle of party autonomy） 26

当事者送達主義　111
当事者能力　21
当事者の開示義務　193
投資紛争解決国際センター（ICSID）　163
投資紛争解決国際センター（International Centre for Settlement of Investment Disputes（ICSID）　154
投資紛争解決条約（ICSID 条約）　154
同則主義　55
特段の事情　74, 77, 103, 138
特徴的給付の理論　28, 38
特定承継人　182, 215
特別管轄　77
特別裁判籍　67, 68
特別の事情　75, 87, 93, 94
独立裁判籍　69
独立性（independence）　194
土地管轄　67
特許権　56, 93, 145
特許権の有効性　178
特許無効審判　178
独禁法違反　179
ドメイン名紛争　244
取消事由　216

【な行】

内外人平等主義　24
内外判決の抵触　6, 128
内国仲裁判断　226
内国法適用説　60, 63
二国間共助取決め　107, 110
二国間投資協定（Bilateral Investment Treaty（BIT）　163
二次的・間接的被害　82
二重起訴の禁止　98
二重機能説　70
二重反致　19
2002年 UNCITRAL 国際商事調停モデル法を改正する2018年 UNCITRAL 国際商事調停および調停による国際的和解合意に関するモデル法（UNCITRAL Model Law on International Commercial Mediation and International Settlement Agreements Resulting from Mediation, 2018（amending the UNCITRAL Model Law on International Commercial Conciliation, 2002））　242
日英領事条約　107, 110
日米領事条約　107, 110
日ベトナム投資協定（Agreement between Japan and the Socialist Republic of Viet Nam for the Liberalization, Promotion and Protection of Investment）　230
日本国とアメリカ合衆国との間の領事条約　107
日本とグレート・ブリテン及び北部アイルランド連合王国との領事条約　107
ニューヨーク条約　153, 155, 184, 186, 226, 227, 233
任意規定　32
任意訴訟の禁止　156
能動的消費者　35
信義誠実の原則（信義則）　194

【は行】

ハーグ国際私法会議（Hague Conference on Private International Law）　29
バイスタンダー（bystander）　48
敗訴者負担を原則　214
売買契約　78
配分型交渉（distributive or positioning bargaining）　3
配分的連結　16

破産管財人 183
場所は行為を支配する 30
派生的・二次的損害 45
判決管轄 121
反訴 83
反致 18, 19
比較衡量説 102, 103
非公開性 157
非主権的行為（私法的行為） 131
非商業的目的 147
非専属的管轄合意 85
秘匿特権（privilege） 199
人際法 18
秘密保持義務 240
被申立人 190
評価型調停（evaluative mediation） 236
ファミリー事件（ドイツ車預託金事件） 73, 94
付加的管轄合意 85
普通裁判籍 67
物権 55
物権契約 31
物権変動 31, 56
物理的概念 165
物理的侵害 45
不統一法国 17
不動産 144
不動産賃借権 31, 56
不当利得 78
不当労働行為 38
普遍主義 65
不法行為 44, 50, 78
不法行為地 81
付郵便送達 106
プロパー・フォーラム説（便宜法定地説） 103
文学的及び美術的著作物の保護に関するベルヌ条約 57
分割指定 29
文書提出要求 199
紛争（dispute） 1
紛争解決委員会 237
紛争裁定委員会（DAB（Dispute Adjudication Board）） 237
紛争審査委員会（DRB（Dispute Review Board）） 237
分離独立性（separability） 173
併合請求 82
平成14年3月29日 134
ベルヌ条約 57
弁護士費用 214
弁論準備手続 87
法規からのアプローチ 11
法規分類説 11, 21
方式要件 184
法人 22
法人の権利能力・行為能力 23
法人の従属法 23
法選択規則 12
法選択条項 26
妨訴抗弁 180, 183
法定債権 44, 78
法廷地 14
法廷地選択条項（forum selection clause） 85
法廷地法 51, 63
法的概念 165
法の欠缺 57
法の適用に関する通則法 11
法律回避 16
法律関係からのアプローチ 11
法律関係の性質決定（法性決定） 13
法律関係本拠説 11
法律行為 27, 31

法律上の争訟　1, 175
法律性　175
傍論　190
北米自由貿易協定（North American Free Trade Agreement（NAFTA）　163
保護国法　57
補充送達　106
補償的損害賠償　123
保全処分　210
保全手続の付随性　97
保全命令事件　96
本案　87
本案前の抗弁　90
本国　17
本国法　21
本問題　14

【ま行】

松山事件　132, 138
未承認国　18
密接関連性　83
民事裁判権法　132, 139
民事訴訟手続に関する条約（Convention relative à la procédure civile）　107
民事又は商事に関する裁判上及び裁判外の文書の外国における送達及び告知に関する条約（Convention on the Service Abroad of Judicial and Extrajudicial Documents in Civil or Commercial Matters）　107
民訴条約　107, 108, 149
無主物先占　56
名誉・信用毀損　48, 81
申立人　190
黙示の合意　27
モデル法　153, 173
物上保証人　54
モントリオール条約　66

【や行】

ユニドロワ（International Institute for the Unification of Private Law（UNIDROIT）　203
呼出状　149

【ら行】

利益衡量説　71
離縁　177
離婚　177
立法管轄権　106
了解可能性　113, 122
領事官　142, 149
領事関係に関するウィーン条約　150
領事証拠調べ　117
領事送達　108
リングリング・サーカス事件　185
累積的連結　15
連結点　12
連結点の解釈　15
連結点の確定　15
労働契約　36, 87, 88, 141, 142
労働者　89
労務提供地　88
労務提供地法　37

【わ行】

和解　9, 177
和解案　240
和解の試み　212

【A】

ABC CO V XYZ CO LTD, High Court, [2003] 3 SLR 546, May 8, 2003　225
ADR　8, 152, 235, 243

ADR（Alternative Dispute Resolution） 235
ADR 法 8, 238

【C】

CISG 39, 205
Competence/Competence 207

【E】

exorbitant jurisdiction 65

【I】

IBA（国際法曹協会） 192
IBA 国際仲裁証拠調べ規則（IBA Rules on the Taking of Evidence in International Arbitration） 199
IBA 国際仲裁人倫理規則（IBA Rules of Ethics for International Arbitrators） 193
ICSID 163
ICSID 条約 233
immunity from execution 138
ISDS 条項（Investor-State Dispute Settlemente Clauses） 232

【L】

LEX/DB28072402 134

【T】

TPP 協定（Trans-Pacific Partnership Agreement（環太平洋パートナーシップ協定）） 232
TPP11協定（Comprehensive and Progressive Agreement for Trans-Pacific Partnership（環太平洋パートナーシップに関する包括的及び先進的な協定（CPTPP））） 232

【U】

UNCITRAL 209
UNCITRAL（United Nations Commission on International Trade Law） 153
UNCITRAL 国際商事調停モデル法 239
UNCITRAL 仲裁規則 164
UNCITRAL 調停規則（UNCITRAL Conciliation Rules） 237
UNIDROIT 国際商事契約原則2010（UNIDROIT Principles of International Commercial Contracts 2010） 203
United Nations Convention on Jurisdictional Immunities of States and Their Property 132

【W】

Win-Win 交渉 4

【Y】

Yukos Capatal S.A. R.L. v. OAO Rosneft, 1 Stockholm Int'l Arb. Rev. 219（2009） 229

判 例 索 引

大判大７・４・15民録 24輯865頁　161
大決昭３・12・28民集７巻1128頁　132
東京地判昭37・７・20下民集13巻７号1482頁　54
東京地決昭40・４・26判時408号14頁　38
大阪地中間判昭48・10・９判時728号76頁　99
最判昭・50・11・28民集29巻10号1554頁　86
東京地判昭51・12・21判タ352号246頁　115
大阪地判昭52・12・22判タ361号127頁　128
東京地決昭52・９・21判時884号77頁　150
最判昭53・４・20日民集 32巻３号616頁　55
最判昭56・４・７民集35巻３号443頁　175
最判昭56・10・16民集35巻７号1224頁　71
最判昭58・６・７民集37巻５号611頁　126
東京地裁昭63・11・11判時870号88頁　114
東京地判平元・５・30判時1348号91頁　101
東京高判平２・２・27判時1344号139頁　125
東京地判平２・３・26金融・商事判例857号39頁　113
東京地判平３・１・29判時1390号98頁　103
東京地判平３・３・29家月 45巻３号67頁　61
東京地判平５・１・29判時1444号41頁　61
最判平９・11・11民集51巻10号4055頁　73
東京地八王子支判平９・12・８判タ976号235頁　114
最判平９・７・11民集51巻６号2530頁　123
最判平９・９・４民集51巻８号3657頁　185
東京地判平10・２・24判時1332号109頁　125
最判平10・４・28民集52巻３号853頁　115, 122
最判平12・１・27民集54巻１号１頁　14
東京地判平12・４・28判時1743号142頁　91
東京高判平12・11・28判時1743号137頁　91
東京地判平12・11・30判時1740号54頁　133, 135
東京高判平13・５・30判時1797号111頁　58
最判平成13・６・８民集55巻４号727頁　82
東京地判平13・８・27民集60巻６号2551頁　135
東京地判平14・２・26判例集未登載（2002WLJPCA02260015）　30
最判平14・４・12民集56巻４号729頁　133
最判平14・９・26民集 56巻７号1551頁　61
最判平14・９・26民集56巻７号1551頁　57
東京高判平15・２・５金商1259頁64頁　136
大阪高判平15・４・９判時1841号111頁　126, 160
東京高判平15・５・28判時1831号135頁　58
東京地決平15・７・３判時 1850号84頁　135
東京地判平17・10・21判時1926号127頁　174
最判平18・７・21民集60巻６号2542頁　132
最判平18・10・17民集60巻８号2853頁　58
東京地中間判平19・３・20判時1974号156頁　104
東京地決平19・８・28判時1991号89頁　185, 211
東京地判平19・12・14判例集未登載（2007WLJPCA 12149002）　22, 58

東京地判平20・3・26判例集未登載（2008WLJPCA03268009） 173
東京地決平21・7・28判タ1304号292頁 219, 225
東京高判平22・12・21判時2112号36頁 185
東京家審平22・7・15家月 63巻5号58頁 61
東京地判平23・2・15判タ1350号189頁 189
東京地判平23・3・10判タ1358号236頁 185
東京地決平23・6・13判時 2128号58頁 224
東京高判平23・6・22判時2116号64頁 235
東京地判平24・8・7判例集未登載（LEX/DB25496039） 180
東京地判平25・12・25判例集未登載（LEX/DB25517081） 78
東京地判平26・10・17判タ1413号271頁 182
最判平26・4・24民集68巻4号329頁 121
東京高判平26・6・12民集70巻3号913頁 81
横浜地判平26・8・6判時2264号62頁 104
宮崎地判平27・1・23裁判所ウェブサイト（2015WLJPCA01239003） 182
東京地判平27・1・28判時2258号100頁 183
大阪地決平27・3・17判時2270号74頁 221
東京地判平27・3・20判タ1422号348頁 127
東京地判平27・3・31判例集未登載（LEX/DB25525135） 54
東京高判平27・11・25判例集未登載（LEX/DB25541803） 127
東京地判平27・12・28判例集未登載（2015WLJPCA12288002） 63
最判平28・3・10民集 70巻3号846頁 94, 104
東京地判平28・5・20判例集未登載（2016WLJPCA05208002） 37
大阪高決平28・6・28判時 2319号32頁 222
東京地判28・9・26判例集未登載（2016WLJPCA09268020） 38
東京地判平29・1・17判例集未登載（LEX/DB25538647）、東京地判平29・1・31判例集未登載（LEX/DB25538954） 33
東京地判平29・1・31判例集未登載（LEX/DB25538954） 90
最高決平29・12・12民集 71巻10号2106頁 192, 222

In re Petition of Kinoshita & Co., 287 F. 2 d 951（2d Cir. N.Y. 1961） 168
Société PT Putrabali Adyamulia v. Société Mnogutia Est Epices, 2007 Rev. Arb. 507 230
TermoRio S.A. E.S.P. v. Electranta S.P., 487 F.3d 928（D.C. Cir. 2007） 228
Saipem S.p.A. v. The People's Republic of Bangladesh（ICSID Case No. ARB/05/07, Award of June 30, 2009, http://ita.law.uvic.ca/） 234
Corporacion Mexicana de Mantenimiento Integral, S. de R.L. de C.V. v. Pemex-Exploracion y Produccion, 962 F.Supp. 2 d 642（S.D.N.Y. 2013） 229
Thai-Lao Lignite（Thailand）Co., Ltd. v. Government of Lao People's Democratic Republic, 997 F.Supp. 2 d 214（S.D.N.Y. 2014） 229

著者紹介

中村達也（なかむら・たつや）

1957年11月16日　津市生まれ

筑波大学大学院修士課程修了

現在　国士舘大学法学部教授

〔主要著書〕

国際商事仲裁入門（中央経済社、2001年）

仲裁法なるほどQ&A（中央経済社、2004年）

国際取引紛争　仲裁・調停・交渉（三省堂、2012年）

仲裁法の論点（成文堂、2017年）

国際取引紛争―紛争解決の基本ルール―

［第３版］

2014年５月10日　初版第１刷発行

2016年３月31日　第２版１刷発行

2019年３月１日　第３版１刷発行

著　者　中村達也

発行者　阿部成一

〒162-0041　東京都新宿区早稲田鶴巻町514

発行所　株式会社　成文堂

電話 03(3203)9201(代)　FAX 03(3203)9206

http://www.seibundoh.co.jp

製版・印刷・製本　藤原印刷　検印省略

ISBN 978-4-7923-2728-6　C 3032

定価（本体2800円＋税）